Tjark Baumann

Magnificat

Für gemischten Chor (SSAM),
Solisten und Klavier

KLAVIERPARTITUR

Ergänzt und bearbeitet von Johannes Geßner

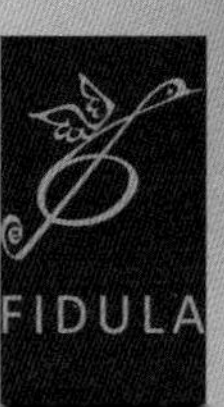

Inhalt

Magnificat

Aufführungsdauer: 45 Minuten

Vorwort

Mit großer Freude lege ich nach der 2015 erschienenen „Missa 4 You(th)" mein neuestes oratorisches Werk für Chor, zwei Solisten, Band und Orchester vor: das „Magnificat".

Die Arbeit am zweiten von drei geplanten Crossover-Oratorien begann unmittelbar nach der Uraufführung der „Missa 4 You(th)" im Jahre 2016, deren immenser Erfolg mich unweigerlich zu einem weiteren großen geistlichen Werk motiviert hat.
Die Wahl zum berühmten Mariengebet war schnell getroffen, handelt es sich mit dem Magnificat doch um einen der bedeutendsten und wahrhaftigsten überlieferten christlichen Texte überhaupt.

Die zentrale Idee war stets, auf ein breites Spektrum an Stilmerkmalen und Kompositionsformen aus 300 Jahren Musikgeschichte zurückzugreifen, um die vielschichtigen und farbigen Gedanken und Ausführungen von Maria in ihrer diversen emotionalen Komplexität zu erfassen und musikalisch umzusetzen.

Über die Jahre fanden sich Ideen, erste Themen sowie stets Vorstellungen zum passenden Musikstil, der jeweiligen Textaussage entsprechend. So lag die Verbindung des brachial anmutenden „Fecit potentiam" zum Song „Sad But True" der Heavy-Metal-Band „Metallica" recht nahe. Für die zentrale Aussage „Quia fecit mihi magna" stand „Solsbury Hill" von Peter Gabriel Pate. Die beginnenden Sätze „Magnificat anima mea" und „Et exsultavit" hingegen sind in barocker Tradition mit modernem Einschlag belassen, den berühmten Vorbildern von Johann Sebastian Bach und Antonia Vivaldi und deren Magnificat-Vertonungen nachempfunden.

Herausgekommen ist letztlich ein 12-sätziges Werk voller eingängiger Melodien und mit inspirierten Chorsätzen, extravaganten Fugen sowie einfallsreichen Genre-Mixturen, welches in einzigartiger Weise traditionelle Liturgie und Kompositionskunst mit modernen popularmusikalischen Stilmerkmalen verbindet. Exemplarisch zu betrachten ist dabei der dritte Satz „Quia respexit", in dem der Beginn zunächst an Pergolesis „Stabat Mater" aus dem Hochbarock erinnert, um sich mit fugatoartig vorgetragenen „Swingle Singers"-Elementen zu verbinden.

In einer umjubelten Uraufführung wurde das neue Werk am 24.9.2023 im Kurhaus Hamm (Westfalen) der Öffentlichkeit vorgestellt.

Das Magnificat wurde ursprünglich geschrieben für gemischten Chor mit drei Frauen- und einer Männerstimme, Orchester, Band und zwei Solostimmen. Alternative Aufführungsmöglichkeiten in anderen instrumentalen Besetzungen sind jedoch möglich (s. u.). Was die zwei Solisten anbelangt, gibt die Komposition bewusst einen klassischen Sopran zusammen mit einem Gospel-/Pop-Tenor vor. Der dabei entstehende Kontrast hat stets einen überaus großen Reiz für die Zuhörerinnen und Zuhörer. Als berühmtes Vorbild hatte ich während der Komposition das berühmte Duett von Freddie Mercury und Montserrat Caballé vor Auge. In diesem Sinne darf der Tenor an einigen Stellen gerne „rockig-jazzig" seine Linien improvisieren und von der Notation abweichen (in den Noten mit „Impro ad lib." gekennzeichnet). Der Sopran hingegen sollte die entsprechenden Passagen notengetreu und gerne etwas opernhaft darstellen.

Die Behandlung der elektrisch verstärkten Instrumente sowie des Schlagzeugs sollte mit größter Sorgfalt geschehen. Bei Aufführungen mit kleineren Chorbesetzungen oder in halligen Kirchen kann auch gänzlich auf ein Drumset verzichtet und auf eine Cajón zurückgegriffen werden.

Das Orchestermaterial in der Besetzung „Streicher, Trompete, Oboe, E-Bass, E-Gitarre, Drumset, Posaune, Klavier, Alt-Sax" kann beim Fidula-Verlag als Leihmaterial in Partitur und Einzelstimmen bezogen werden.
Separat sind ebenfalls Chor-Einzelstimmen erhältlich.

Alternativ kann das Magnificat auch in einer reduzierten Instrumentalbegleitung erklingen, z. B. nur mit Klavier oder aber mit Klavier, kleiner Rhythmusgruppe (z. B. Drums, Bass und Rhythmusgitarre) und zwei Instrumentalstimmen. Aus diesem Grund finden Sie in den Klaviernoten dieser Ausgabe Akkordsymbole, die eine große Hilfe für Bass und Rhythmusgitarre sind. Um das Blättern zu erleichtern, gibt es diese Klavierstimme incl. Akkordsymbole auch als separate Einzelstimme zum Download als ausdruckbare PDF-Datei kostenlos über folgenden QR-Code bzw. Link.

https://fidula.net/cloud/index.php/s/uN4fYqSrjVENDtG

Die zwei o. g. Instrumentalstimmen wurden für C-, B♭- und Es-Instrumente gesetzt und können dadurch von verschiedensten Solo-Instrumenten realisiert werden. Die Noten sind ebenfalls über den Verlag erhältlich (zu den genannten Materialien siehe auch zweite Umschlagseite).

Über nachfolgende QR-Codes und Links bieten wir Ihnen als Übehilfe für Ihren Chor einfache instrumentale Audiodateien an, die die jeweilige Einzel-Chorstimme enthalten und die Sie an Ihre Sängerinnen und Sänger zum Selbststudium weitergeben dürfen. Teilweise wurden die Aufnahmen etwas langsamer gehalten als notiert, um das Üben daheim zu erleichtern. Bezüglich Dynamik, Agogik und Artikulation geben die Dateien nicht unbedingt die Notation exakt wieder; das Üben dieser Aspekte gehört deshalb in die Chorprobe.

Übehilfe Sopran 1

https://fidula.net/cloud/index.php/s/xCse1A39psqUloZ

Übehilfe Sopran 2

https://fidula.net/cloud/index.php/s/9tZ3j4Gjqww93Fu

Übehilfe Alt

https://fidula.net/cloud/index.php/s/O43CVrOHTsHAv56

Übehilfe Männer

https://fidula.net/cloud/index.php/s/dpV8htqdhnktKpj

Über folgende QR-Codes und Links haben Sie Zugriff auf einen vollständigen Video-Mitschnitt und ein kurzes „Highlights"-Video der Uraufführung in Hamm (mit großem Chor und Mikrofonierung). Und damit Sie sich eine Vorstellung davon machen können, wie das Magnificat unter „realistischen" Bedingungen in einer Kirche klingen kann, finden Sie hier ebenfalls eine entsprechende Aufnahme.

Uraufführung-komplett

https://vimeo.com/948609438/f21bbf784b

Uraufführung-Highlights

https://vimeo.com/938584743/8324519ca4

Kirchenaufführung-Highlights

https://vimeo.com/948609349/cec884008c

Hervorzuheben sei schließlich die hervorragende Zusammenarbeit mit Kirchenmusikdirektor Johannes Geßner, der das Werk ergänzt und zum größten Teil orchestriert hat.

Auf der nächsten Seite findet man den Text des Magnificats auf Latein und in der Lutherbibel-Übersetzung von 1912. Der Tradition früher Magnificat-Vertonungen folgend wird auch diese Fassung mit der Doxologie des „Gloria Patri" ergänzt und abgeschlossen.

Wie auch in der „Missa 4 You(th)" ist die Verwendung einzelner Sätze aus dem Magnificat innerhalb eines Konzertes oder Gottesdienstes selbstverständlich möglich. Sie können, je nach Aussage, somit sehr gut in einen entsprechenden liturgischen Zusammenhang oder in ein Konzertprogramm integriert werden.

Ich wünsche allen aufführenden Chören viel Freude an meiner Musik!

Hamm im Frühjahr 2024

Tjark Baumann

Das Magnificat: Text und Übersetzung

Magnificat anima mea Dominum,

Meine Seele erhebt den Herrn,

et exsultavit spiritus meus
in Deo salutari meo.

und mein Geist freuet sich
Gottes, meines Heilands.

Quia respexit humilitatem ancillae suae.

Denn er hat die Niedrigkeit seiner Magd angesehen.

Ecce enim ex hoc beatam me dicent
omnes generationes.

Siehe, von nun an werden mich seligpreisen
alle Kindeskinder.

Quia fecit mihi magna,
qui potens est, et sanctum nomen eius.

Denn er hat große Dinge an mir getan,
der da mächtig ist und des Name heilig ist.

Et misericordia eius
a progenie in progenies
timentibus eum.

Und seine Barmherzigkeit
währet immer für und für
bei denen, die ihn fürchten.

Fecit potentiam in brachio suo,
dispersit superbos mente cordis sui.
Deposuit potentes de sede
et exaltavit humiles.

Er übet Gewalt mit seinem Arm
und zerstreut, die hoffärtig sind in ihres Herzens Sinn.
Er stößt die Gewaltigen vom Stuhl
und erhebt die Niedrigen.

Esurientes implevit bonis
et divites dimisit inanes.

Die Hungrigen füllt er mit Gütern
und lässt die Reichen leer.

Suscepit Israel puerum suum,
recordatus misericordiae suae.

Er denkt der Barmherzigkeit
und hilft seinem Diener Israel auf.

Sicut locutus est ad patres nostros,

Wie er geredet hat unsern Vätern,

Abraham et semini eius in saecula.

Abraham und seinem Samen ewiglich.

Lukasevangelium (Lk 1,46–55)

(Übersetzung: Lutherbibel 1912)

Gloria Patri et Filio et Spiritu Sancto,
sicut erat in principio et nunc et semper.
Et in saecula saeculorum. Amen.

Ehre sei dem Vater und dem Sohn und dem Heiligen Geist,
wie im Anfang, so auch jetzt und alle Zeit.
Und in Ewigkeit. Amen.

Magnificat

I. Magnificat anima mea

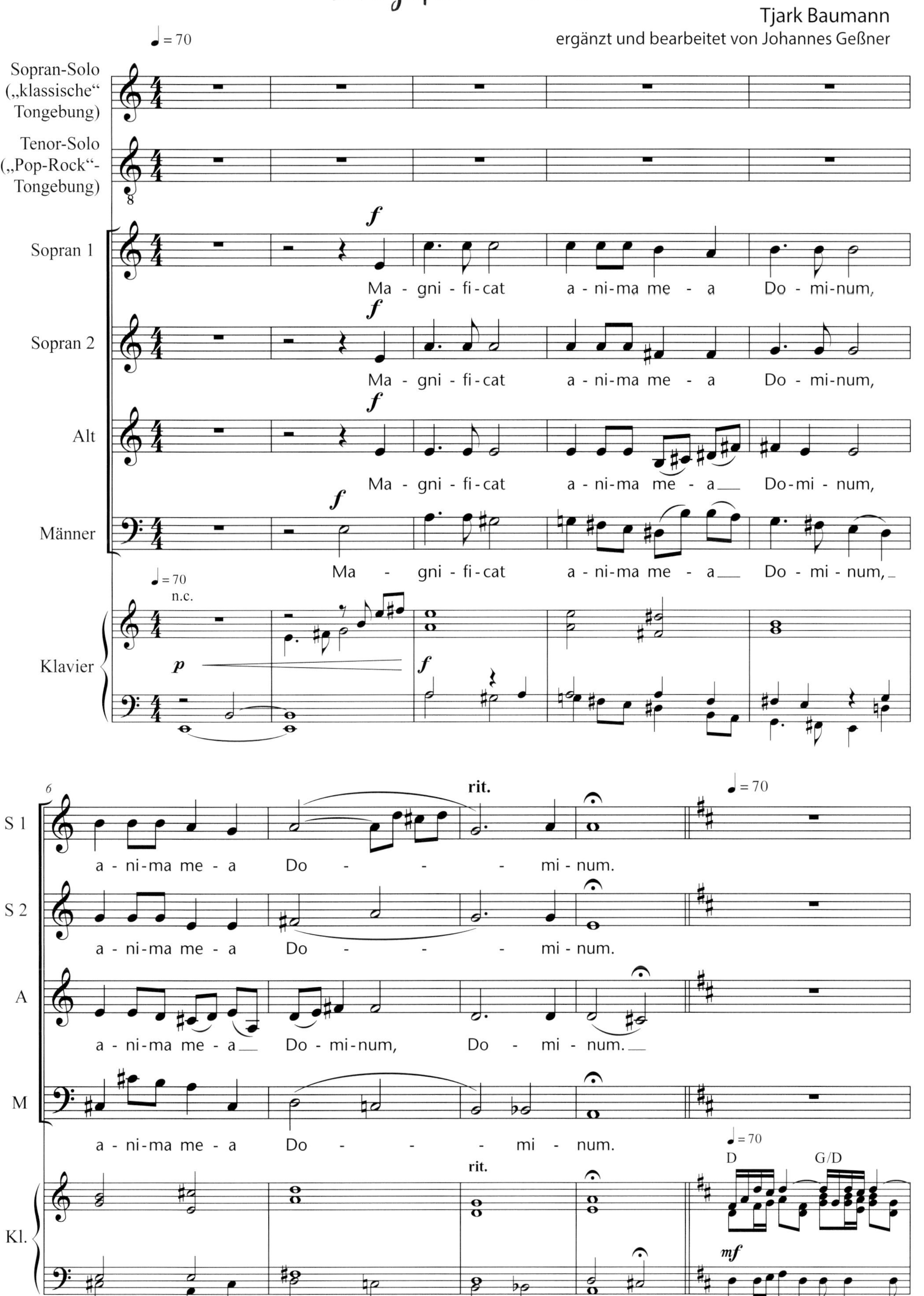

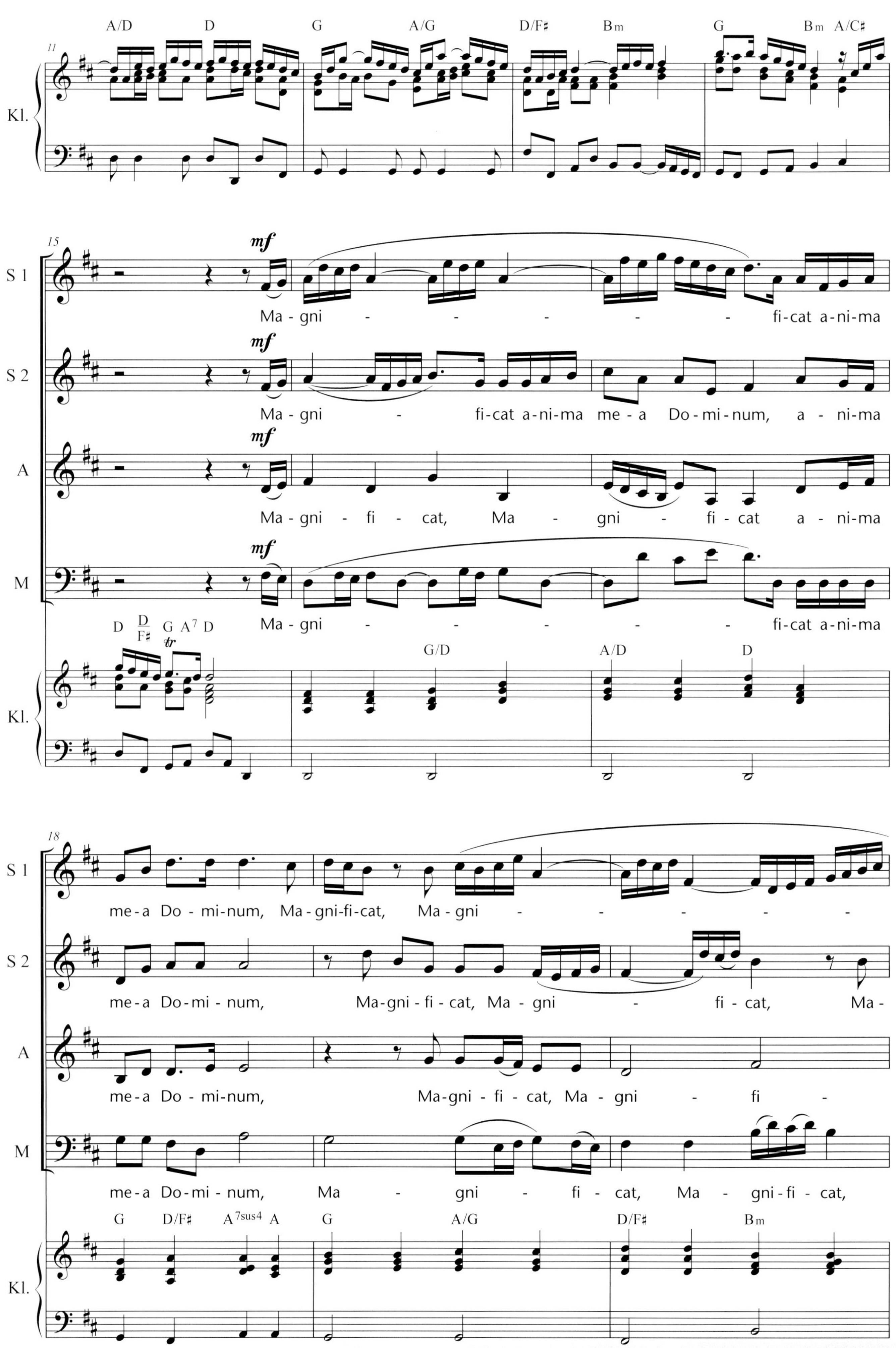

A/D
D
G
A/G
D/F♯
Bm
G
Bm
A/C♯
Kl.
S 1
S 2
A
M
mf
Ma - gni - - - - - fi-cat a-ni-ma
Ma - gni - fi-cat a-ni-ma me - a Do - mi - num, a - ni-ma
Ma - gni - fi - cat, Ma - gni - fi - cat a - ni-ma
Ma - gni - - - - - fi-cat a-ni-ma
D
D/F♯
G
A7
D
tr
G/D
A/D
D
me-a Do - mi-num, Ma-gni-fi-cat, Ma - gni - - - - -
me-a Do - mi - num, Ma-gni - fi - cat, Ma - gni - fi - cat, Ma -
me-a Do - mi-num, Ma-gni - fi - cat, Ma - gni - fi -
me-a Do-mi - num, Ma - gni - fi - cat, Ma - gni-fi - cat,
G
D/F♯
A7sus4
A
G
A/G
D/F♯
Bm

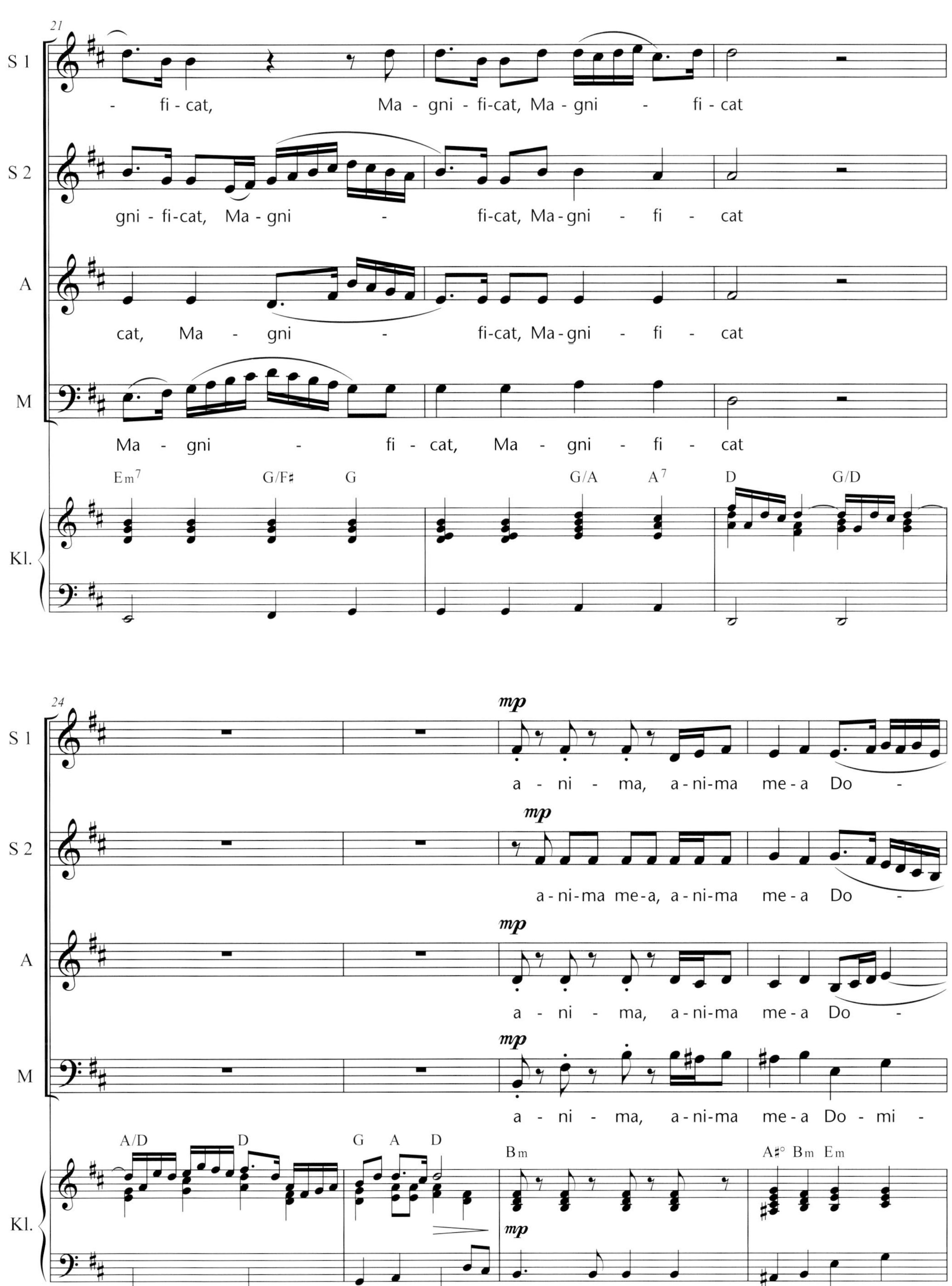
21
S 1
- fi - cat, Ma - gni - fi-cat, Ma - gni - fi - cat
S 2
gni - fi-cat, Ma - gni - fi-cat, Ma-gni - fi - cat
A
cat, Ma - gni - fi-cat, Ma-gni - fi - cat
M
Ma - gni - fi - cat, Ma - gni - fi - cat
Em7 G/F♯ G G/A A7 D G/D
Kl.
24
S 1
mp
a - ni - ma, a-ni-ma me-a Do -
S 2
mp
a-ni-ma me-a, a-ni-ma me-a Do -
A
mp
a - ni - ma, a-ni-ma me-a Do -
M
mp
a - ni - ma, a-ni-ma me-a Do - mi -
A/D D G A D Bm A♯° Bm Em
Kl.
mp

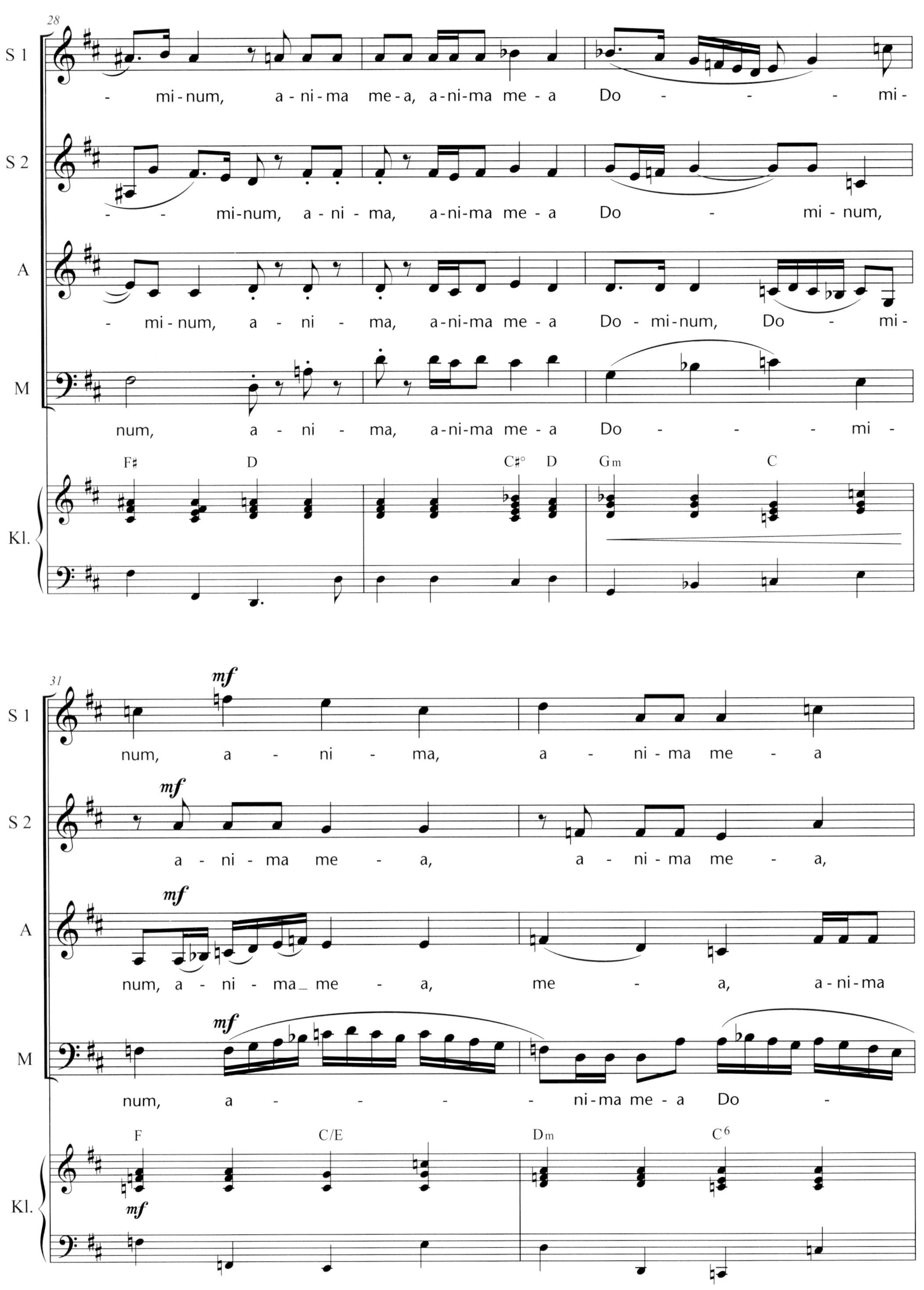
28
S 1
- mi-num, a-ni-ma me-a, a-ni-ma me - a Do - - - mi-
S 2
- - mi-num, a - ni - ma, a-ni-ma me - a Do - mi - num,
A
- mi - num, a - ni - ma, a-ni-ma me - a Do - mi-num, Do - mi-
M
num, a - ni - ma, a-ni-ma me - a Do - - - mi -
F♯ D C♯° D Gm C
Kl.
31
mf
S 1
num, a - ni - ma, a - ni - ma me - a
S 2
a - ni - ma me - a, a - ni - ma me - a,
A
num, a - ni - ma_me - a, me - a, a-ni-ma
M
num, a - - - - ni-ma me - a Do -
F C/E Dm C6
Kl.

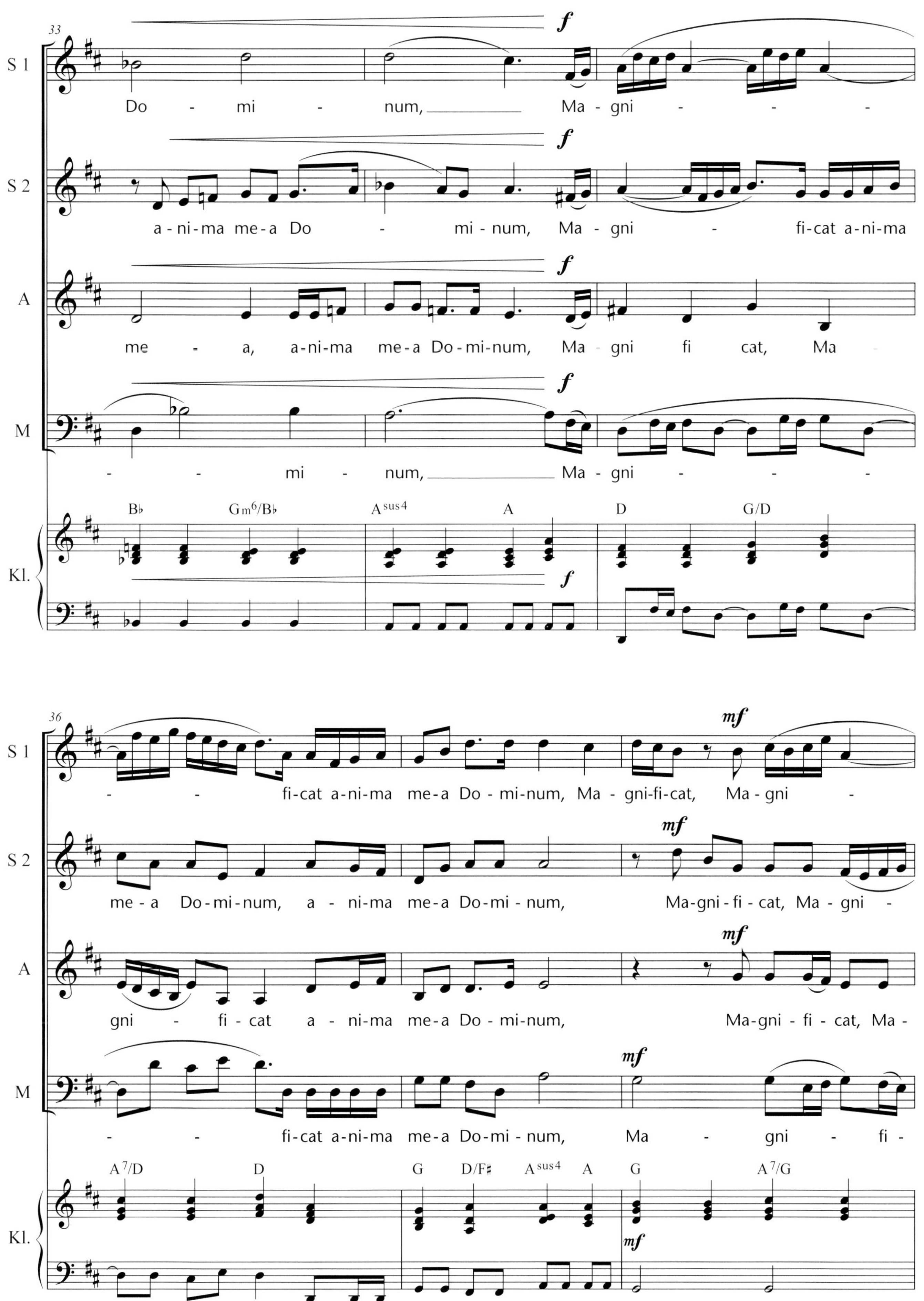

33
S 1
f
Do - mi - num, Ma - gni - - -
S 2
f
a-ni-ma me-a Do - mi-num, Ma - gni - fi-cat a-ni-ma
A
f
me - a, a-ni-ma me-a Do-mi-num, Ma - gni fi cat, Ma
M
f
- - mi - num, Ma - gni - - -
Kl.
B♭ Gm6/B♭ Asus4 A D G/D
f
36
S 1
mf
- - fi-cat a-ni-ma me-a Do - mi-num, Ma - gni-fi-cat, Ma - gni -
S 2
mf
me - a Do-mi-num, a - ni-ma me-a Do-mi - num, Ma-gni - fi - cat, Ma - gni -
A
mf
gni - fi - cat a - ni-ma me-a Do - mi-num, Ma-gni - fi - cat, Ma -
M
mf
- - fi-cat a-ni-ma me-a Do-mi-num, Ma - gni - fi -
Kl.
A7/D D G D/F♯ Asus4 A G A7/G
mf

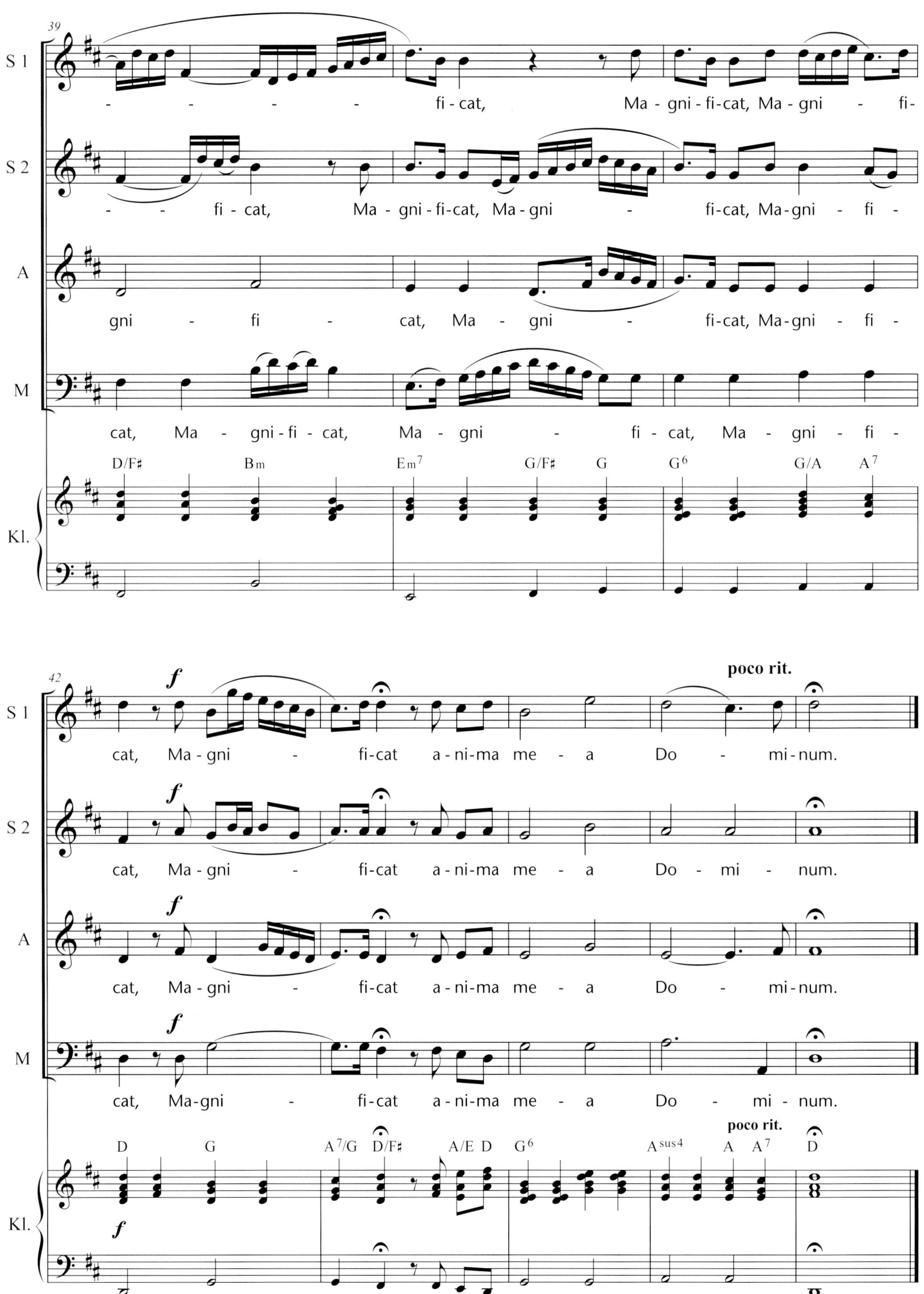
S 1
S 2
A
M
Kl.
- - - - fi - cat, Ma - gni - fi - cat, Ma - gni - fi-
- - fi - cat, Ma - gni - fi - cat, Ma - gni - fi - cat, Ma - gni - fi -
gni - fi - cat, Ma - gni - fi - cat, Ma - gni - fi -
cat, Ma - gni - fi - cat, Ma - gni - fi - cat, Ma - gni - fi -
D/F♯ Bm Em7 G/F♯ G G6 G/A A7
poco rit.
cat, Ma - gni - fi - cat a - ni - ma me - a Do - mi - num.
cat, Ma - gni - fi - cat a - ni - ma me - a Do - mi - num.
cat, Ma - gni - fi - cat a - ni - ma me - a Do - mi - num.
cat, Ma - gni - fi - cat a - ni - ma me - a Do - mi - num.
D G A7/G D/F♯ A/E D G6 Asus4 A A7 D

II. Et exsultavit

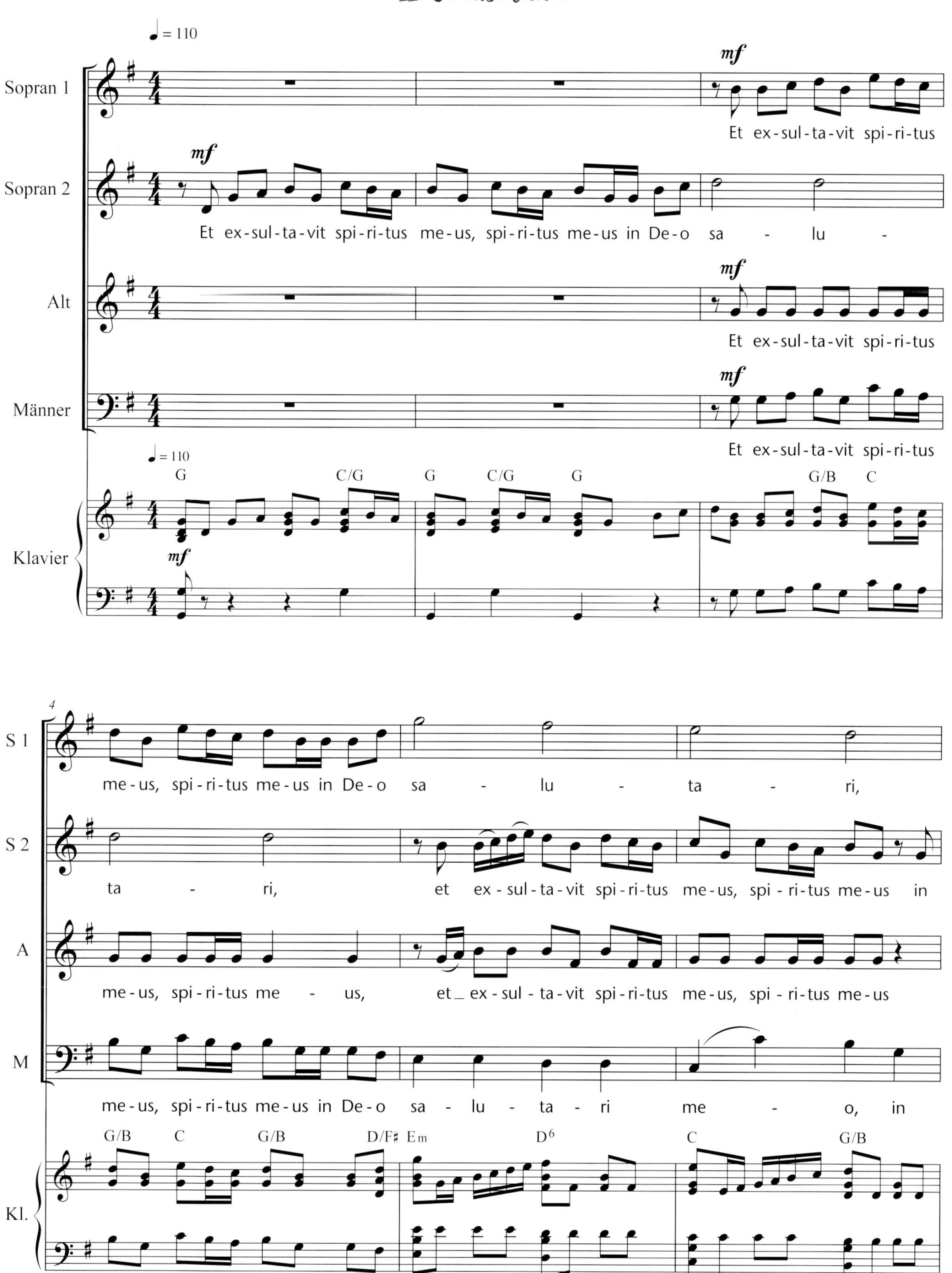

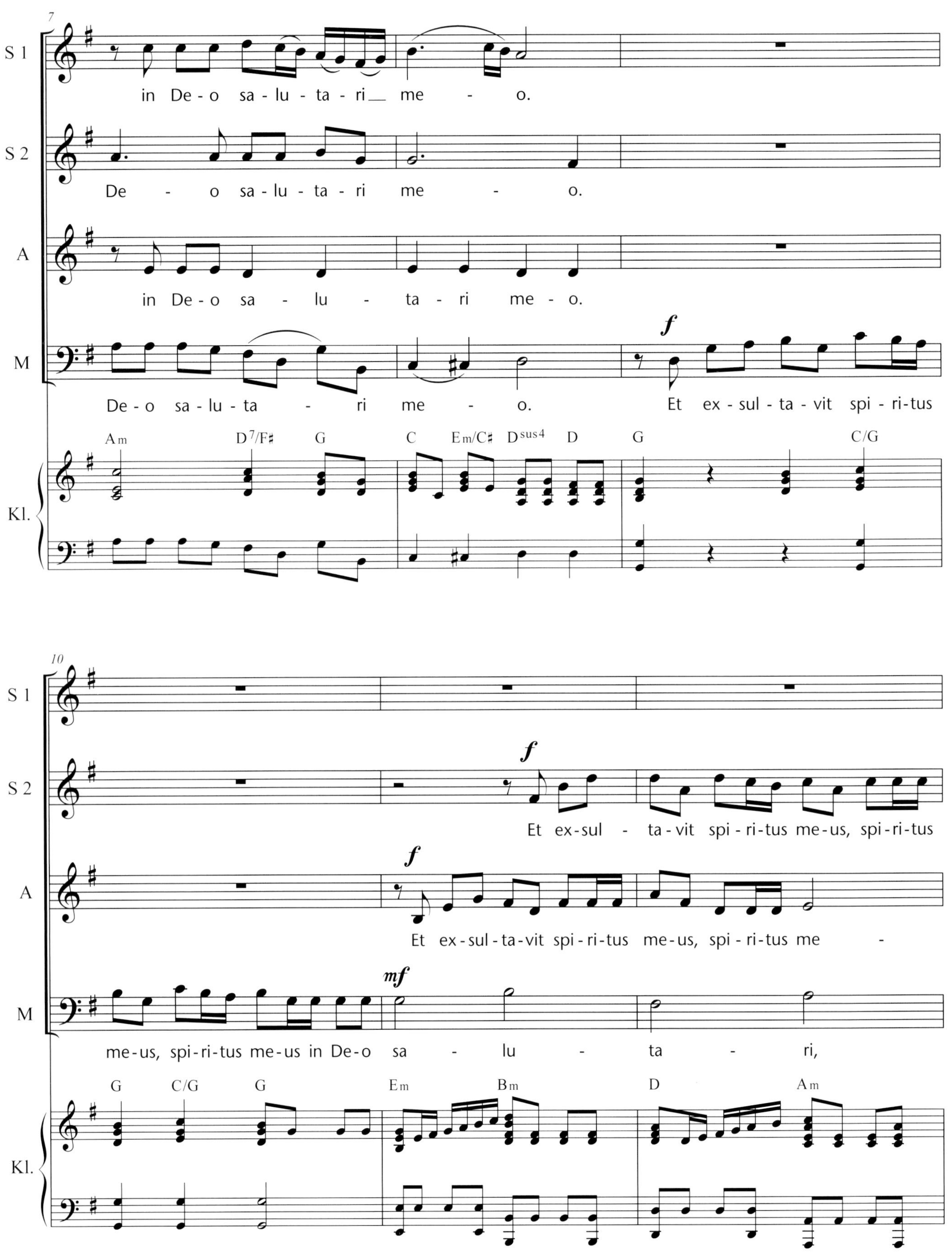
7
S 1
in De - o sa - lu - ta - ri me - o.
S 2
De - o sa - lu - ta - ri me - o.
A
in De - o sa - lu - ta - ri me - o.
M
De - o sa - lu - ta - ri me - o.
f
Et ex - sul - ta - vit spi - ri - tus
Am D7/F♯ G C Em/C♯ Dsus4 D G C/G
Kl.
10
S 1
S 2
f
Et ex - sul - ta - vit spi - ri - tus me - us, spi - ri - tus
A
f
Et ex - sul - ta - vit spi - ri - tus me - us, spi - ri - tus me -
M
mf
me - us, spi - ri - tus me - us in De - o sa - lu - ta - ri,
G C/G G Em Bm D Am
Kl.

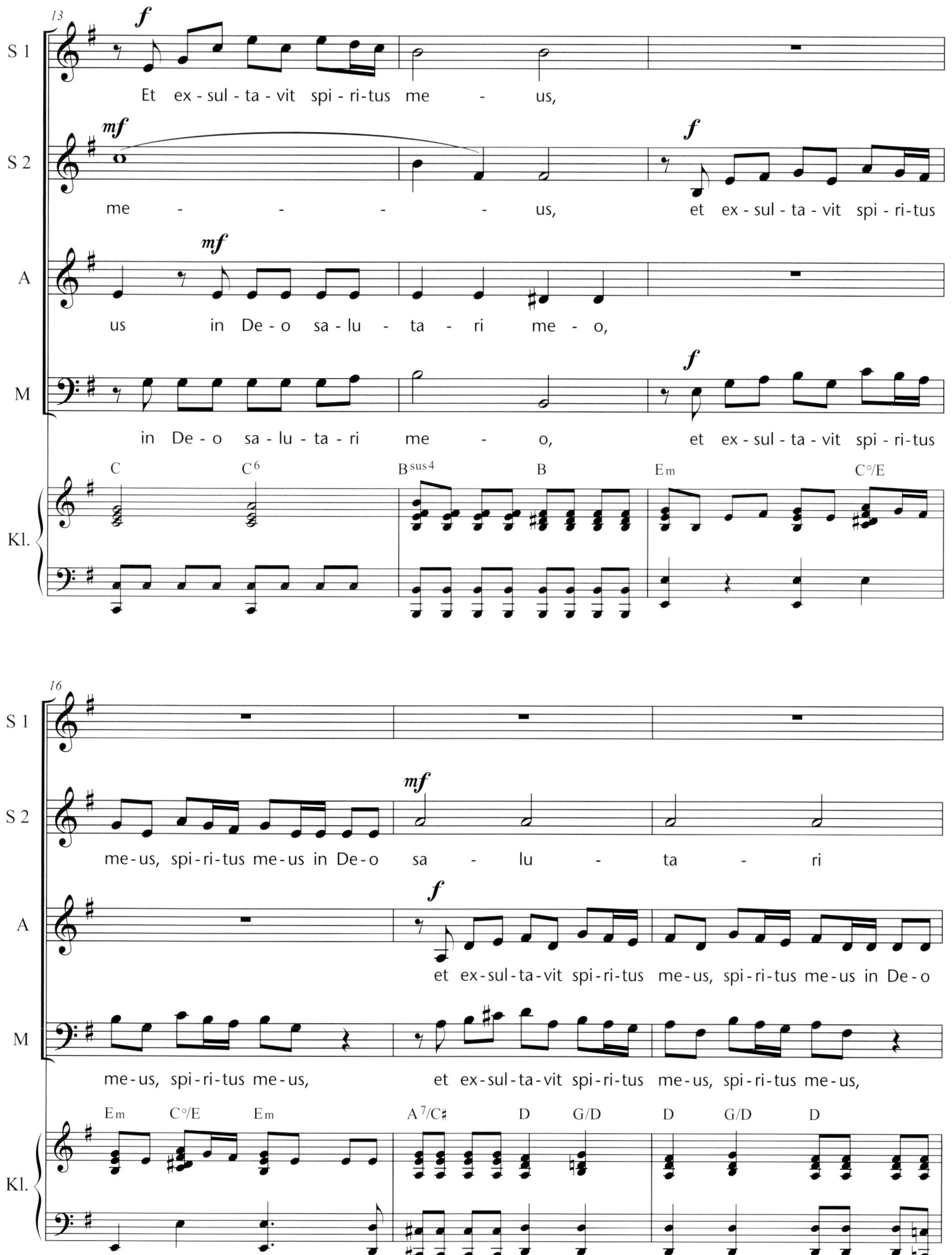
13
S 1
S 2
A
M
Kl.
Et ex-sul-ta-vit spi-ri-tus me - us,
me - - - - us, et ex-sul-ta-vit spi-ri-tus
us in De-o sa-lu - ta - ri me-o,
in De-o sa-lu-ta-ri me - o, et ex-sul-ta-vit spi-ri-tus
C C6 Bsus4 B Em C°/E
16
me-us, spi-ri-tus me-us in De-o sa - lu - ta - ri
et ex-sul-ta-vit spi-ri-tus me-us, spi-ri-tus me-us in De-o
me-us, spi-ri-tus me-us, et ex-sul-ta-vit spi-ri-tus me-us, spi-ri-tus me-us,
Em C°/E Em A7/C♯ D G/D D G/D D

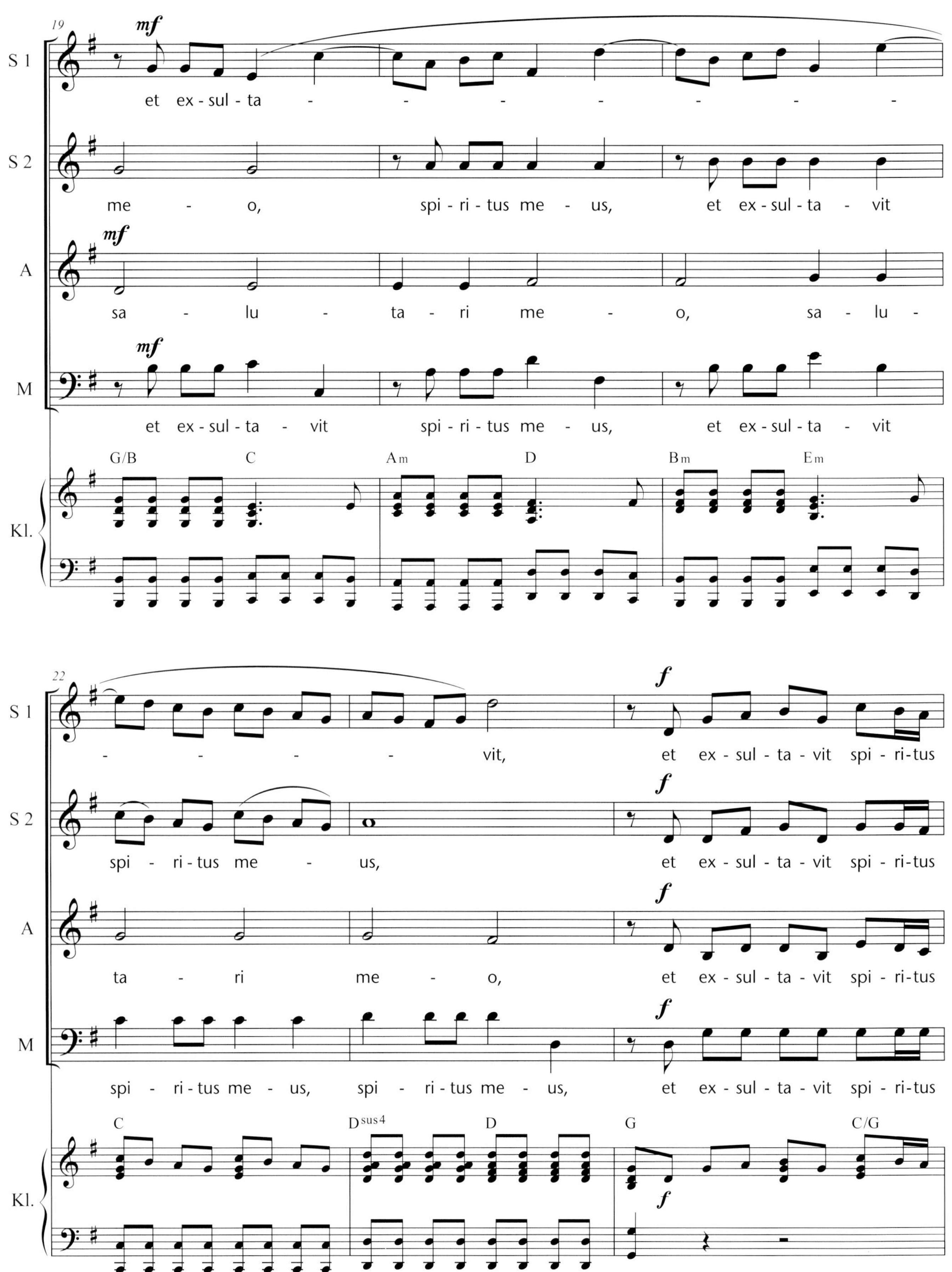
19
mf
S 1
et ex - sul - ta - - - - - - -
S 2
me - o, spi - ri - tus me - us, et ex - sul - ta - vit
A
sa - lu - ta - ri me - o, sa - lu -
M
et ex - sul - ta - vit spi - ri - tus me - us, et ex - sul - ta - vit
G/B C Am D Bm Em
Kl.
22
f
- - - - vit, et ex - sul - ta - vit spi - ri - tus
spi - ri - tus me - us, et ex - sul - ta - vit spi - ri - tus
ta - ri me - o, et ex - sul - ta - vit spi - ri - tus
spi - ri - tus me - us, spi - ri - tus me - us, et ex - sul - ta - vit spi - ri - tus
C Dsus4 D G C/G

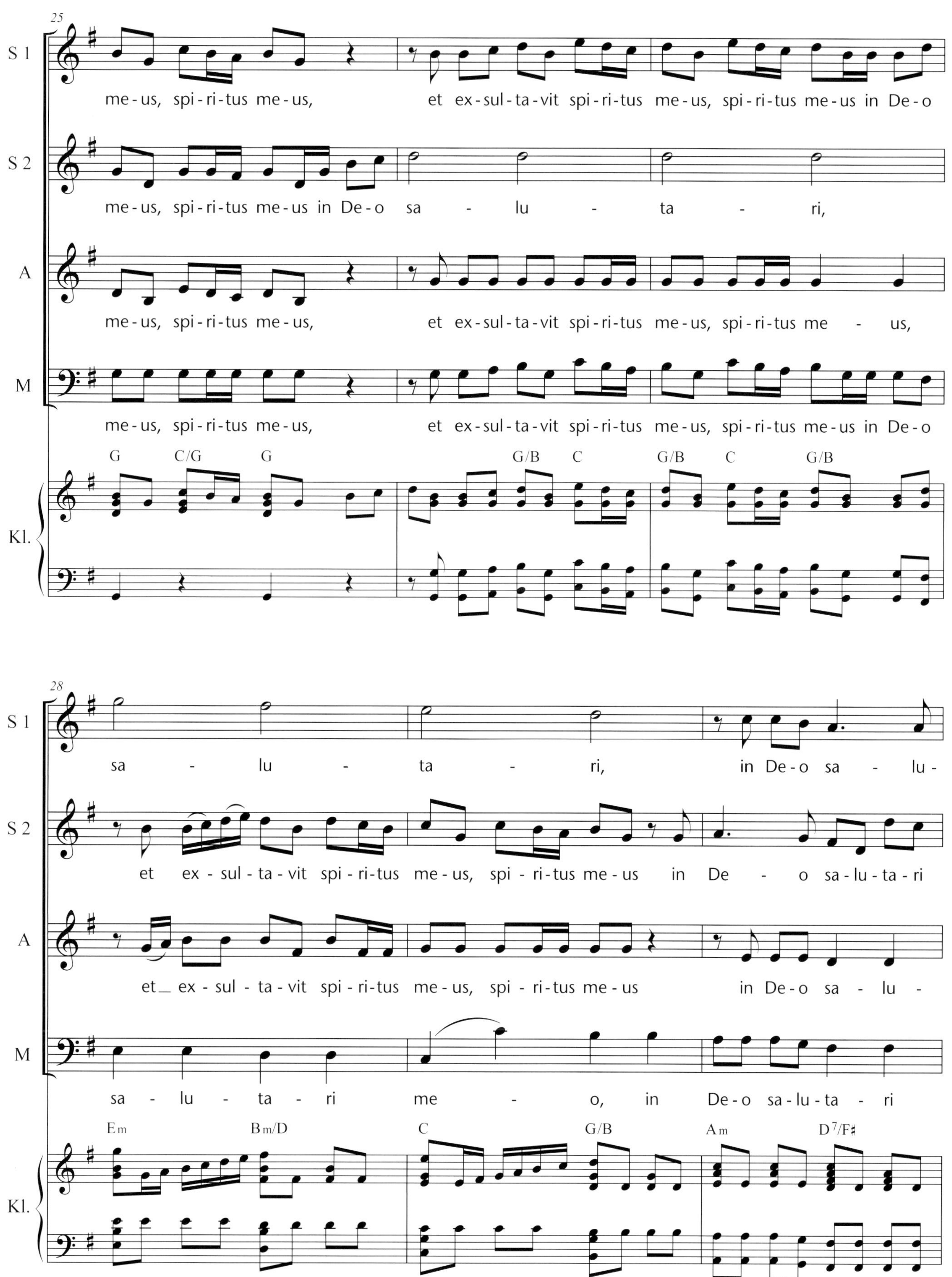
25
S 1
me-us, spi-ri-tus me-us, et ex-sul-ta-vit spi-ri-tus me-us, spi-ri-tus me-us in De-o
S 2
me-us, spi-ri-tus me-us in De-o sa - lu - ta - ri,
A
me-us, spi-ri-tus me-us, et ex-sul-ta-vit spi-ri-tus me-us, spi-ri-tus me - us,
M
me-us, spi-ri-tus me-us, et ex-sul-ta-vit spi-ri-tus me-us, spi-ri-tus me-us in De-o
G C/G G G/B C G/B C G/B
Kl.
28
S 1
sa - lu - ta - ri, in De-o sa - lu-
S 2
et ex-sul-ta-vit spi-ri-tus me-us, spi-ri-tus me-us in De - o sa-lu-ta-ri
A
et_ ex-sul-ta-vit spi-ri-tus me-us, spi-ri-tus me-us in De-o sa - lu -
M
sa - lu - ta - ri me - o, in De-o sa-lu-ta - ri
Em Bm/D C G/B Am D7/F♯
Kl.

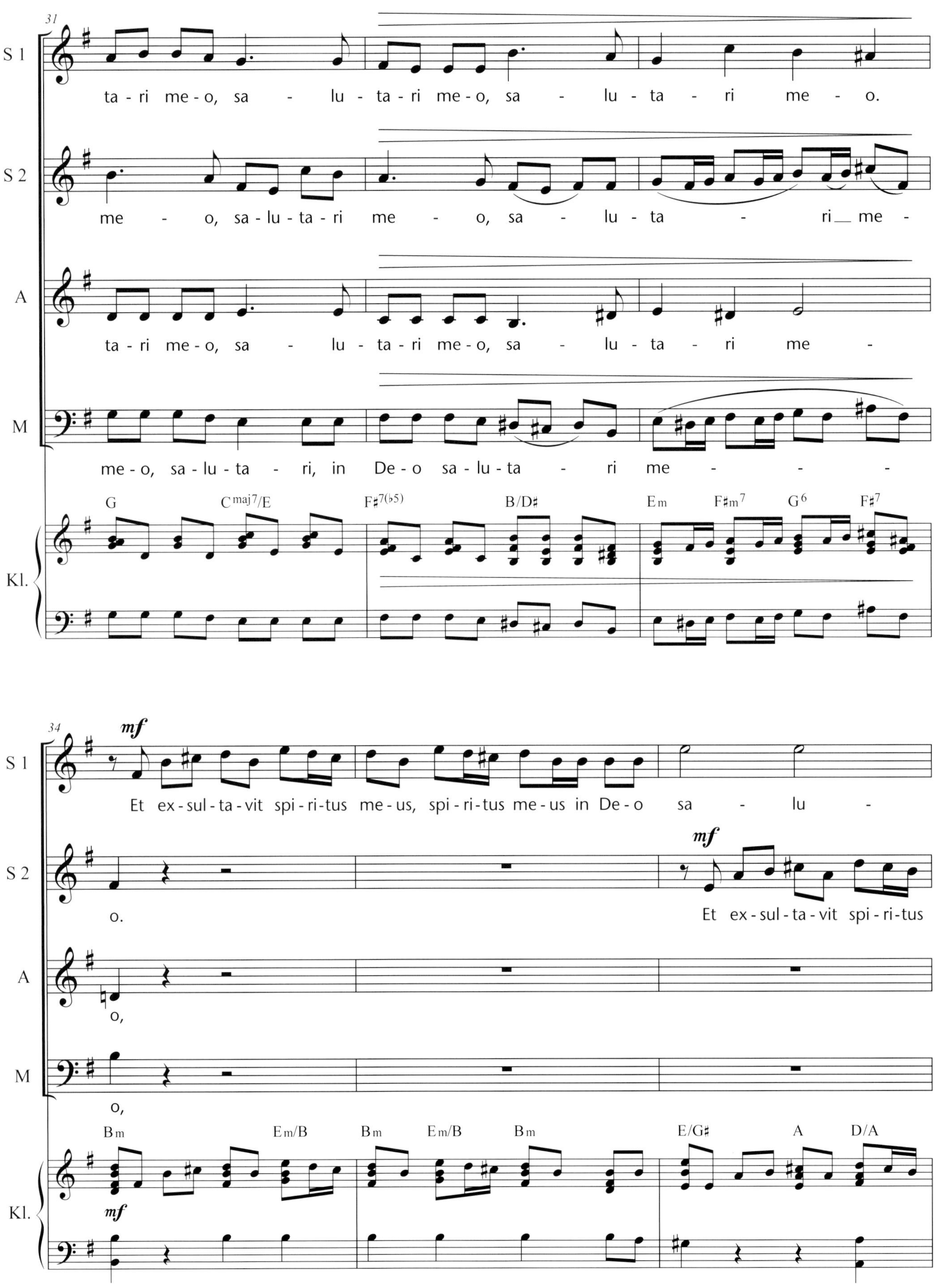
31
S 1
ta - ri me - o, sa - lu - ta - ri me - o, sa - lu - ta - ri me - o.
S 2
me - o, sa - lu - ta - ri me - o, sa - lu - ta - ri me -
A
ta - ri me - o, sa - lu - ta - ri me - o, sa - lu - ta - ri me -
M
me - o, sa - lu - ta - ri, in De - o sa - lu - ta - ri me - - -
G C maj7/E F♯7(♭5) B/D♯ Em F♯m7 G6 F♯7
Kl.
34
mf
S 1
Et ex - sul - ta - vit spi - ri - tus me - us, spi - ri - tus me - us in De - o sa - lu -
S 2
o.
mf
Et ex - sul - ta - vit spi - ri - tus
A
o,
M
o,
Bm Em/B Bm Em/B Bm E/G♯ A D/A
Kl.
mf

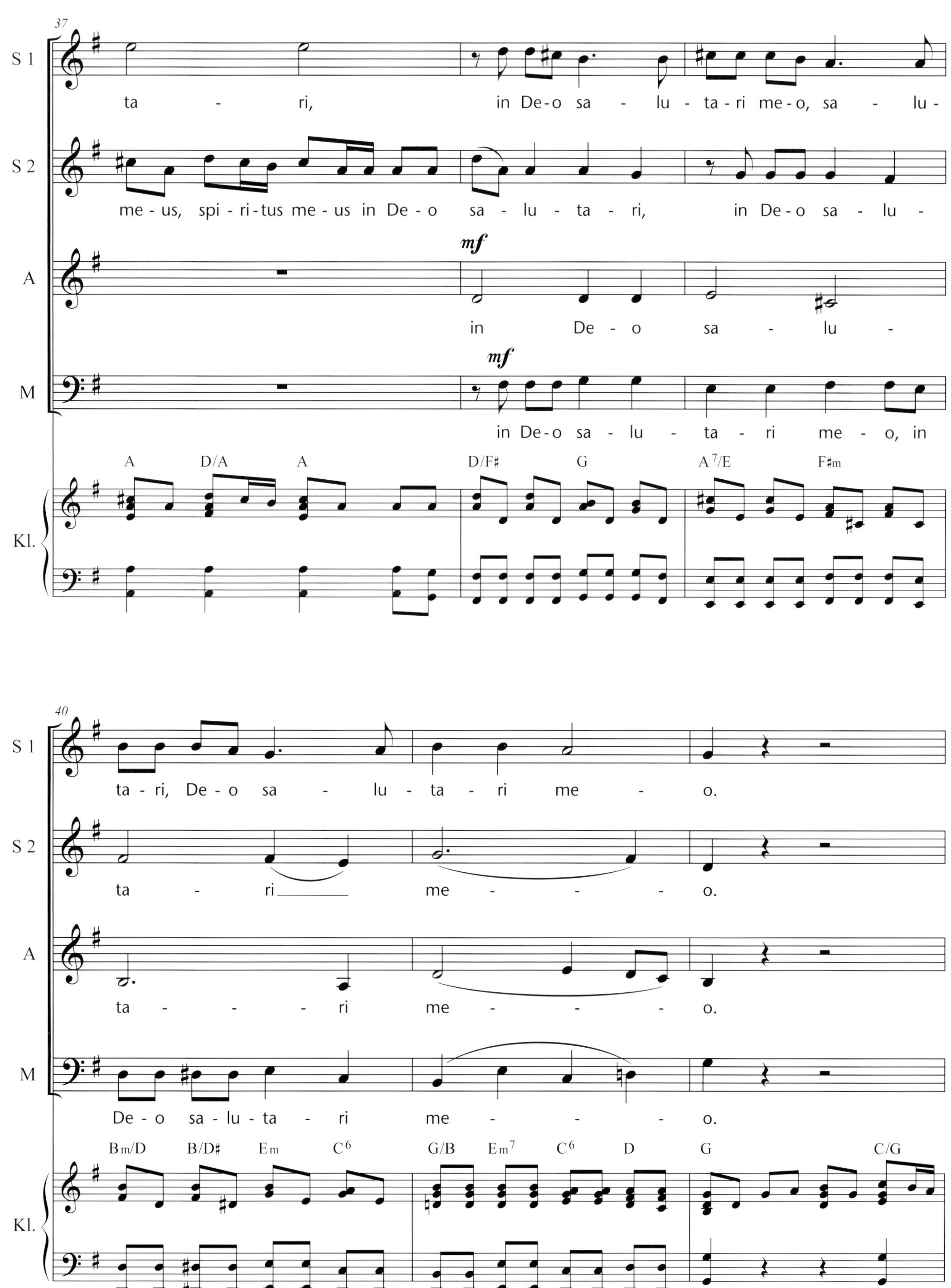
37
S 1
ta - ri, in De-o sa - lu - ta-ri me-o, sa - lu-
S 2
me-us, spi-ri-tus me-us in De-o sa - lu - ta - ri, in De-o sa - lu -
mf
A
in De - o sa - lu -
mf
M
in De-o sa - lu - ta - ri me - o, in
A D/A A D/F♯ G A7/E F♯m
Kl.
40
S 1
ta-ri, De-o sa - lu - ta - ri me - o.
S 2
ta - ri me - - - o.
A
ta - - - ri me - - - o.
M
De-o sa-lu-ta - ri me - - - o.
Bm/D B/D♯ Em C6 G/B Em7 C6 D G C/G
Kl.

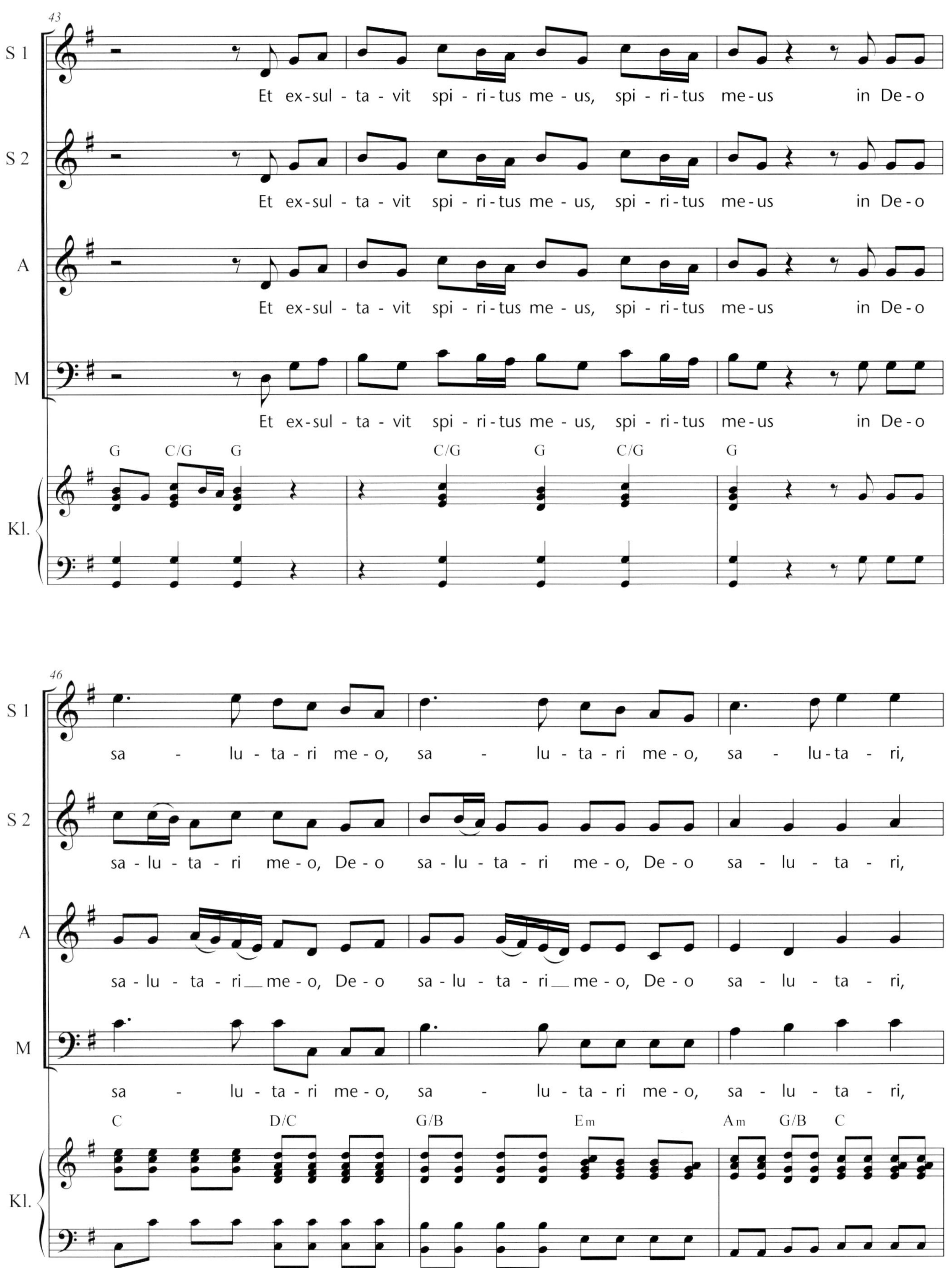
43
S 1
S 2
A
M
Kl.
Et ex-sul - ta - vit spi - ri-tus me - us, spi - ri-tus me-us in De-o
G C/G G C/G G C/G G
46
sa - lu - ta - ri me - o, sa - lu - ta - ri me - o, sa - lu-ta - ri,
sa - lu - ta - ri me - o, De - o sa - lu - ta - ri me - o, De - o sa - lu - ta - ri,
C D/C G/B Em Am G/B C

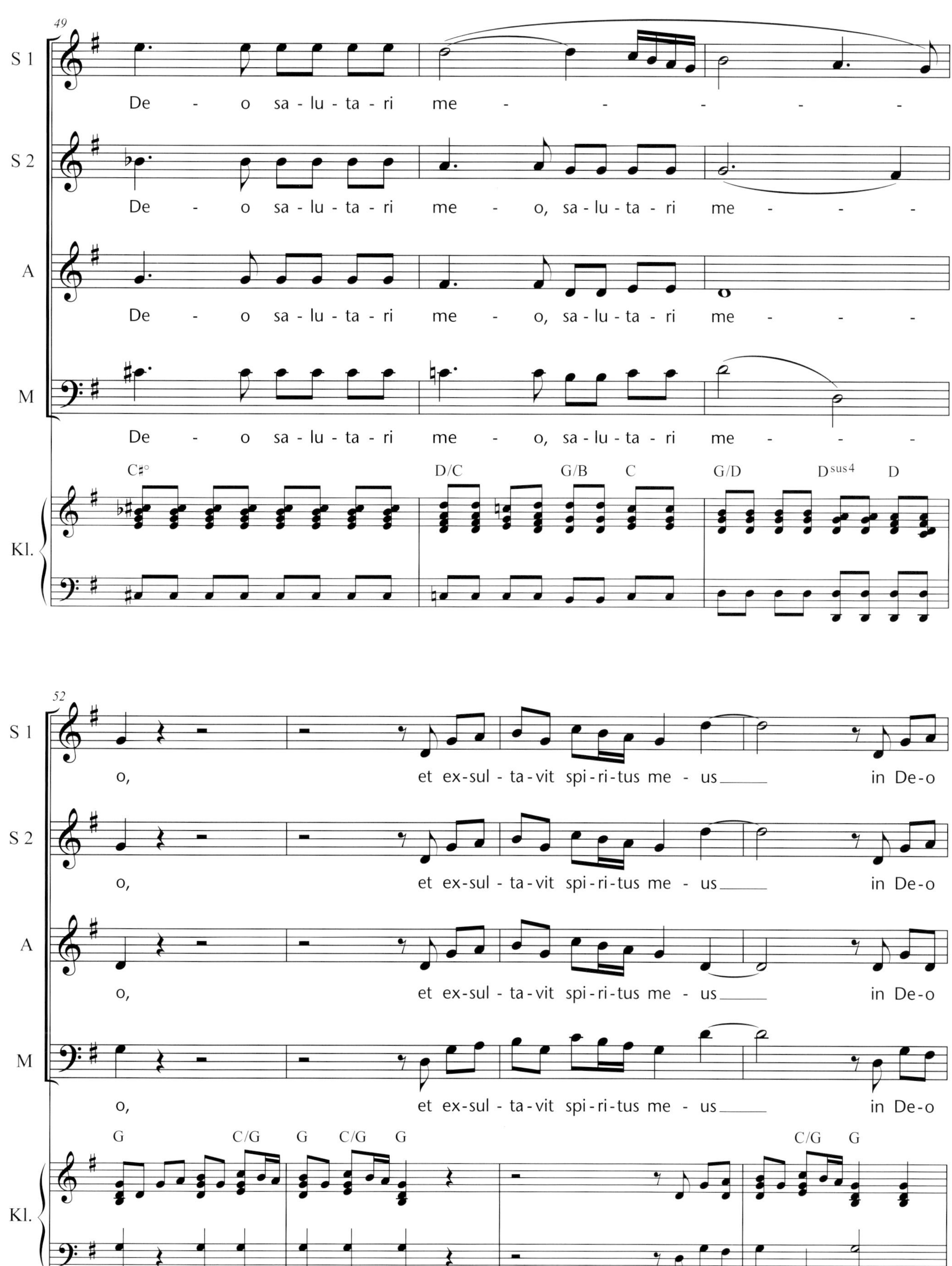
49
S 1
S 2
A
M
Kl.
De - o sa - lu - ta - ri me - - - - -
De - o sa - lu - ta - ri me - o, sa - lu - ta - ri me - - - -
C♯°
D/C
G/B
C
G/D
Dsus4
D
52
o,
et ex-sul - ta-vit spi-ri-tus me - us
in De-o
G
C/G
G
C/G
G
C/G
G

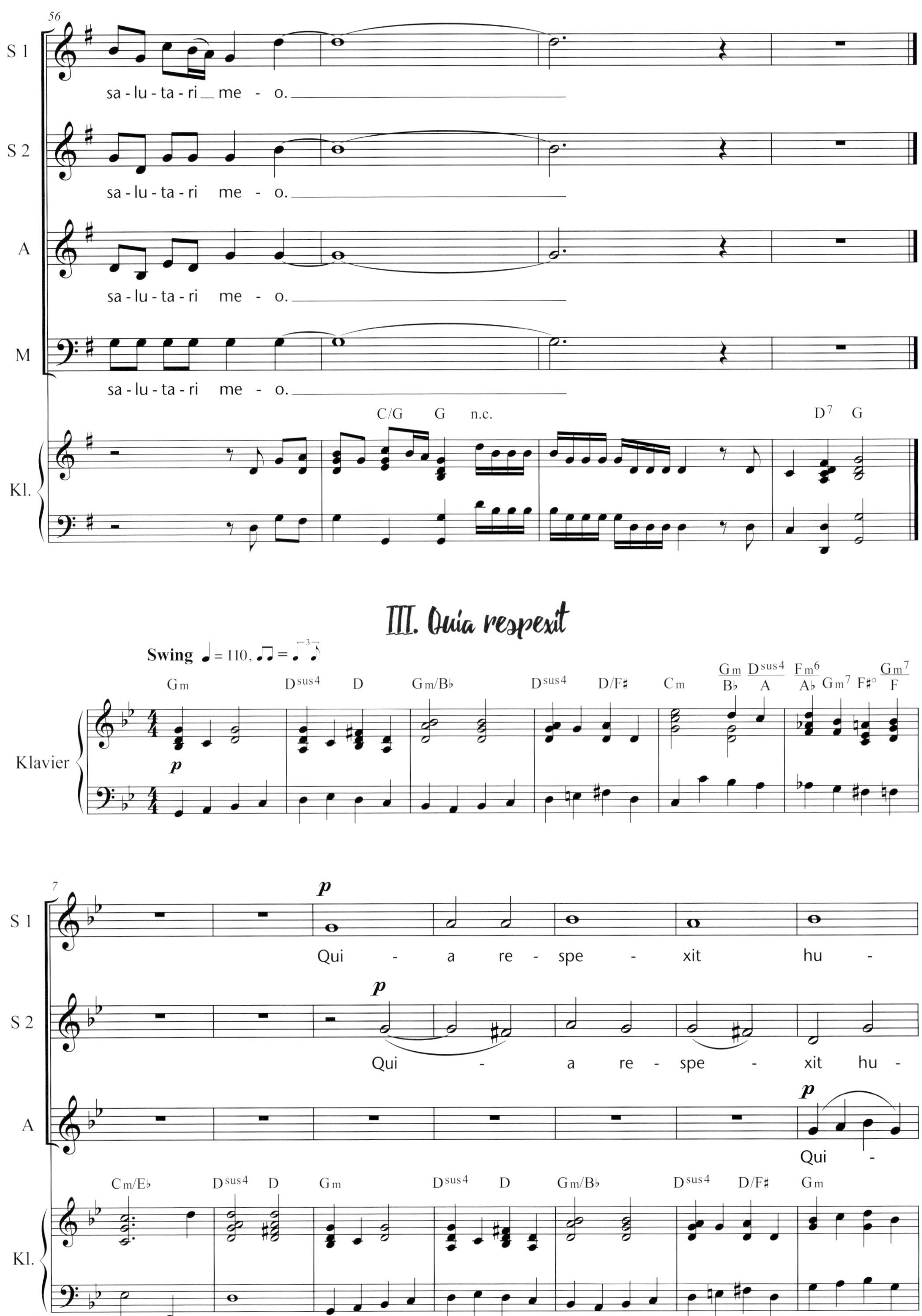
56
S 1
sa - lu - ta - ri __ me - o.
S 2
sa - lu - ta - ri me - o.
A
sa - lu - ta - ri me - o.
M
sa - lu - ta - ri me - o.
C/G G n.c.
D7 G
Kl.
III. Quia respexit
Swing ♩ = 110
Gm Dsus4 D Gm/B♭ Dsus4 D/F♯ Cm Gm B♭ Dsus4 A Fm6 A♭ Gm7 F♯° Gm7 F
Klavier
p
7
p
Qui - a re - spe - xit hu -
p
Qui - a re - spe - xit hu -
p
Qui -
Cm/E♭ Dsus4 D Gm Dsus4 D Gm/B♭ Dsus4 D/F♯ Gm
Kl.

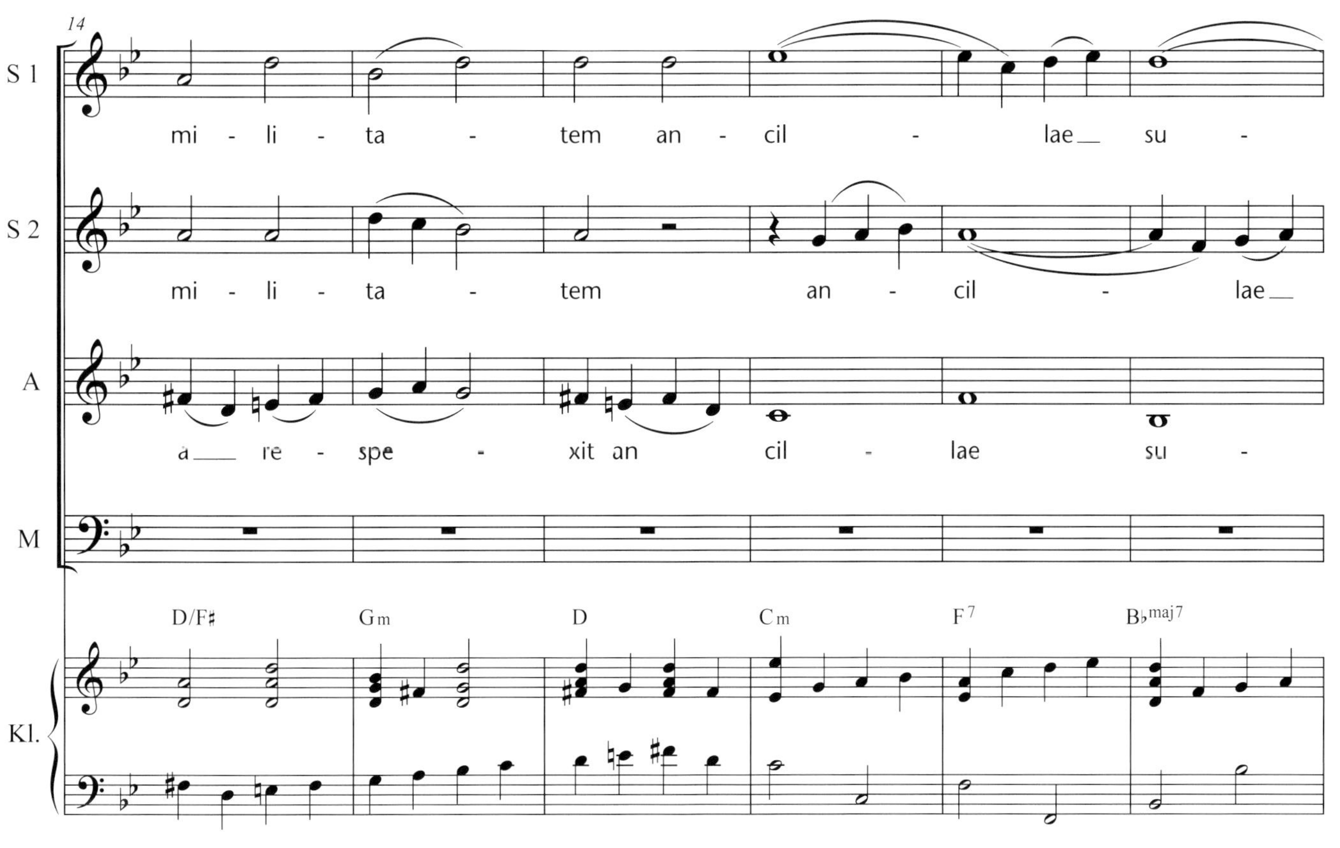
14
S 1
mi - li - ta - tem an - cil - lae su -
S 2
mi - li - ta - tem an - cil - lae
A
a re - spe - xit an cil - lae su -
M
D/F♯ Gm D Cm F7 B♭maj7
Kl.

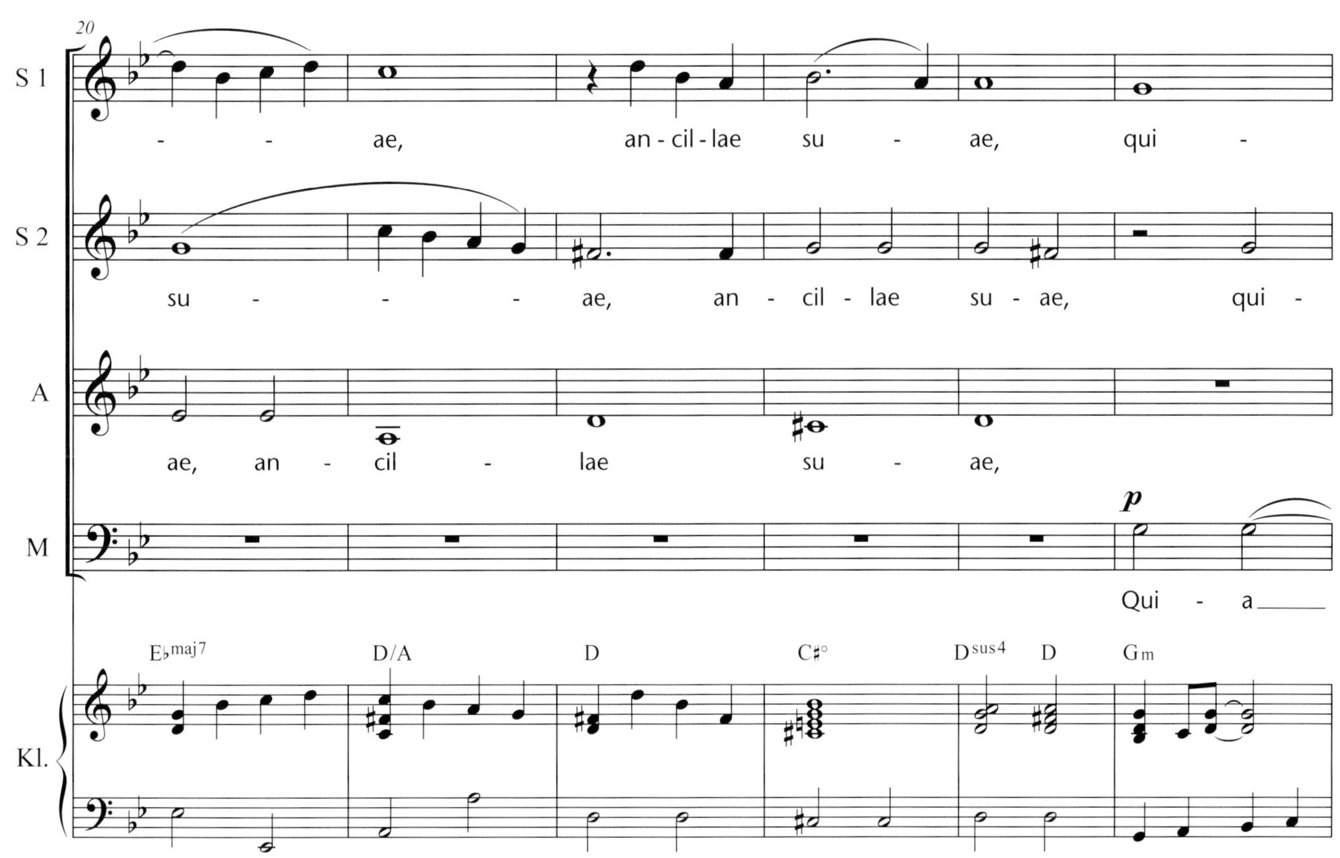
20
S 1
- - ae, an - cil - lae su - ae, qui -
S 2
su - - - ae, an - cil - lae su - ae, qui -
A
ae, an - cil - lae su - ae,
M
p
Qui - a
E♭maj7 D/A D C♯° Dsus4 D Gm
Kl.

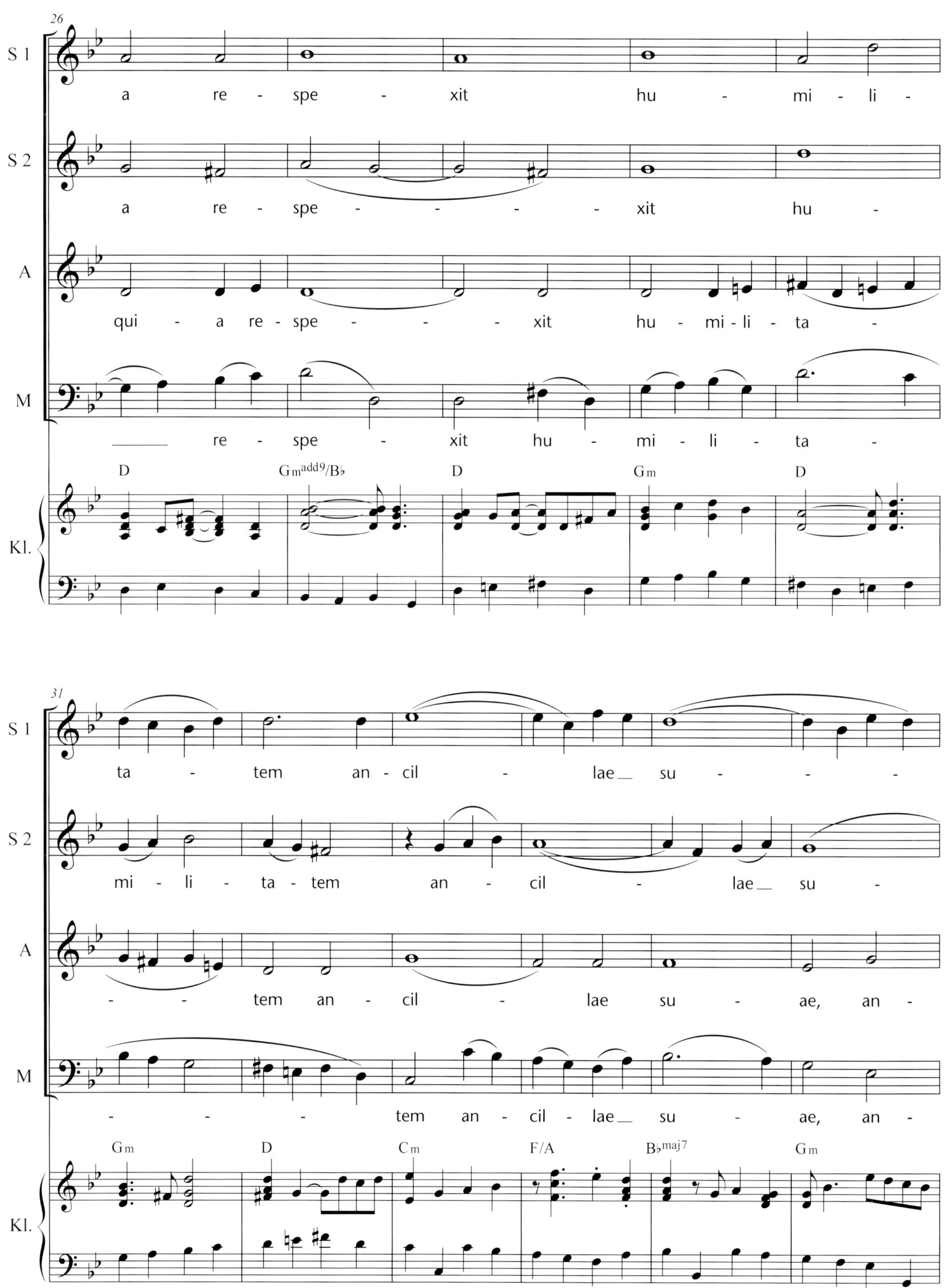
26
S 1
a re - spe - xit hu - mi - li -
S 2
a re - spe - - - - xit hu -
A
qui - a re - spe - - - xit hu - mi - li - ta -
M
re - spe - xit hu - mi - li - ta -
D Gmadd9/B♭ D Gm D
Kl.
31
S 1
ta - tem an - cil - lae su - - -
S 2
mi - li - ta - tem an - cil - lae su -
A
- - tem an - cil - lae su - ae, an -
M
- - - tem an - cil - lae su - ae, an -
Gm D Cm F/A B♭maj7 Gm
Kl.

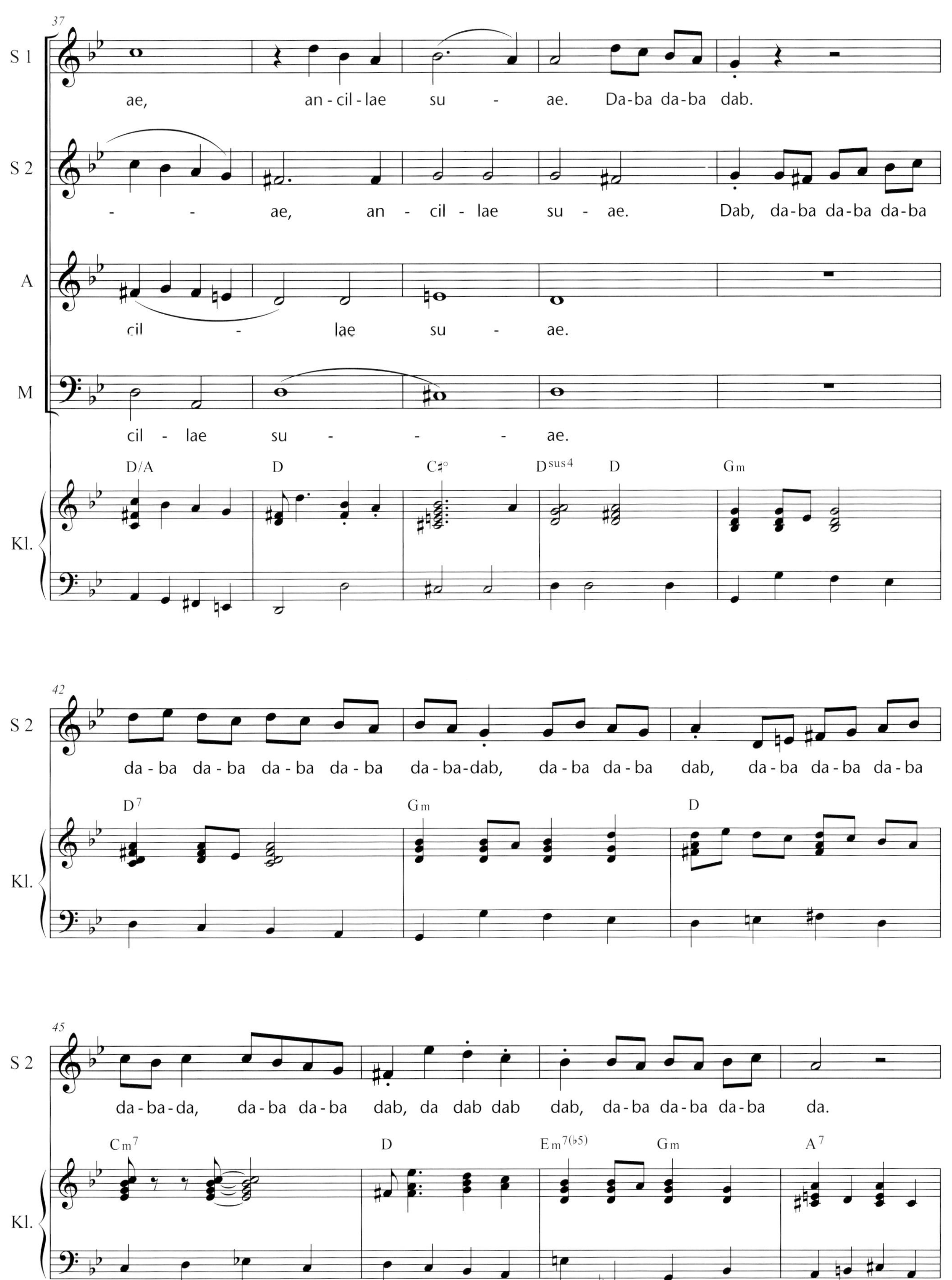
37
S 1
ae, an - cil - lae su - ae. Da - ba da - ba dab.
S 2
- - ae, an - cil - lae su - ae. Dab, da - ba da - ba da - ba
A
cil - lae su - ae.
M
cil - lae su - - - ae.
D/A D C♯° Dsus4 D Gm
Kl.
42
S 2
da - ba da - ba da - ba da - ba da - ba - dab, da - ba da - ba dab, da - ba da - ba da - ba
D7 Gm D
Kl.
45
S 2
da - ba - da, da - ba da - ba dab, da dab dab dab, da - ba da - ba da - ba da.
Cm7 D Em7(♭5) Gm A7
Kl.

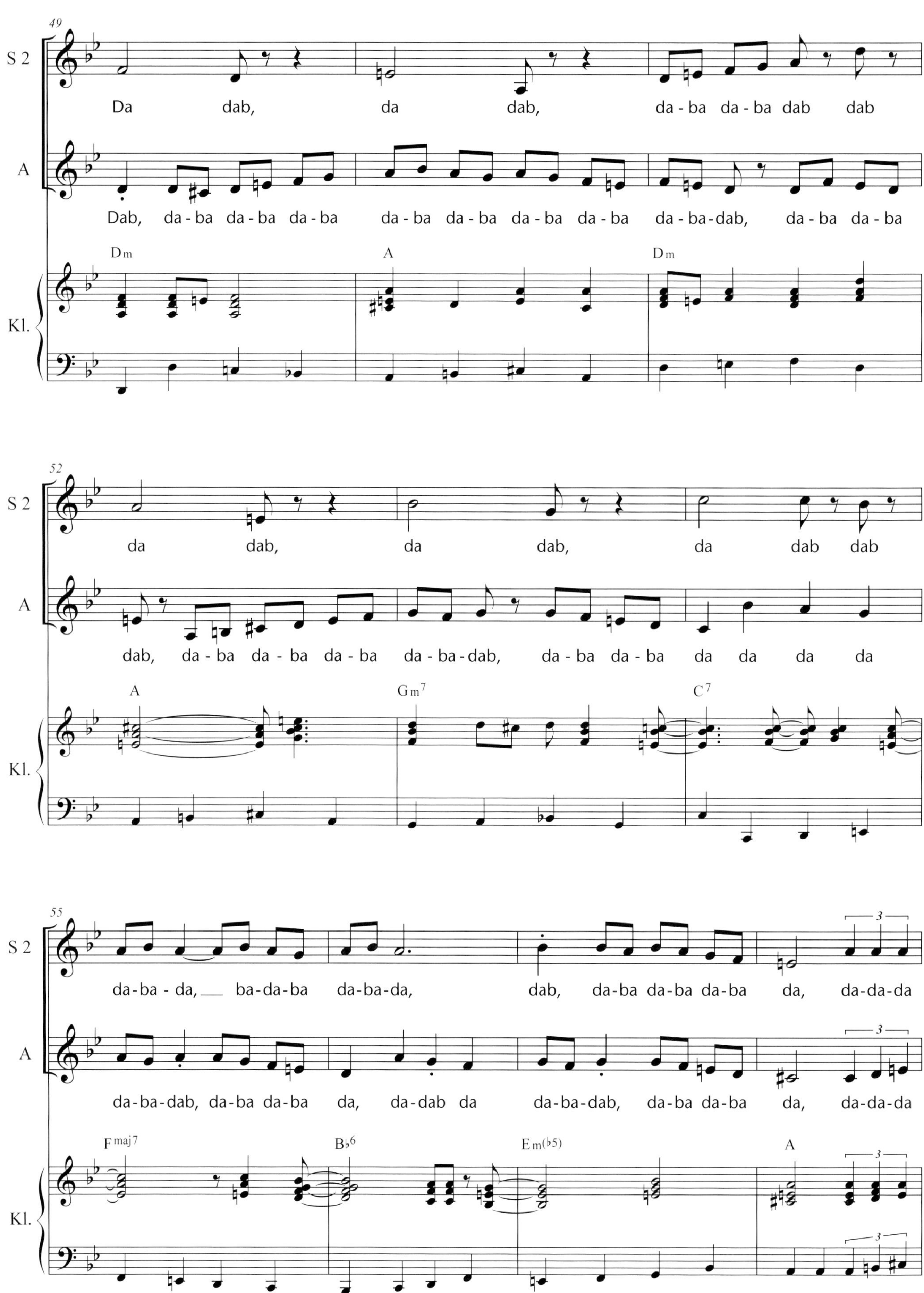
49
S 2
Da dab, da dab, da - ba da - ba dab dab
A
Dab, da - ba da - ba da - ba da - ba da - ba da - ba da - ba da - ba - dab, da - ba da - ba
Dm
A
Dm
Kl.
52
S 2
da dab, da dab, da dab dab
A
dab, da - ba da - ba da - ba da - ba - dab, da - ba da - ba da da da da
A
Gm7
C7
Kl.
55
S 2
da-ba - da, ba-da-ba da-ba-da, dab, da-ba da-ba da-ba da, da-da-da
A
da-ba-dab, da-ba da-ba da, da-dab da da-ba-dab, da-ba da-ba da, da-da-da
Fmaj7
B♭6
Em(♭5)
A
Kl.

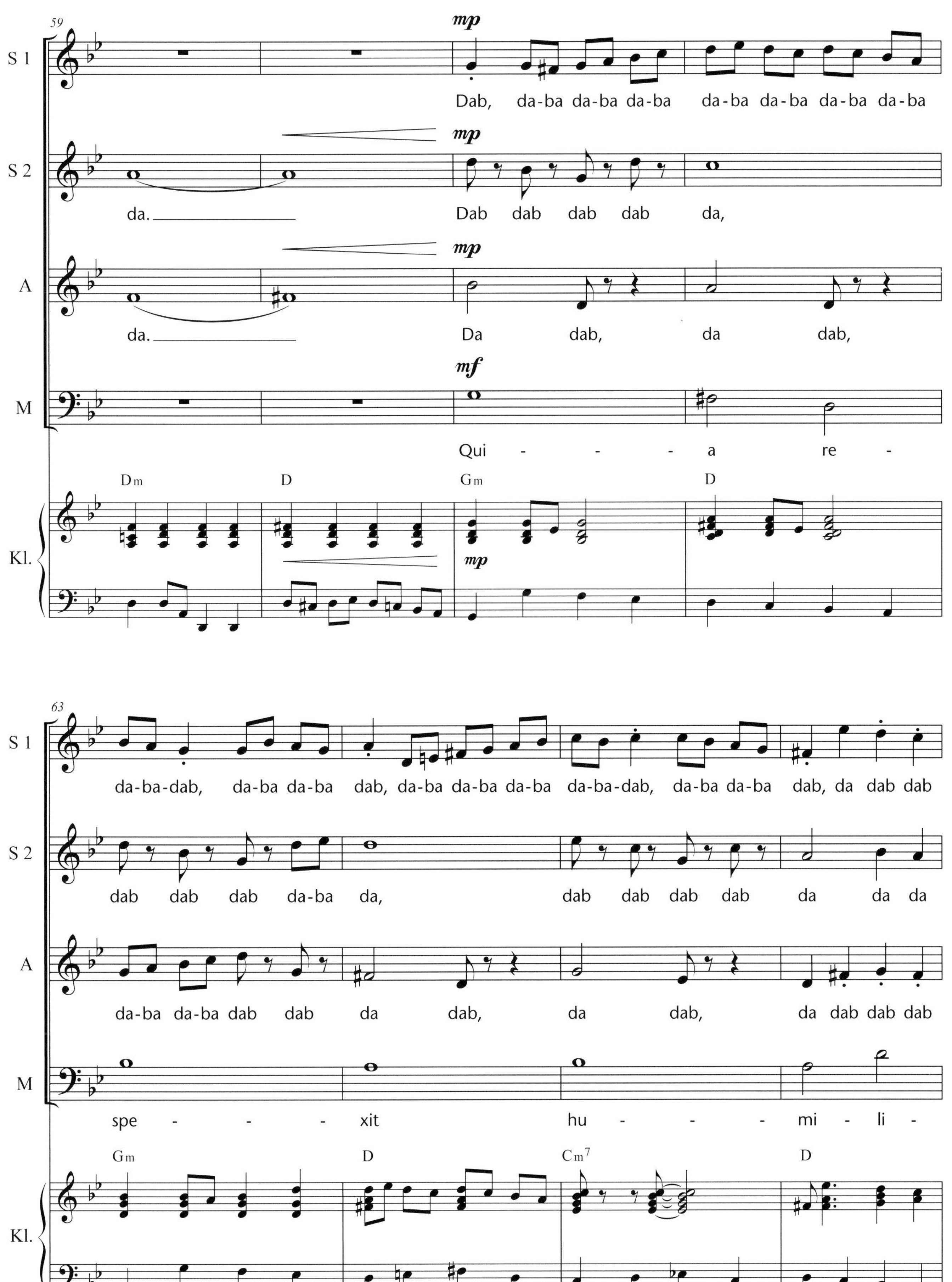
59
S 1
S 2
A
M
Kl.
mp
mf
Dab, da-ba da-ba da-ba da-ba da-ba da-ba da-ba
da. Dab dab dab dab da,
da. Da dab, da dab,
Qui - - - a re -
Dm D Gm D
63
da-ba-dab, da-ba da-ba dab, da-ba da-ba da-ba da-ba-dab, da-ba da-ba dab, da dab dab
dab dab dab da-ba da, dab dab dab dab da da da
da-ba da-ba dab dab da dab, da dab, da dab dab dab
spe - - - xit hu - - - mi - li -
Gm D Cm7 D

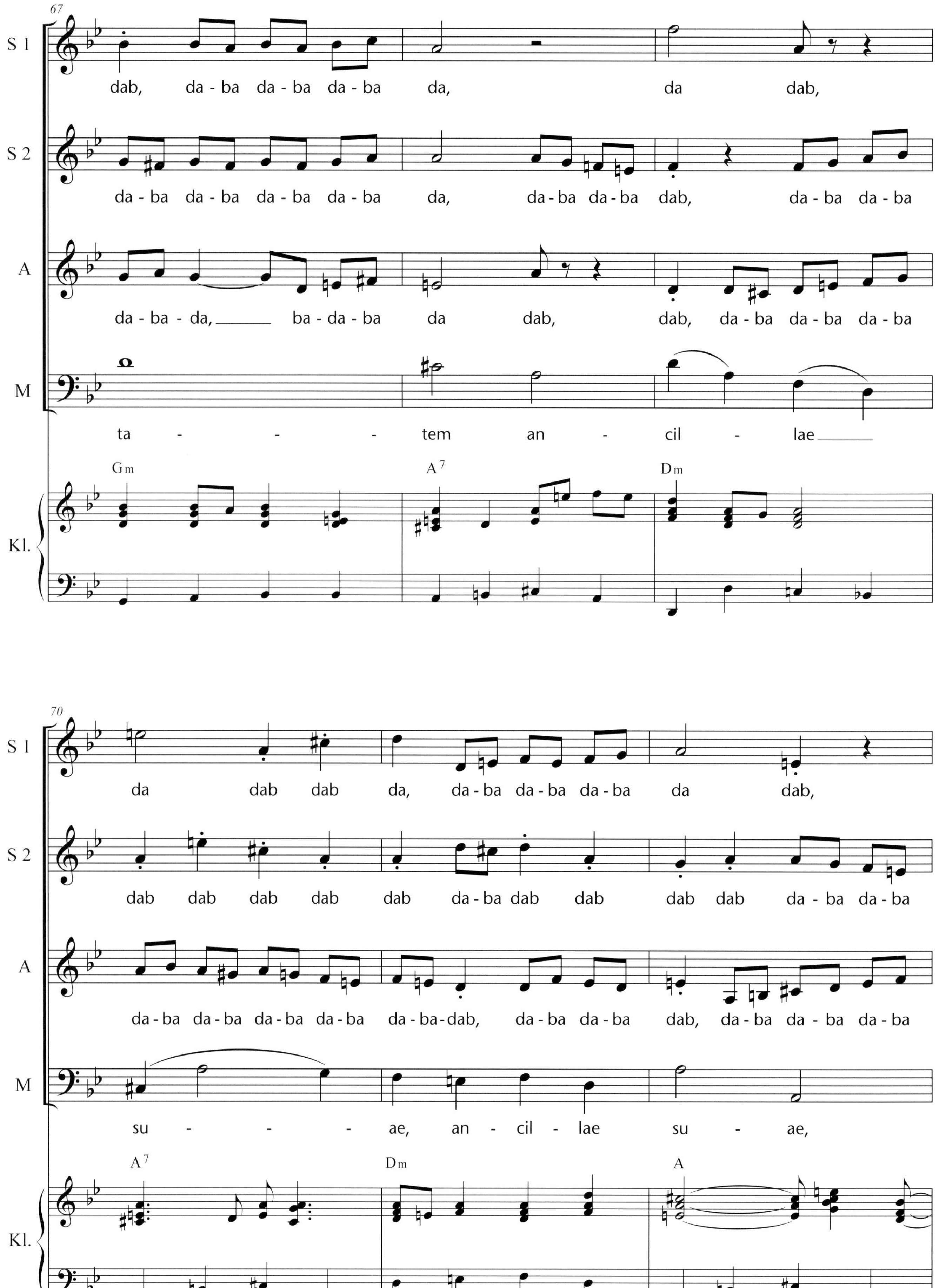
67
S 1
dab, da - ba da - ba da - ba da, da dab,
S 2
da - ba da - ba da - ba da - ba da, da - ba da - ba dab, da - ba da - ba
A
da - ba - da, ba - da - ba da dab, dab, da - ba da - ba da - ba
M
ta - - - tem an - cil - lae
Gm
A7
Dm
Kl.
70
S 1
da dab dab da, da - ba da - ba da - ba da dab,
S 2
dab dab dab dab dab da - ba dab dab dab dab da - ba da - ba
A
da - ba da - ba da - ba da - ba da - ba - dab, da - ba da - ba dab, da - ba da - ba da - ba
M
su - - - ae, an - cil - lae su - ae,
A7
Dm
A
Kl.

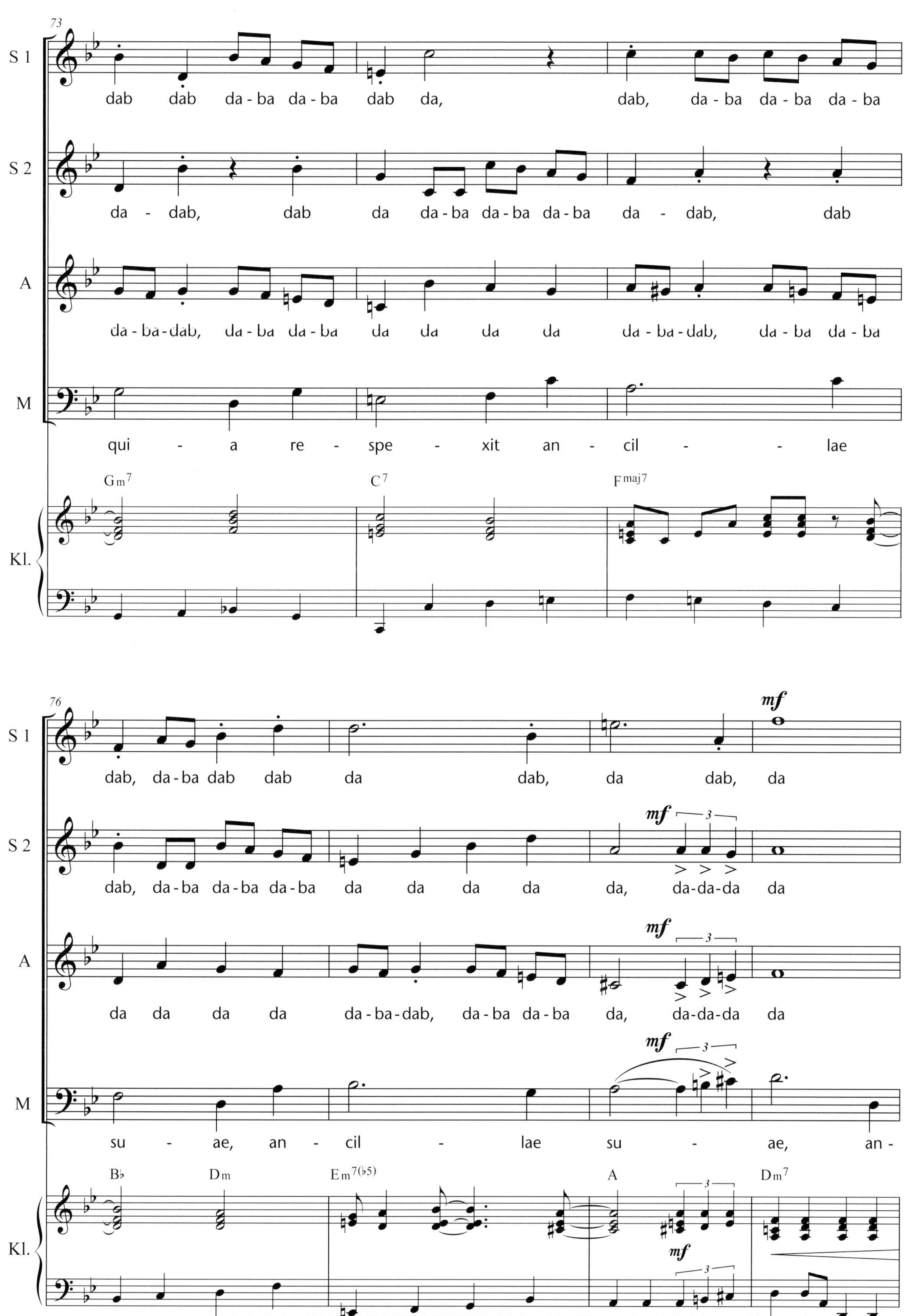
73
S 1
dab dab da - ba da - ba dab da, dab, da - ba da - ba da - ba
S 2
da - dab, dab da da - ba da - ba da - ba da - dab, dab
A
da - ba - dab, da - ba da - ba da da da da da - ba - dab, da - ba da - ba
M
qui - a re - spe - xit an - cil - - lae
Gm7
C7
Fmaj7
Kl.
76
mf
dab, da - ba dab dab da dab, da dab, da
da - ba da - ba da - ba da da da da da, da-da-da da
da da da da da - ba - dab, da - ba da - ba da, da-da-da da
su - ae, an - cil - lae su - ae, an -
B♭
Dm
Em7(♭5)
A
Dm7
3

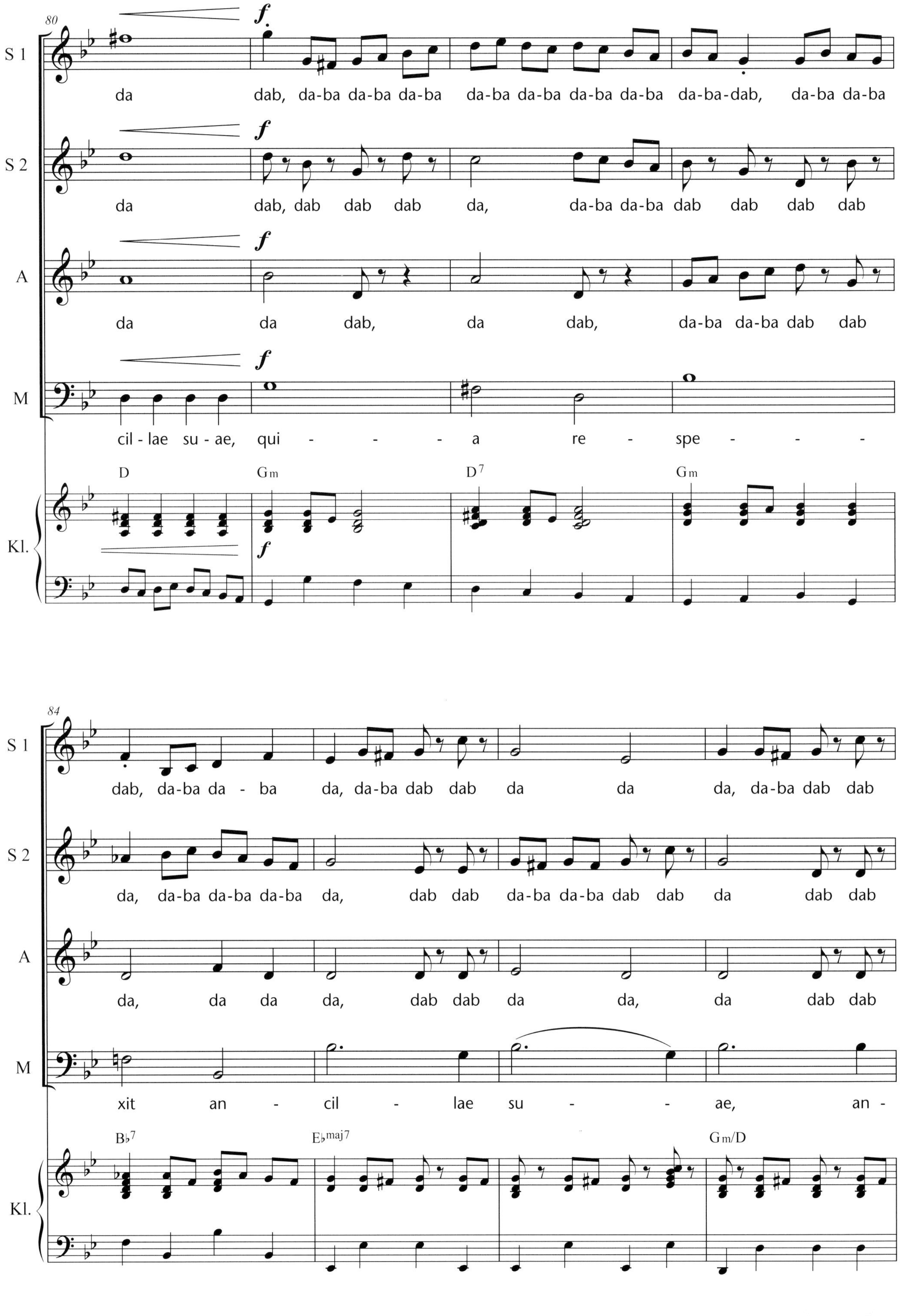

80

S 1 da dab, da-ba da-ba da-ba da-ba da-ba da-ba da-ba da-ba-dab, da-ba da-ba

S 2 da dab, dab dab dab da, da-ba da-ba dab dab dab dab

A da da dab, da dab, da-ba da-ba dab dab

M cil - lae su - ae, qui - - - a re - spe - - -

Kl. D Gm D^7 Gm

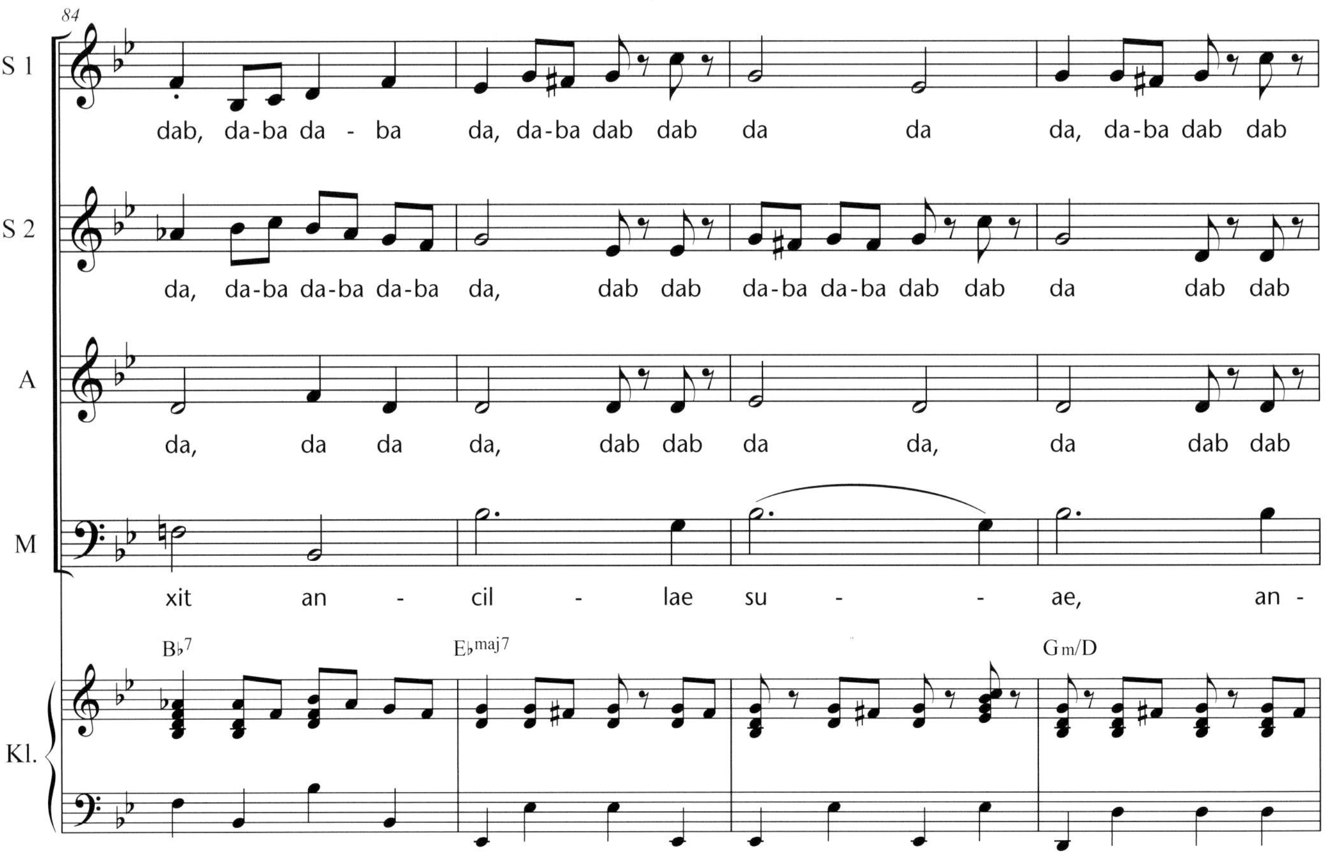

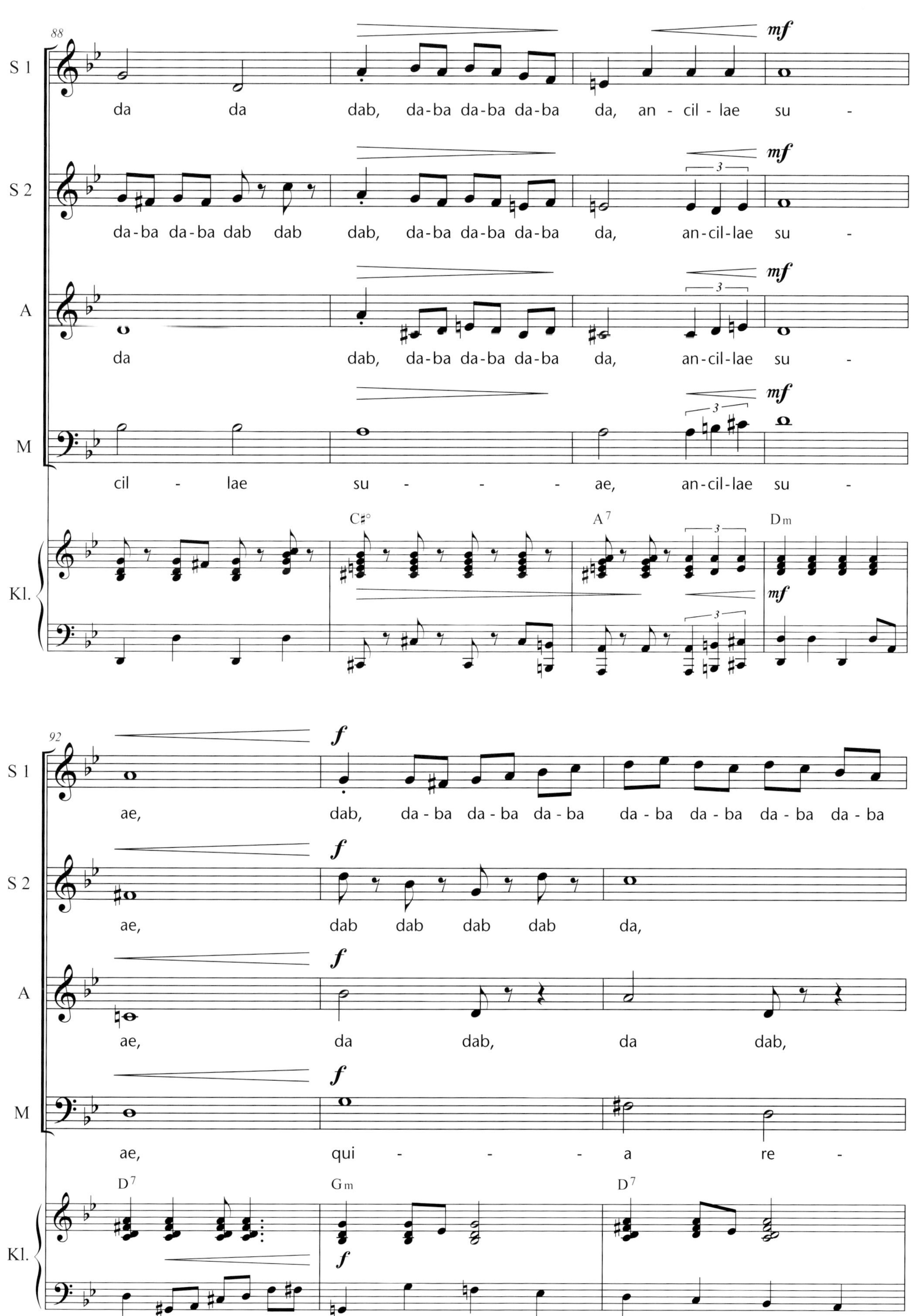
88
S 1
da da dab, da-ba da-ba da-ba da, an - cil - lae su -
S 2
da-ba da-ba dab dab dab, da-ba da-ba da-ba da, an-cil-lae su -
A
da dab, da-ba da-ba da-ba da, an-cil-lae su -
M
cil - lae su - - - ae, an-cil-lae su -
C♯°
A7
Dm
Kl.
mf
92
S 1
ae, dab, da - ba da - ba da - ba da - ba da - ba da - ba da - ba
S 2
ae, dab dab dab dab da,
A
ae, da dab, da dab,
M
ae, qui - - - a re -
D7
Gm
D7
Kl.
f

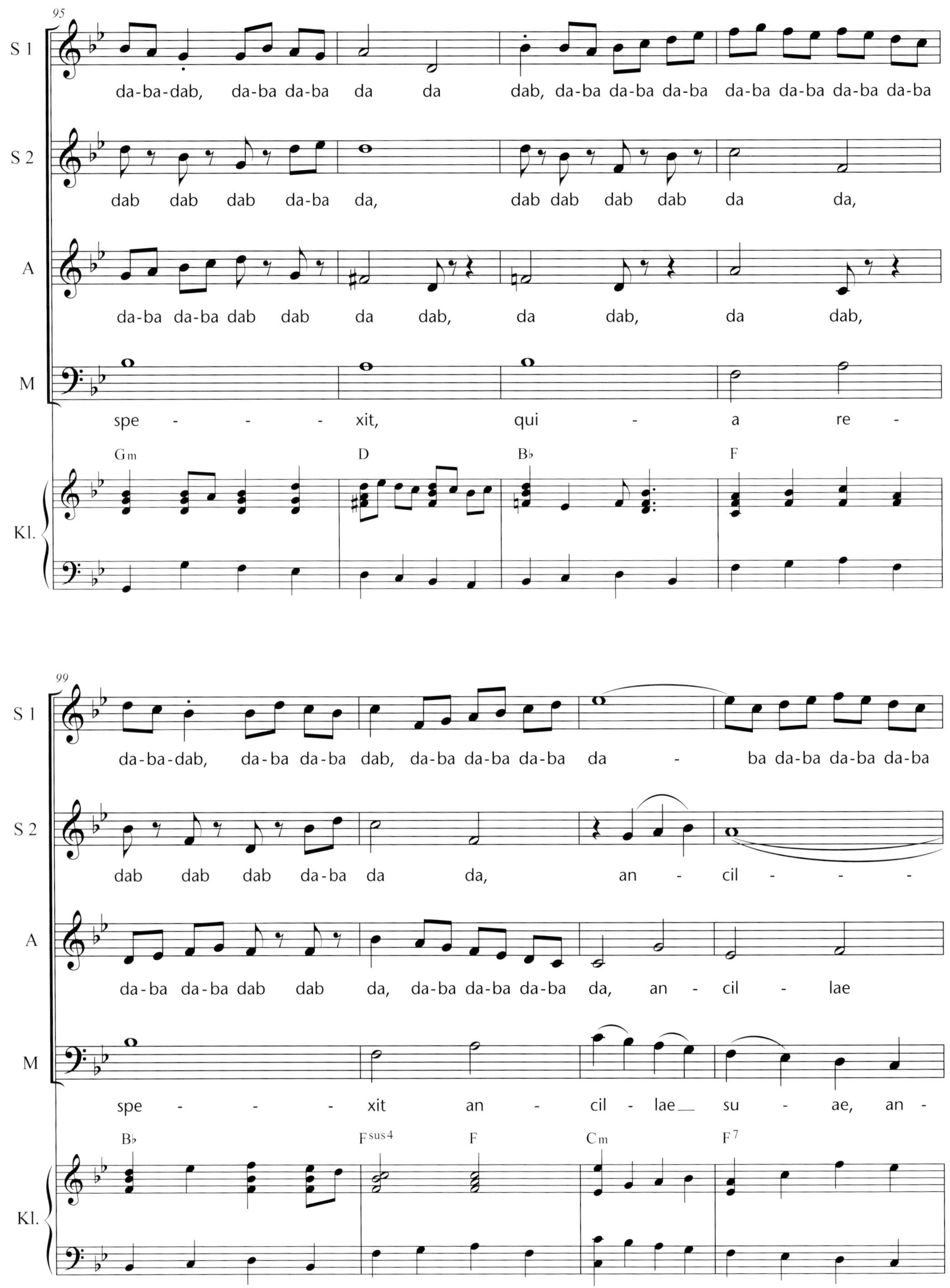
95
S 1
da-ba-dab, da-ba da-ba da da dab, da-ba da-ba da-ba da-ba da-ba da-ba da-ba
S 2
dab dab dab da-ba da, dab dab dab dab da da,
A
da-ba da-ba dab dab da dab, da dab, da dab,
M
spe - - - xit, qui - a re -
Gm D B♭ F
Kl.
99
S 1
da-ba-dab, da-ba da-ba dab, da-ba da-ba da-ba da - ba da-ba da-ba da-ba
S 2
dab dab dab da-ba da da, an - cil - - -
A
da-ba da-ba dab dab da, da-ba da-ba da-ba da, an - cil - lae
M
spe - - - xit an - cil - lae su - ae, an -
B♭ Fsus4 F Cm F7
Kl.

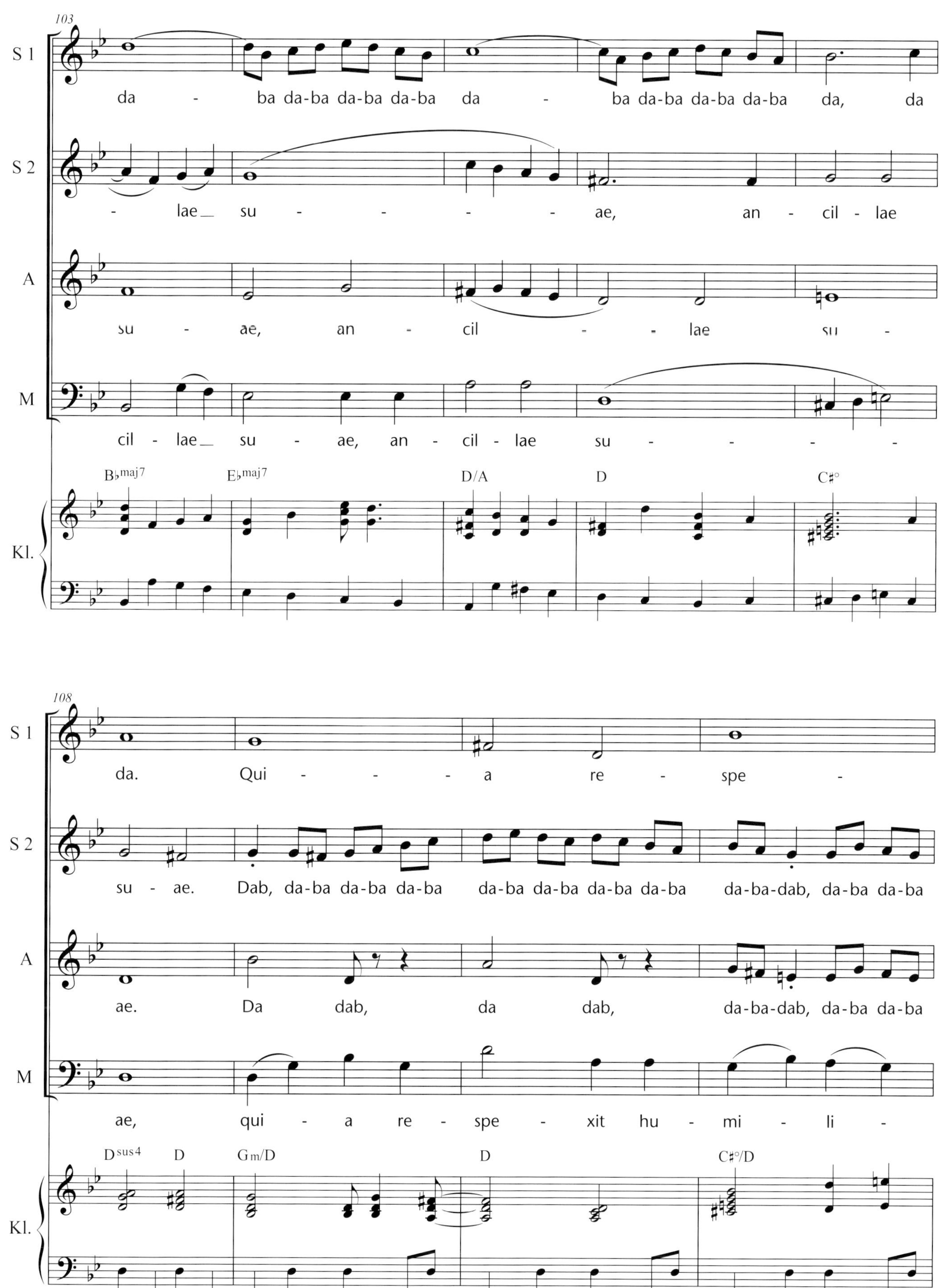
103
S 1
da - ba da-ba da-ba da-ba da - ba da-ba da-ba da-ba da, da
S 2
- lae su - - - - ae, an - cil - lae
A
su - ae, an - cil - - lae su -
M
cil - lae su - ae, an - cil - lae su - - - -
B♭maj7 E♭maj7 D/A D C♯°
Kl.
108
S 1
da. Qui - - - a re - spe -
S 2
su - ae. Dab, da-ba da-ba da-ba da-ba da-ba da-ba da-ba da-ba-dab, da-ba da-ba
A
ae. Da dab, da dab, da-ba-dab, da-ba da-ba
M
ae, qui - a re - spe - xit hu - mi - li -
Dsus4 D Gm/D D C♯°/D
Kl.

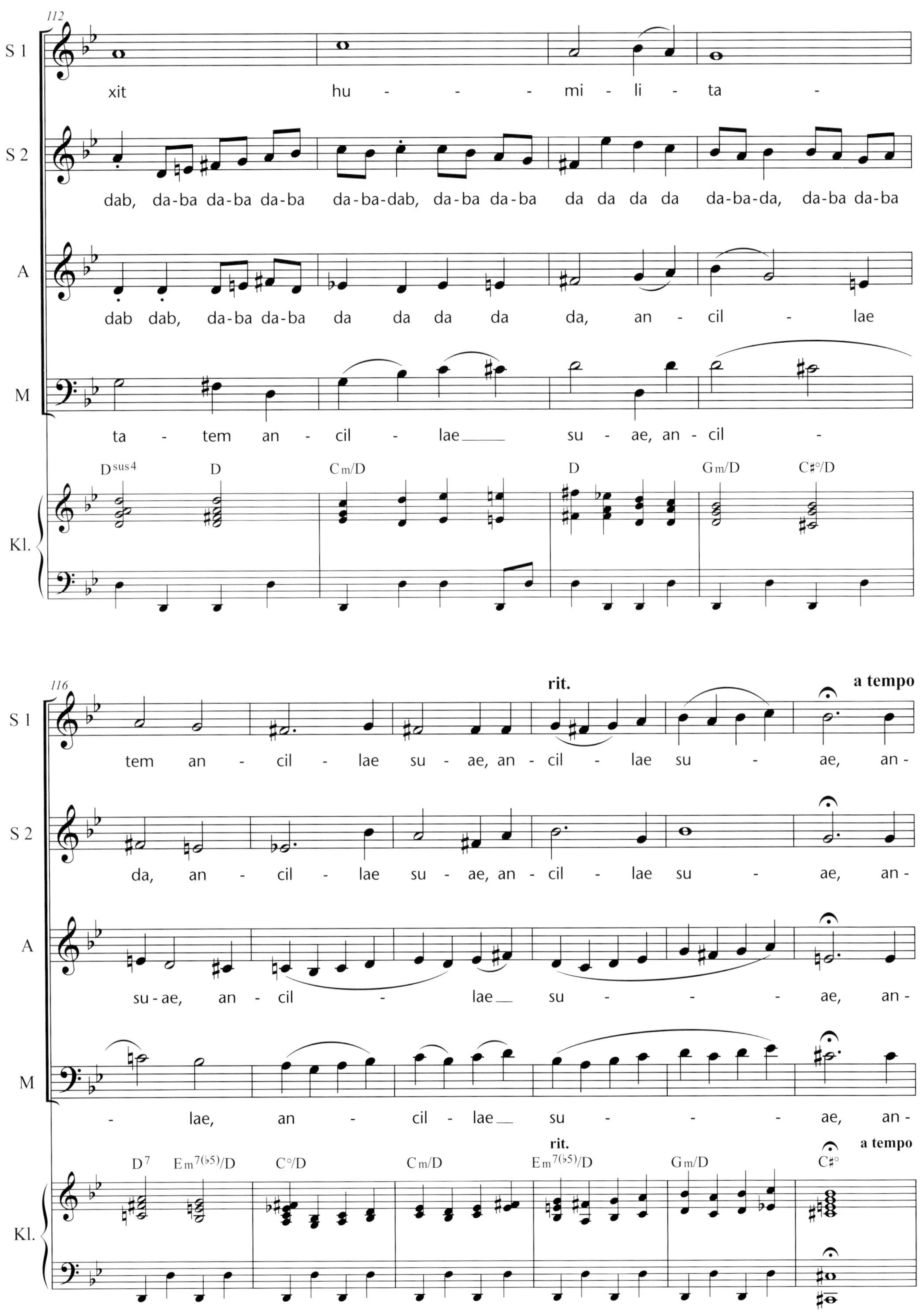

112
S 1
xit hu - - - mi - li - ta -
S 2
dab, da-ba da-ba da-ba da-ba-dab, da-ba da-ba da da da da da-ba-da, da-ba da-ba
A
dab dab, da-ba da-ba da da da da da, an - cil - lae
M
ta - tem an - cil - lae su - ae, an - cil -
Dsus4 D Cm/D D Gm/D C♯°/D
Kl.
116
rit.
a tempo
S 1
tem an - cil - lae su - ae, an - cil - lae su - ae, an -
S 2
da, an - cil - lae su - ae, an - cil - lae su - ae, an -
A
su-ae, an - cil - lae su - - - ae, an -
M
- lae, an - cil - lae su - - - ae, an -
D7 Em7(♭5)/D C°/D Cm/D Em7(♭5)/D Gm/D C♯°
rit.
a tempo
Kl.

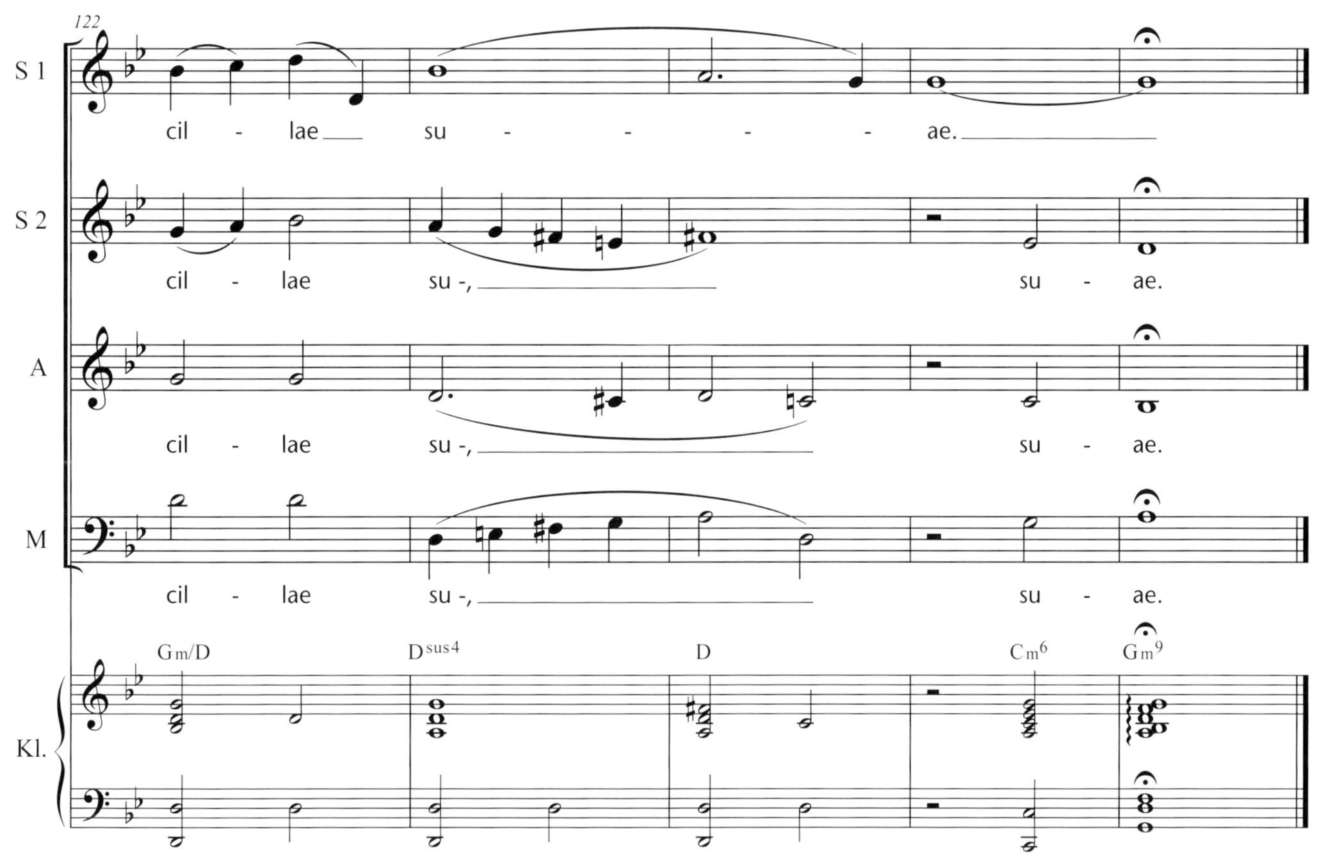
122
S 1
cil - lae su - - - - ae.
S 2
cil - lae su -, su - ae.
A
cil - lae su -, su - ae.
M
cil - lae su -, su - ae.
Gm/D Dsus4 D Cm6 Gm9
Kl.

IV. Ecce enim

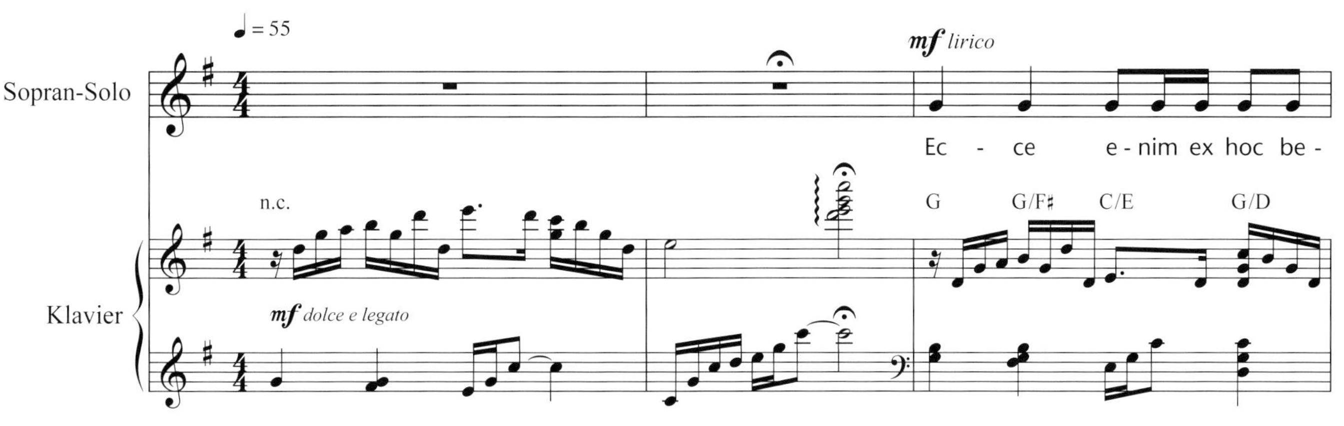
♩ = 55
Sopran-Solo
mf lirico
Ec - ce e - nim ex hoc be -
n.c. G G/F♯ C/E G/D
Klavier
mf dolce e legato

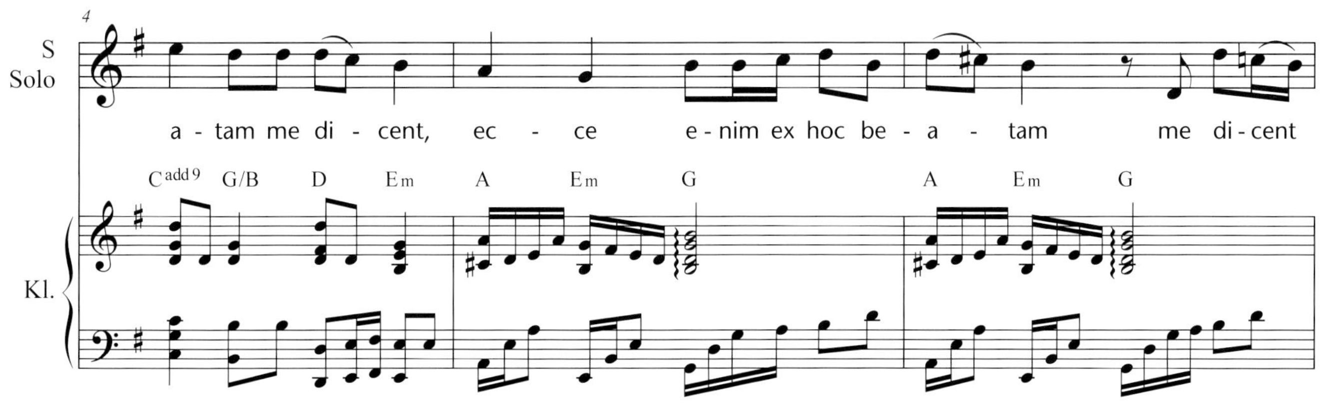
4
S Solo
a - tam me di - cent, ec - ce e - nim ex hoc be - a - tam me di - cent
Cadd9 G/B D Em A Em G A Em G
Kl.

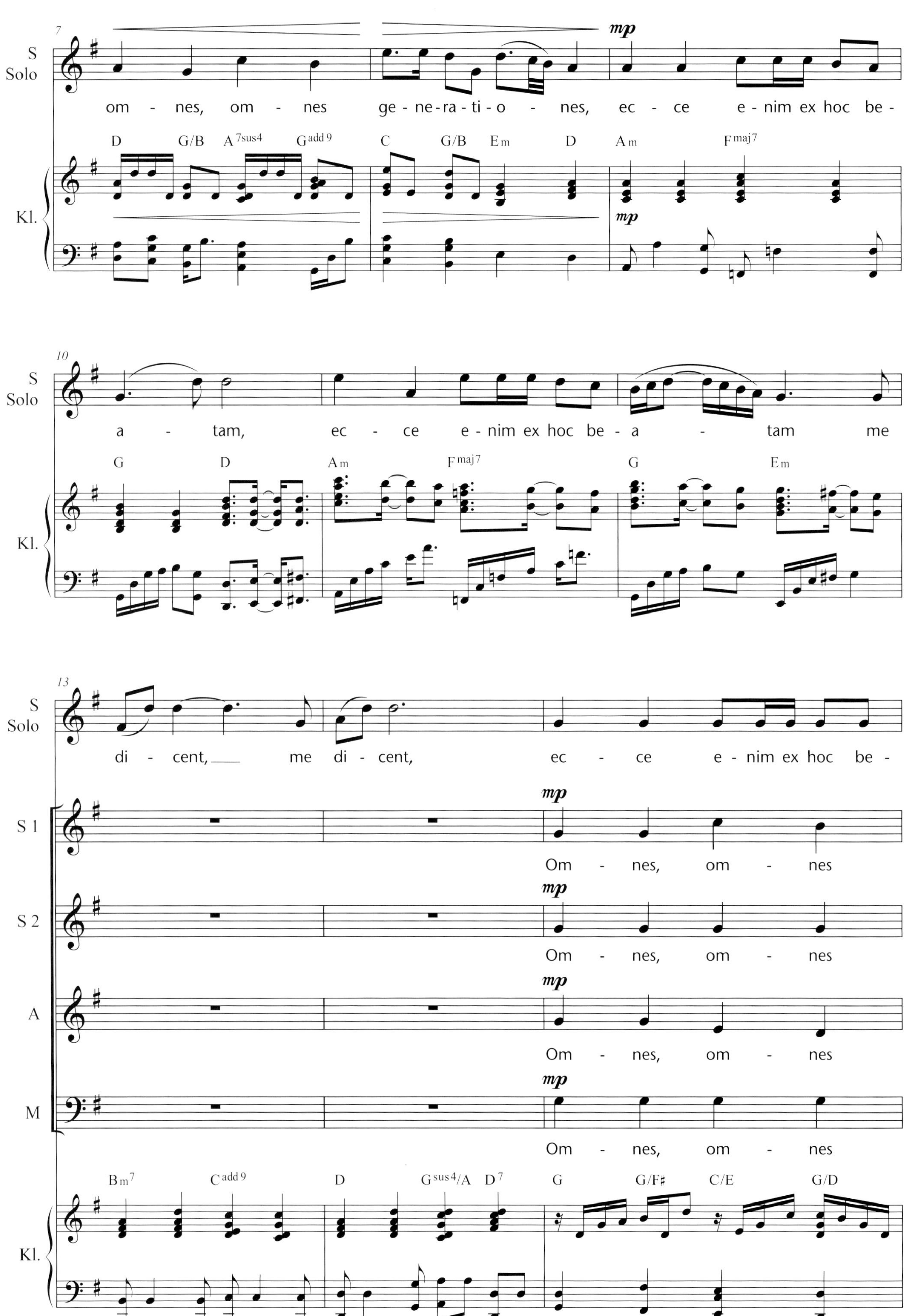
S Solo
om - nes, om - nes ge-ne-ra-ti-o - nes, ec - ce e-nim ex hoc be -
D G/B A7sus4 Gadd9 C G/B Em D Am Fmaj7
Kl.
mp
a - tam, ec - ce e-nim ex hoc be-a - tam me
G D Am Fmaj7 G Em
di - cent, me di - cent, ec - ce e-nim ex hoc be -
S 1
Om - nes, om - nes
S 2
A
M
Bm7 Cadd9 D Gsus4/A D7 G G/F♯ C/E G/D

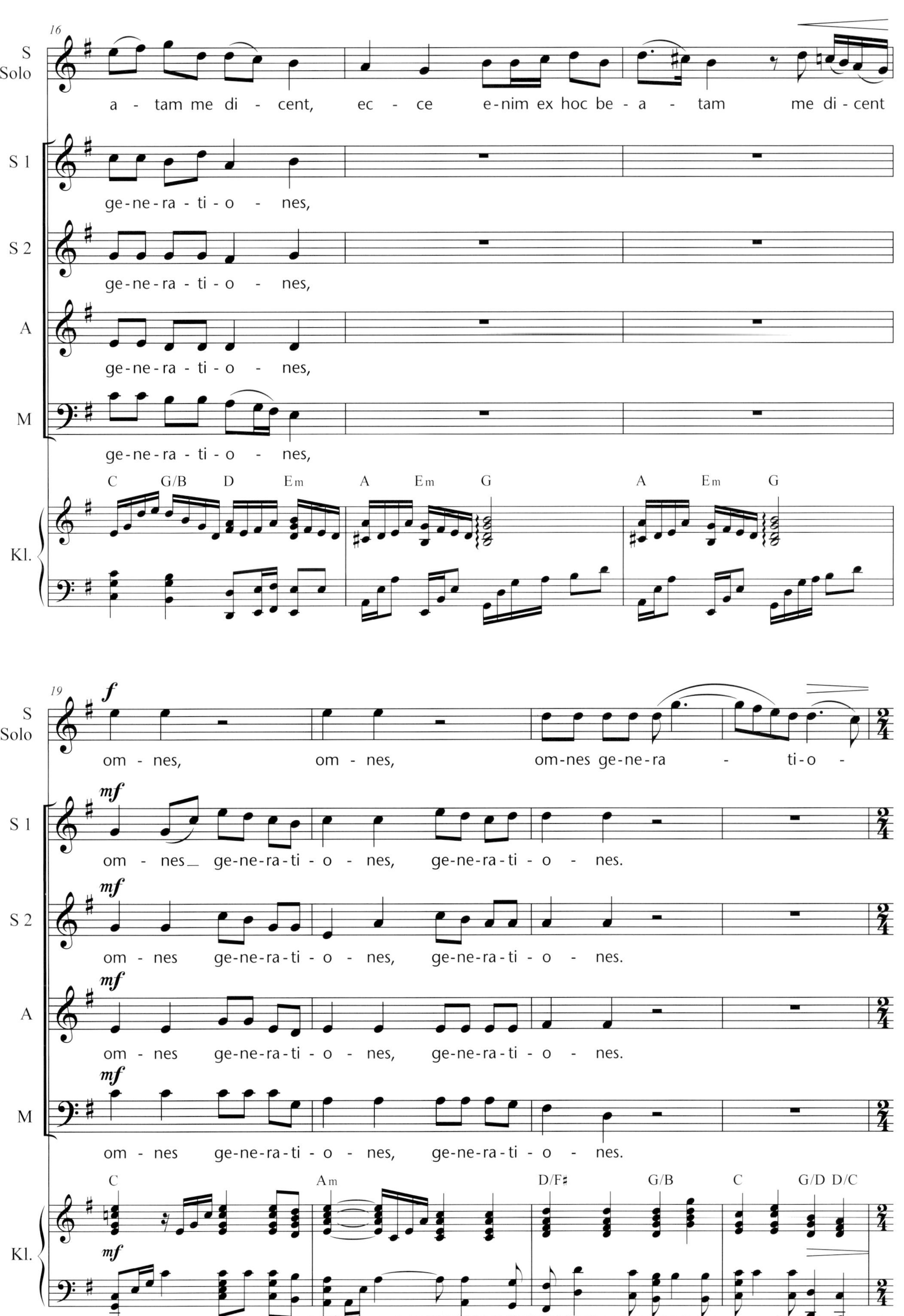
16
S Solo
a - tam me di - cent, ec - ce e-nim ex hoc be - a - tam me di - cent
S 1
ge-ne-ra - ti - o - nes,
S 2
ge-ne-ra - ti - o - nes,
A
ge-ne-ra - ti - o - nes,
M
ge-ne-ra - ti - o - nes,
C G/B D Em A Em G A Em G
Kl.
19
f
om - nes, om - nes, om-nes ge-ne-ra - ti-o -
mf
om - nes ge-ne-ra-ti - o - nes, ge-ne-ra-ti - o - nes.
om - nes ge-ne-ra-ti - o - nes, ge-ne-ra-ti - o - nes.
om - nes ge-ne-ra-ti - o - nes, ge-ne-ra-ti - o - nes.
om - nes ge-ne-ra-ti - o - nes, ge-ne-ra-ti - o - nes.
C Am D/F♯ G/B C G/D D/C

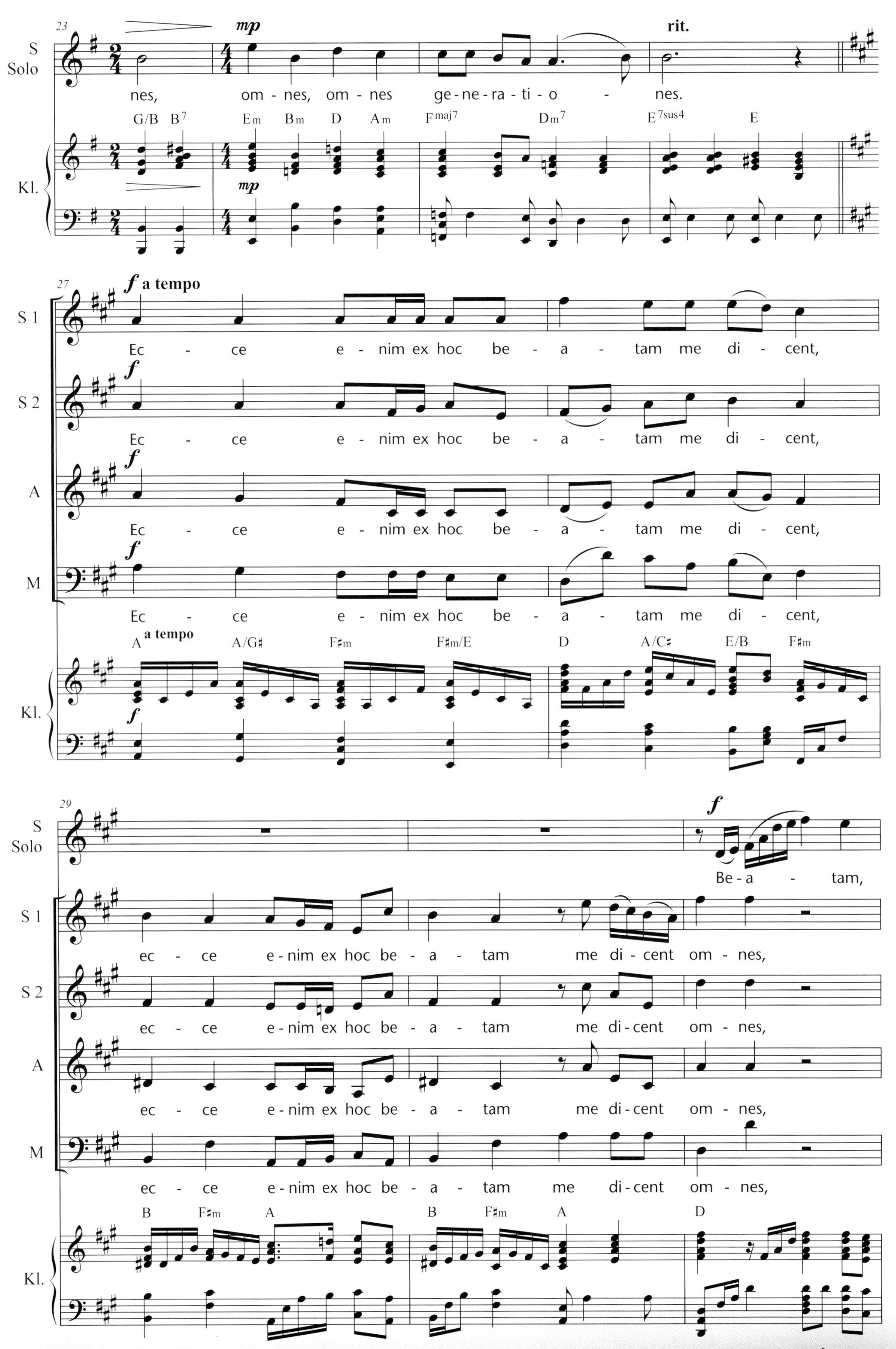

23
S Solo
Kl.
mp
rit.
nes, om - nes, om - nes ge - ne - ra - ti - o - nes.
G/B B7 Em Bm D Am Fmaj7 Dm7 E7sus4 E
27
f a tempo
S 1
S 2
A
M
Ec - ce e - nim ex hoc be - a - tam me di - cent,
a tempo
A A/G♯ F♯m F♯m/E D A/C♯ E/B F♯m
29
ec - ce e - nim ex hoc be - a - tam me di - cent om - nes,
Be - a - tam,
B F♯m A B F♯m A D

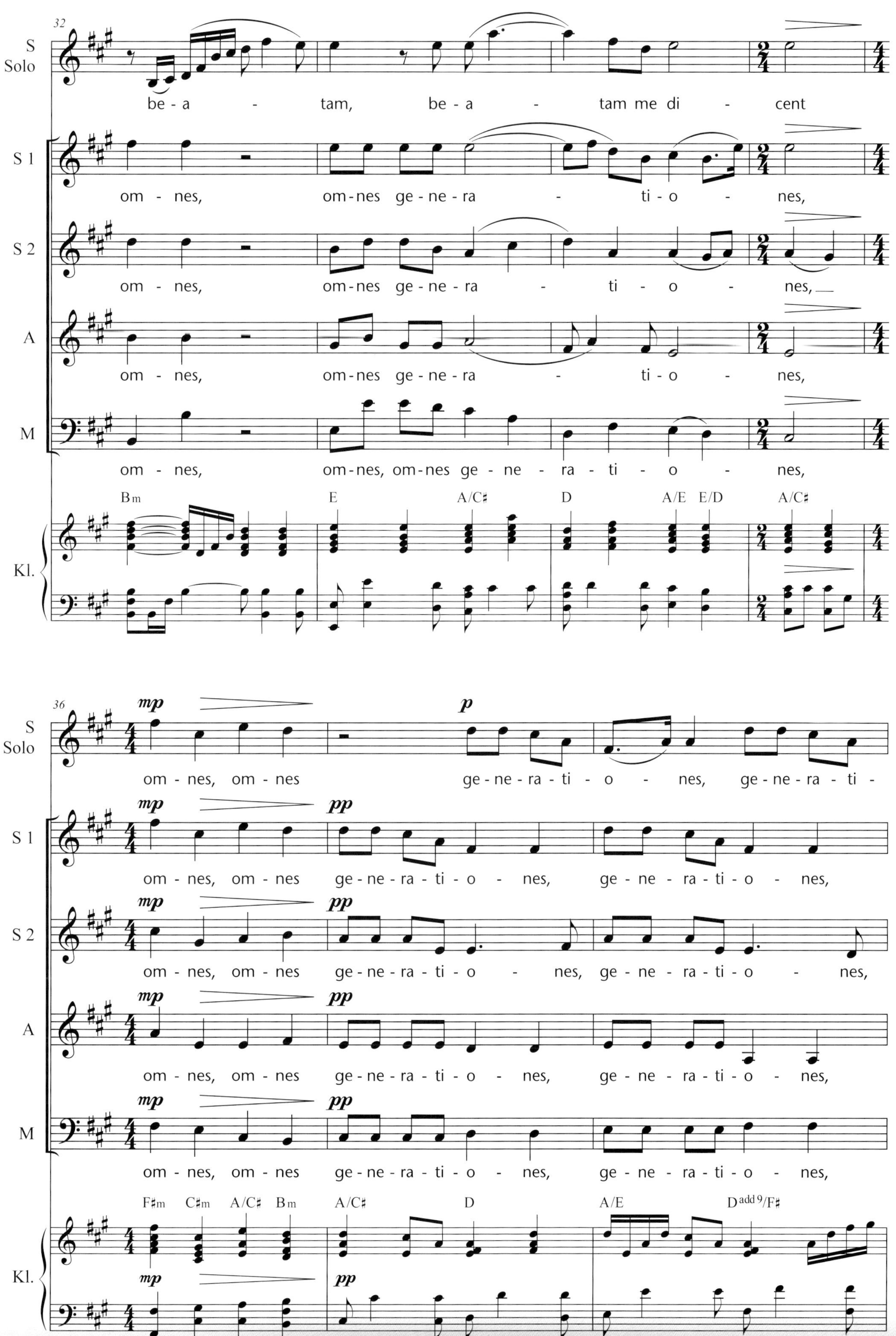
S Solo
S 1
S 2
A
M
Kl.
be - a - tam, be - a - tam me di - cent
om - nes, om-nes ge-ne-ra - ti-o - nes,
om - nes, om-nes ge-ne-ra - ti - o - nes,
om - nes, om-nes ge-ne-ra - ti-o - nes,
om - nes, om-nes, om-nes ge - ne - ra - ti - o - nes,
Bm E A/C♯ D A/E E/D A/C♯
mp p pp
om - nes, om - nes ge-ne-ra-ti - o - nes, ge-ne-ra-ti-
om - nes, om - nes ge-ne-ra-ti-o - nes, ge-ne-ra-ti-o - nes,
om - nes, om - nes ge-ne-ra-ti-o - nes, ge-ne-ra-ti-o - nes,
om - nes, om - nes ge-ne-ra-ti-o - nes, ge-ne-ra-ti-o - nes,
om - nes, om - nes ge-ne-ra-ti-o - nes, ge-ne-ra-ti-o - nes,
F♯m C♯m A/C♯ Bm A/C♯ D A/E Dadd 9/F♯

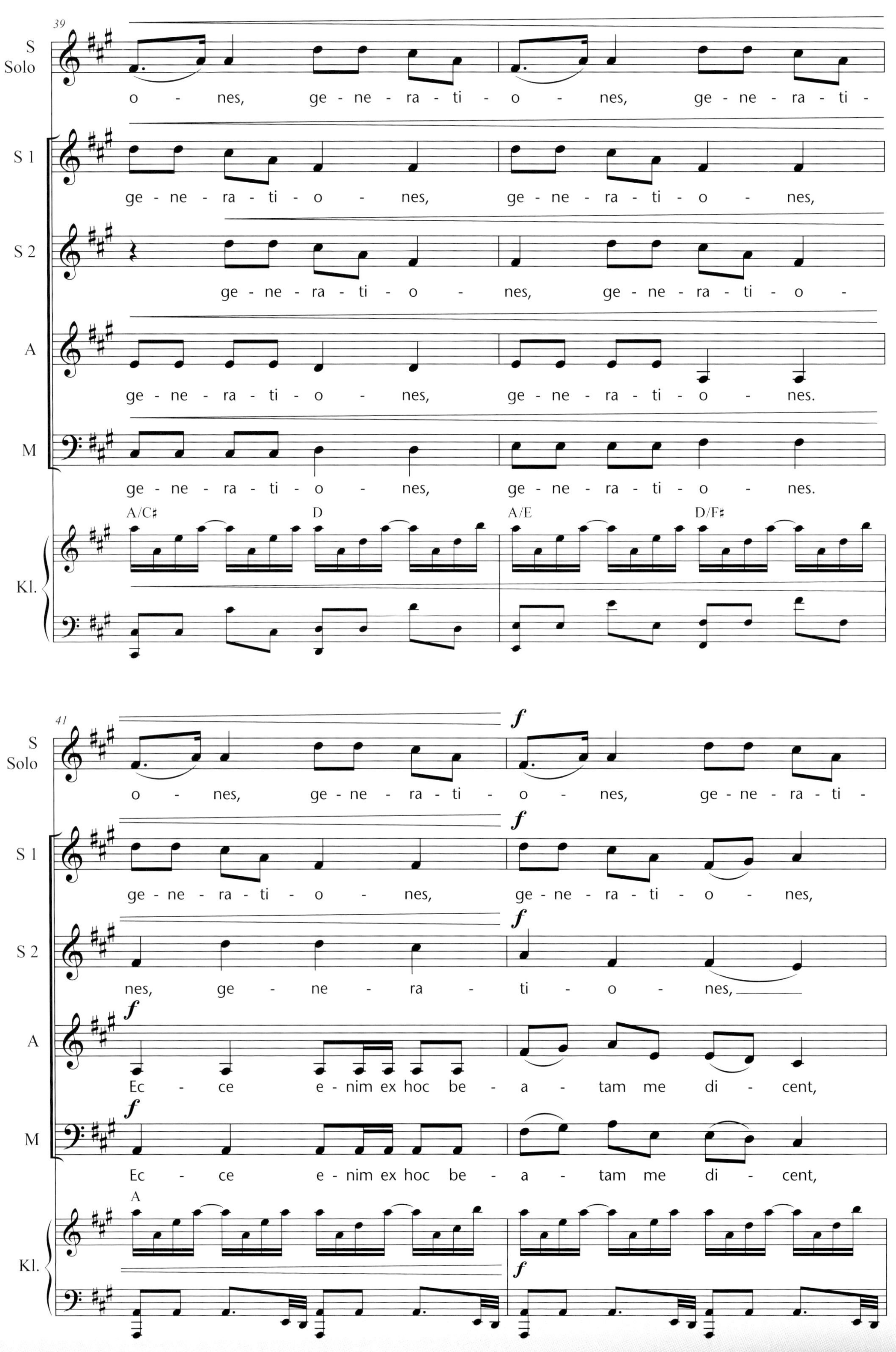
39
S Solo
o - nes, ge - ne - ra - ti - o - nes, ge - ne - ra - ti -
S 1
ge - ne - ra - ti - o - nes, ge - ne - ra - ti - o - nes,
S 2
ge - ne - ra - ti - o - nes, ge - ne - ra - ti - o -
A
ge - ne - ra - ti - o - nes, ge - ne - ra - ti - o - nes.
M
ge - ne - ra - ti - o - nes, ge - ne - ra - ti - o - nes.
A/C♯ D A/E D/F♯
Kl.
41
S Solo
f
o - nes, ge - ne - ra - ti - o - nes, ge - ne - ra - ti -
S 1
f
ge - ne - ra - ti - o - nes, ge - ne - ra - ti - o - nes,
S 2
f
nes, ge - ne - ra - ti - o - nes,
A
f
Ec - ce e - nim ex hoc be - a - tam me di - cent,
M
f
Ec - ce e - nim ex hoc be - a - tam me di - cent,
A
Kl.
f

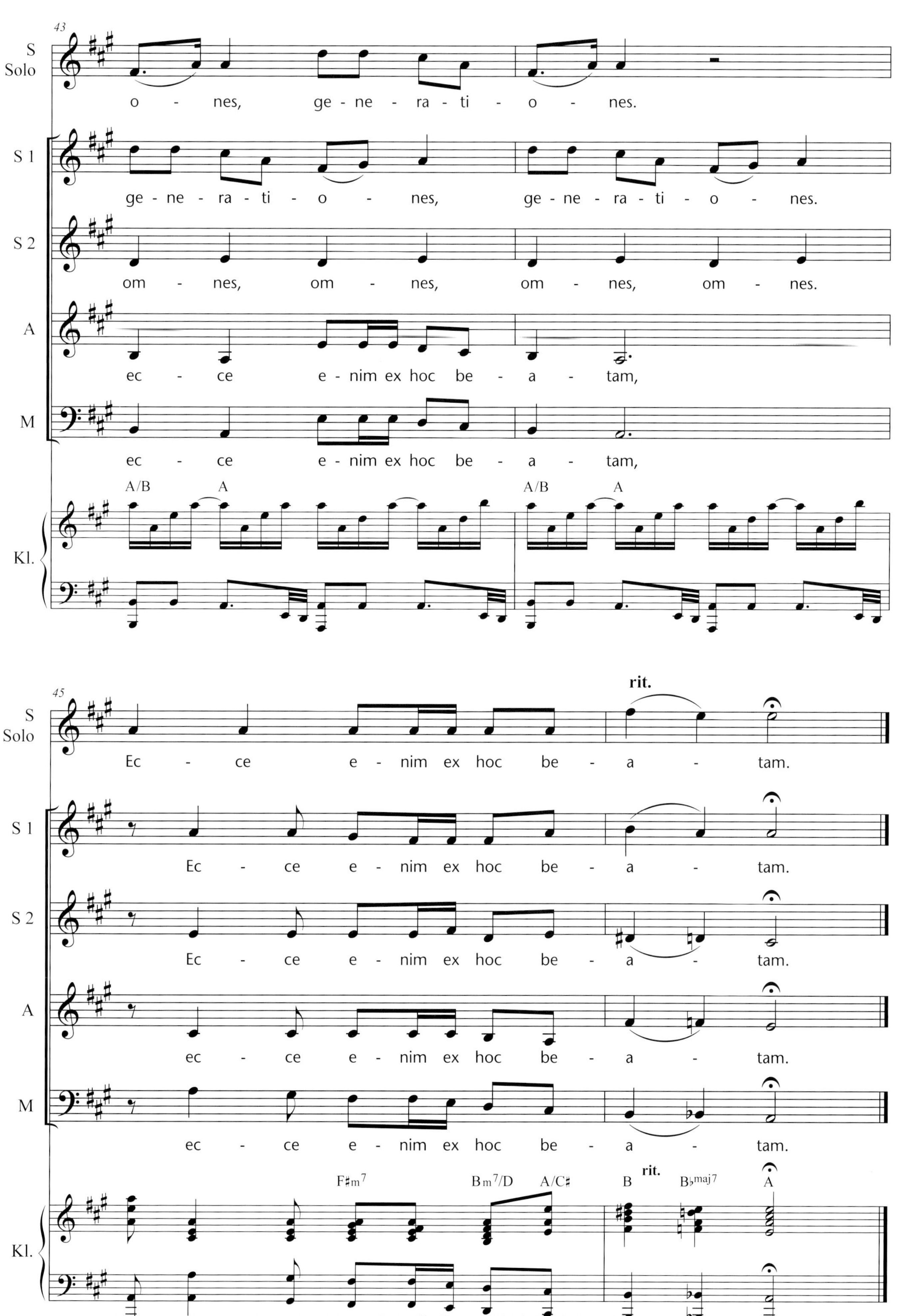
43
S Solo
o - nes, ge - ne - ra - ti - o - nes.
S 1
ge - ne - ra - ti - o - nes, ge - ne - ra - ti - o - nes.
S 2
om - nes, om - nes, om - nes, om - nes.
A
ec - ce e - nim ex hoc be - a - tam,
M
ec - ce e - nim ex hoc be - a - tam,
A/B A A/B A
Kl.
45
rit.
S Solo
Ec - ce e - nim ex hoc be - a - tam.
S 1
Ec - ce e - nim ex hoc be - a - tam.
S 2
Ec - ce e - nim ex hoc be - a - tam.
A
ec - ce e - nim ex hoc be - a - tam.
M
ec - ce e - nim ex hoc be - a - tam.
F♯m7 Bm7/D A/C♯ B rit. B♭maj7 A
Kl.

V. Quia fecit mihi magna

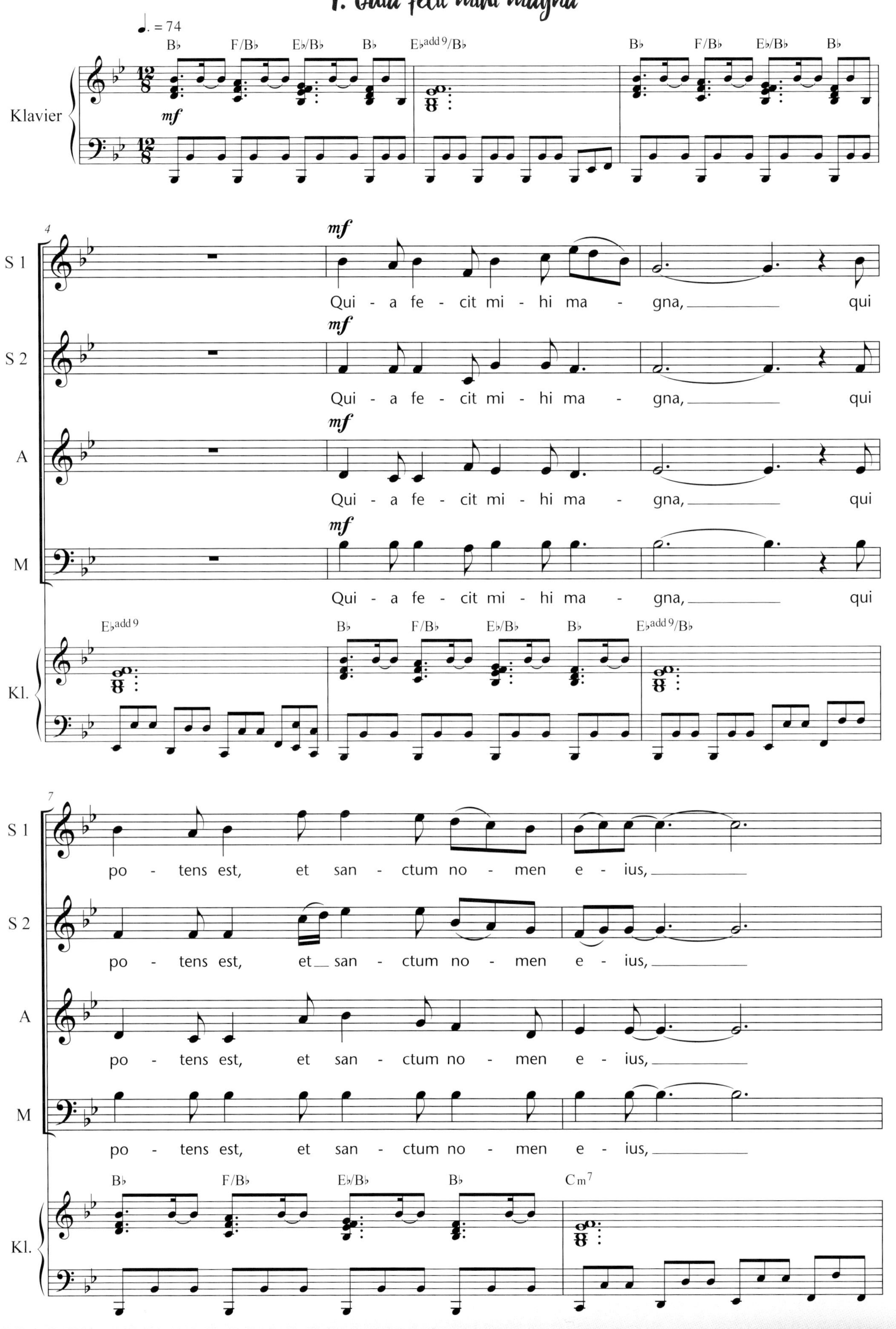

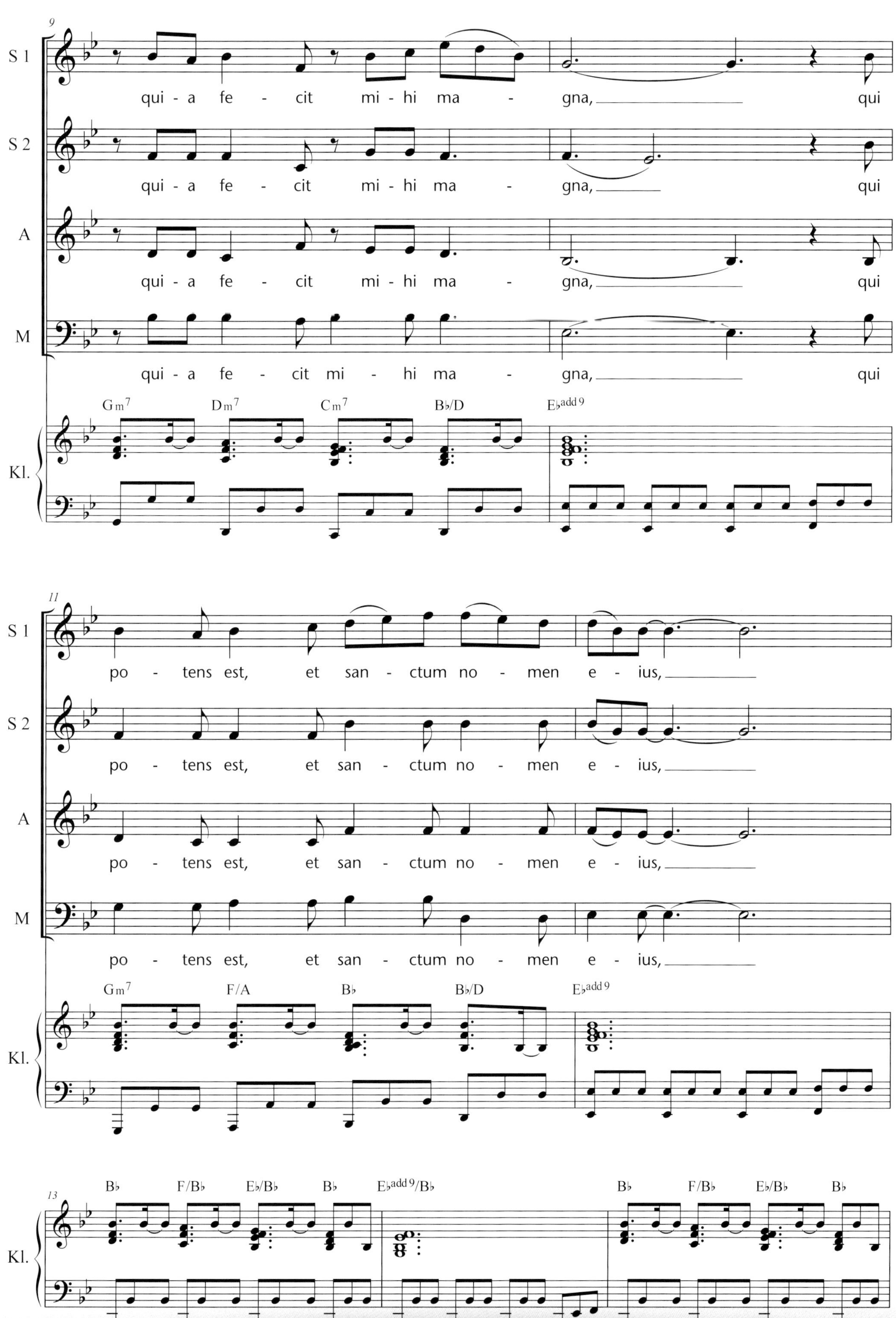
9
S 1
qui - a fe - cit mi - hi ma - gna, qui
S 2
qui - a fe - cit mi - hi ma - gna, qui
A
qui - a fe - cit mi - hi ma - gna, qui
M
qui - a fe - cit mi - hi ma - gna, qui
Gm7 Dm7 Cm7 B♭/D E♭add 9
Kl.
11
po - tens est, et san - ctum no - men e - ius,
Gm7 F/A B♭ B♭/D E♭add 9
13
B♭ F/B♭ E♭/B♭ B♭ E♭add 9/B♭ B♭ F/B♭ E♭/B♭ B♭

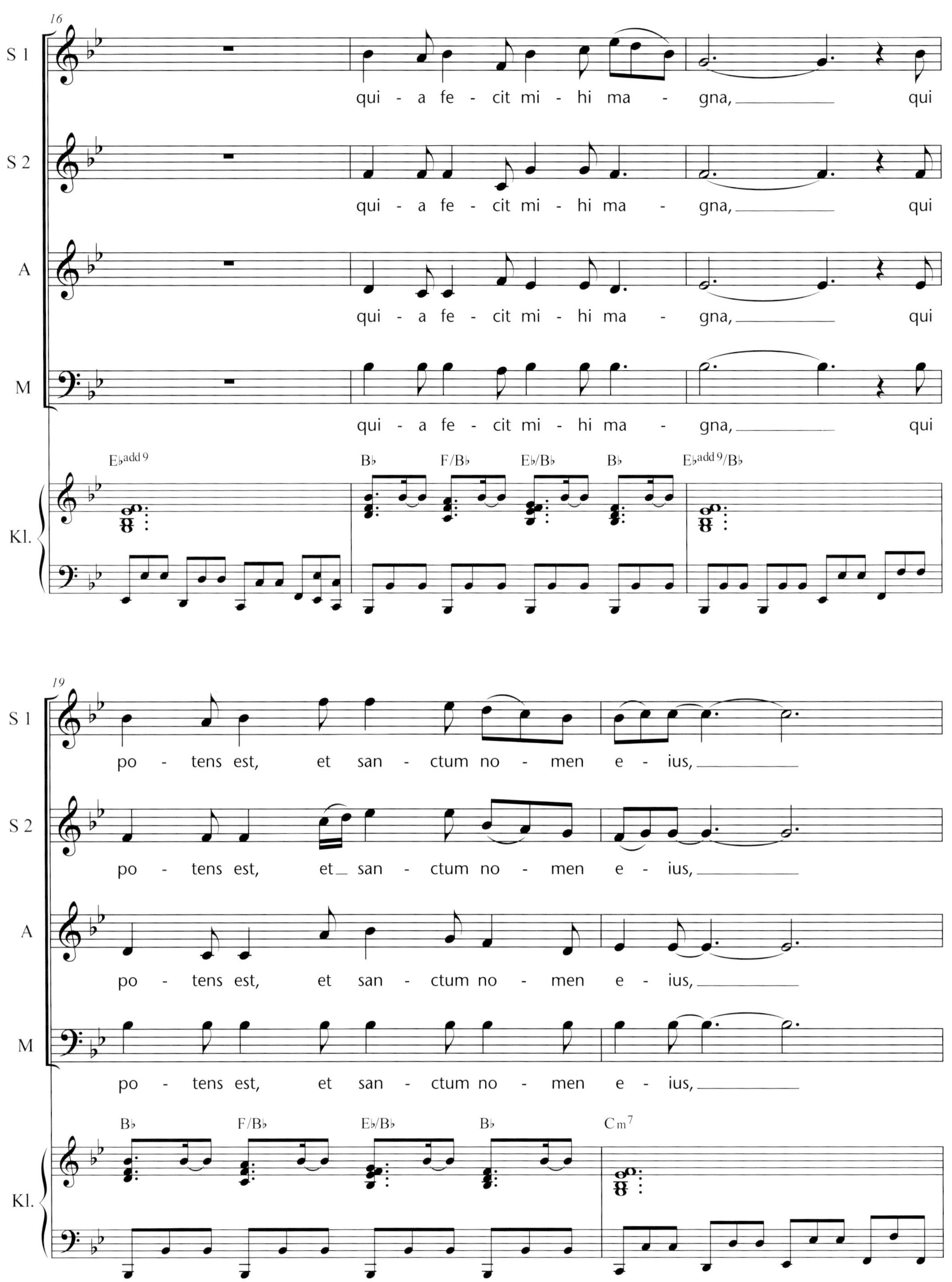
16
S 1
S 2
A
M
qui - a fe - cit mi - hi ma - gna, qui
qui - a fe - cit mi - hi ma - gna, qui
qui - a fe - cit mi - hi ma - gna, qui
qui - a fe - cit mi - hi ma - gna, qui
E♭add 9
B♭
F/B♭
E♭/B♭
B♭
E♭add 9/B♭
Kl.
19
po - tens est, et san - ctum no - men e - ius,
po - tens est, et san - ctum no - men e - ius,
po - tens est, et san - ctum no - men e - ius,
po - tens est, et san - ctum no - men e - ius,
B♭
F/B♭
E♭/B♭
B♭
C m7

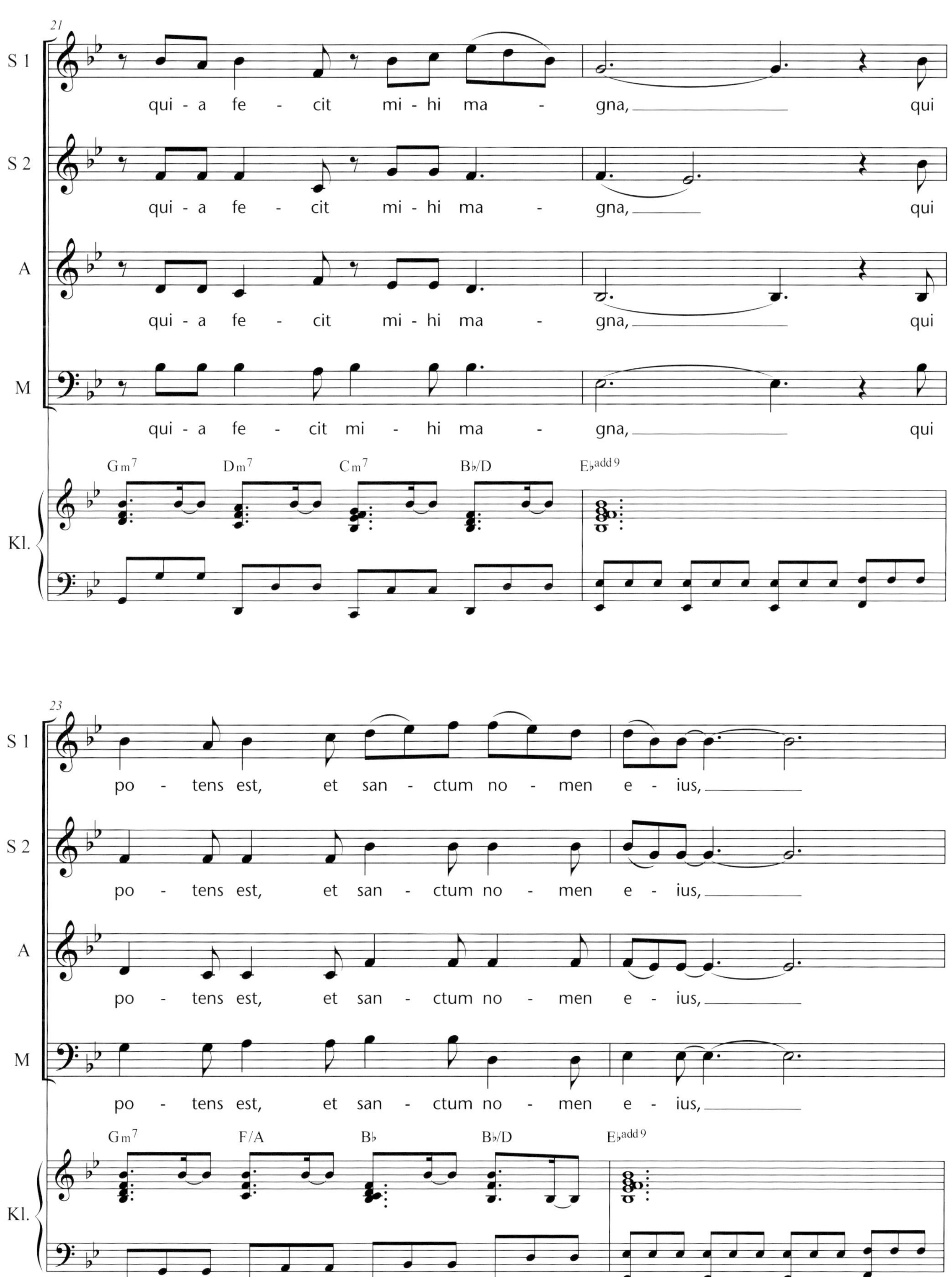
21
S 1
S 2
A
M
Kl.
qui - a fe - cit mi - hi ma - gna, qui
qui - a fe - cit mi - hi ma - gna, qui
qui - a fe - cit mi - hi ma - gna, qui
qui - a fe - cit mi - hi ma - gna, qui
Gm7 Dm7 Cm7 B♭/D E♭add 9
23
po - tens est, et san - ctum no - men e - ius,
po - tens est, et san - ctum no - men e - ius,
po - tens est, et san - ctum no - men e - ius,
po - tens est, et san - ctum no - men e - ius,
Gm7 F/A B♭ B♭/D E♭add 9

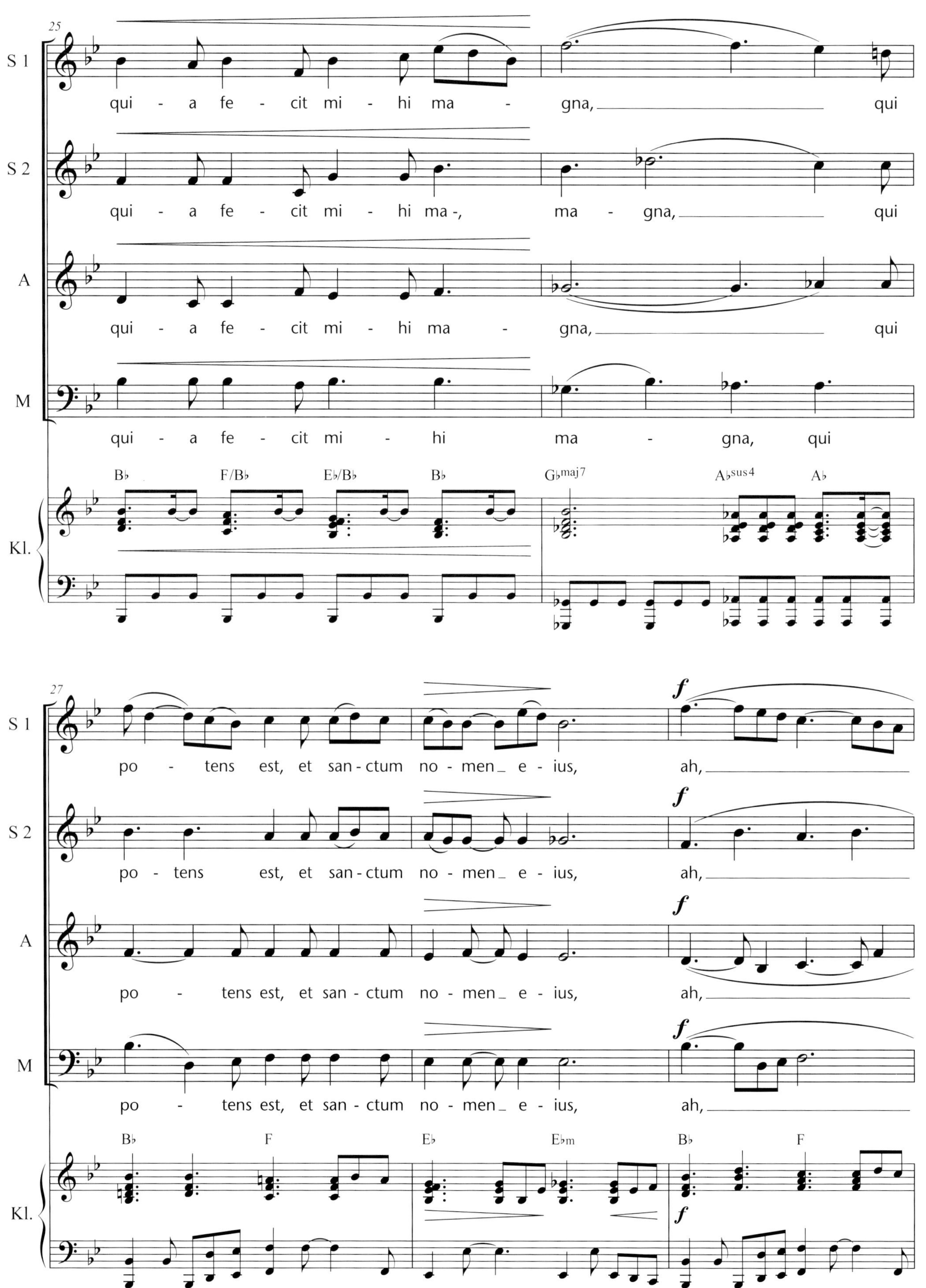
25
S 1
qui - a fe - cit mi - hi ma - gna, qui
S 2
qui - a fe - cit mi - hi ma-, ma - gna, qui
A
qui - a fe - cit mi - hi ma - gna, qui
M
qui - a fe - cit mi - hi ma - gna, qui
B♭ F/B♭ E♭/B♭ B♭ G♭maj7 A♭sus4 A♭
Kl.
27
S 1
f
po - tens est, et san - ctum no - men _ e - ius, ah,
S 2
f
po - tens est, et san - ctum no - men _ e - ius, ah,
A
f
po - tens est, et san - ctum no - men _ e - ius, ah,
M
f
po - tens est, et san - ctum no - men _ e - ius, ah,
B♭ F E♭ E♭m B♭ F
Kl.
f

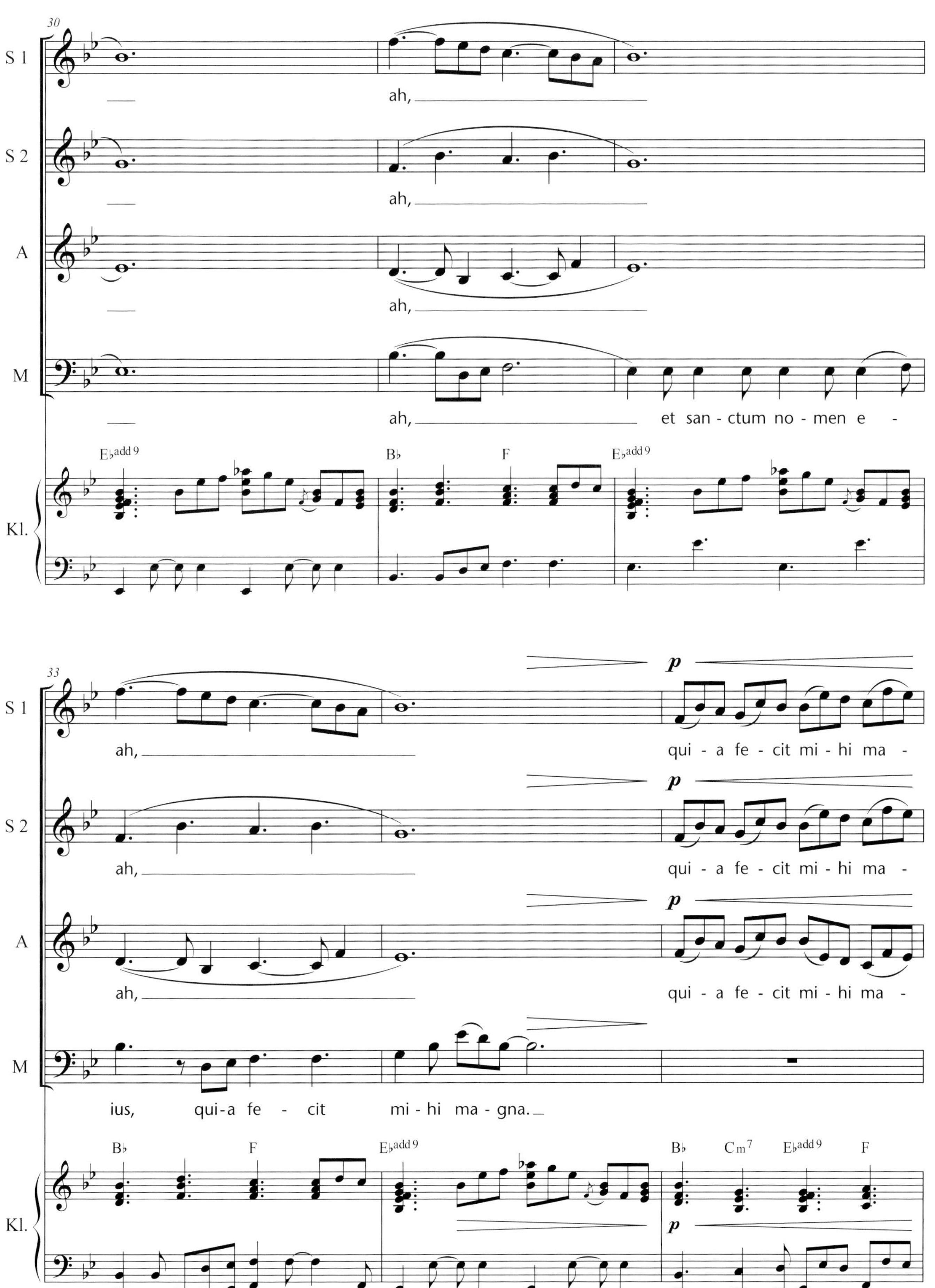
30
S 1
S 2
A
M
Kl.
ah,
ah,
ah,
ah,
et san - ctum no - men e -
E♭add 9
B♭
F
E♭add 9
33
ah,
qui - a fe - cit mi - hi ma -
ah,
qui - a fe - cit mi - hi ma -
ah,
qui - a fe - cit mi - hi ma -
ius, qui-a fe - cit mi - hi ma - gna.
p
B♭
F
E♭add 9
B♭
Cm7
E♭add 9
F

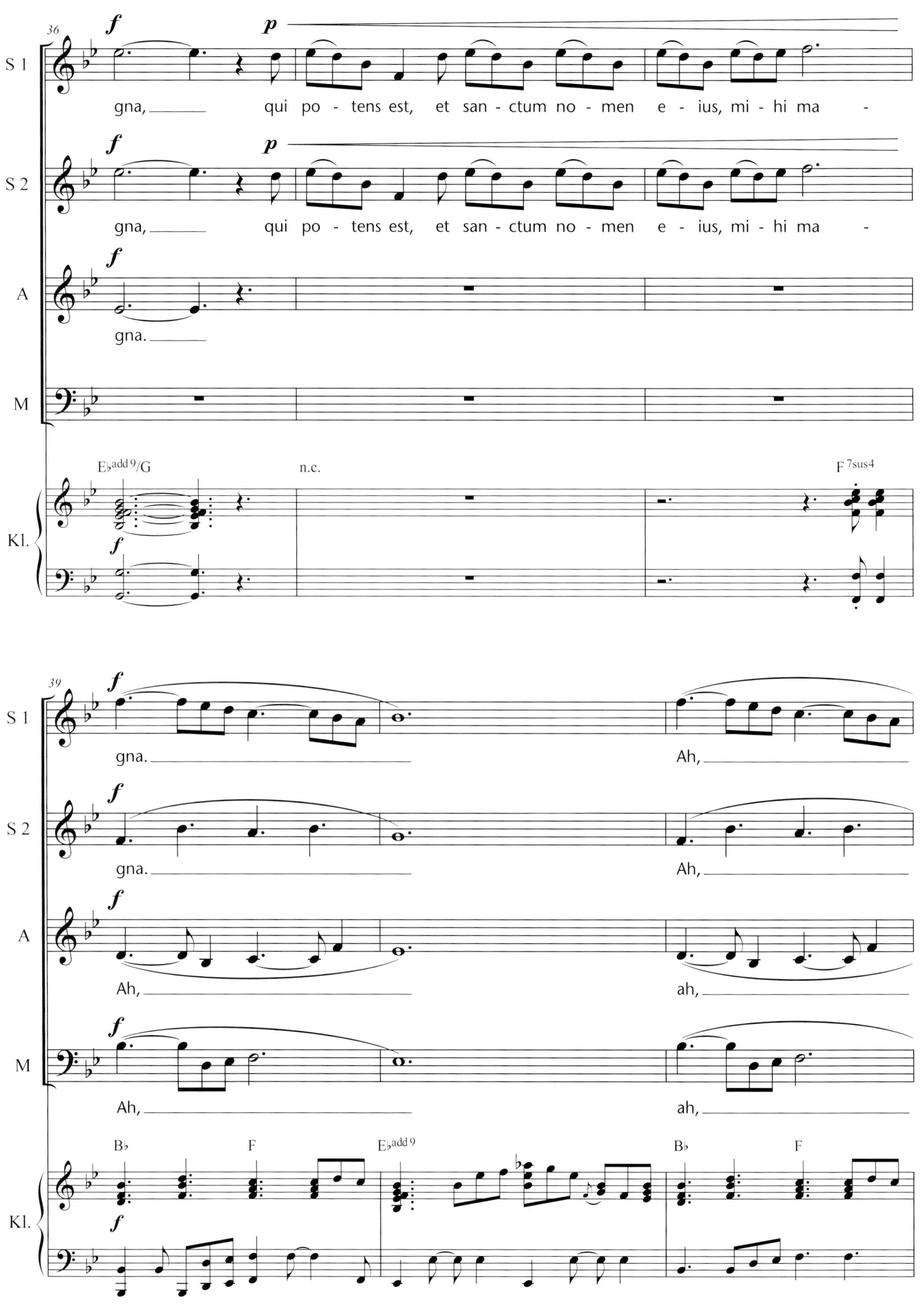
36
S 1
gna, qui po - tens est, et san - ctum no - men e - ius, mi - hi ma -
S 2
gna, qui po - tens est, et san - ctum no - men e - ius, mi - hi ma -
A
gna.
M
E♭add 9/G
n.c.
F 7sus4
Kl.
39
gna. Ah,
gna. Ah,
Ah, ah,
Ah, ah,
B♭ F E♭add 9 B♭ F

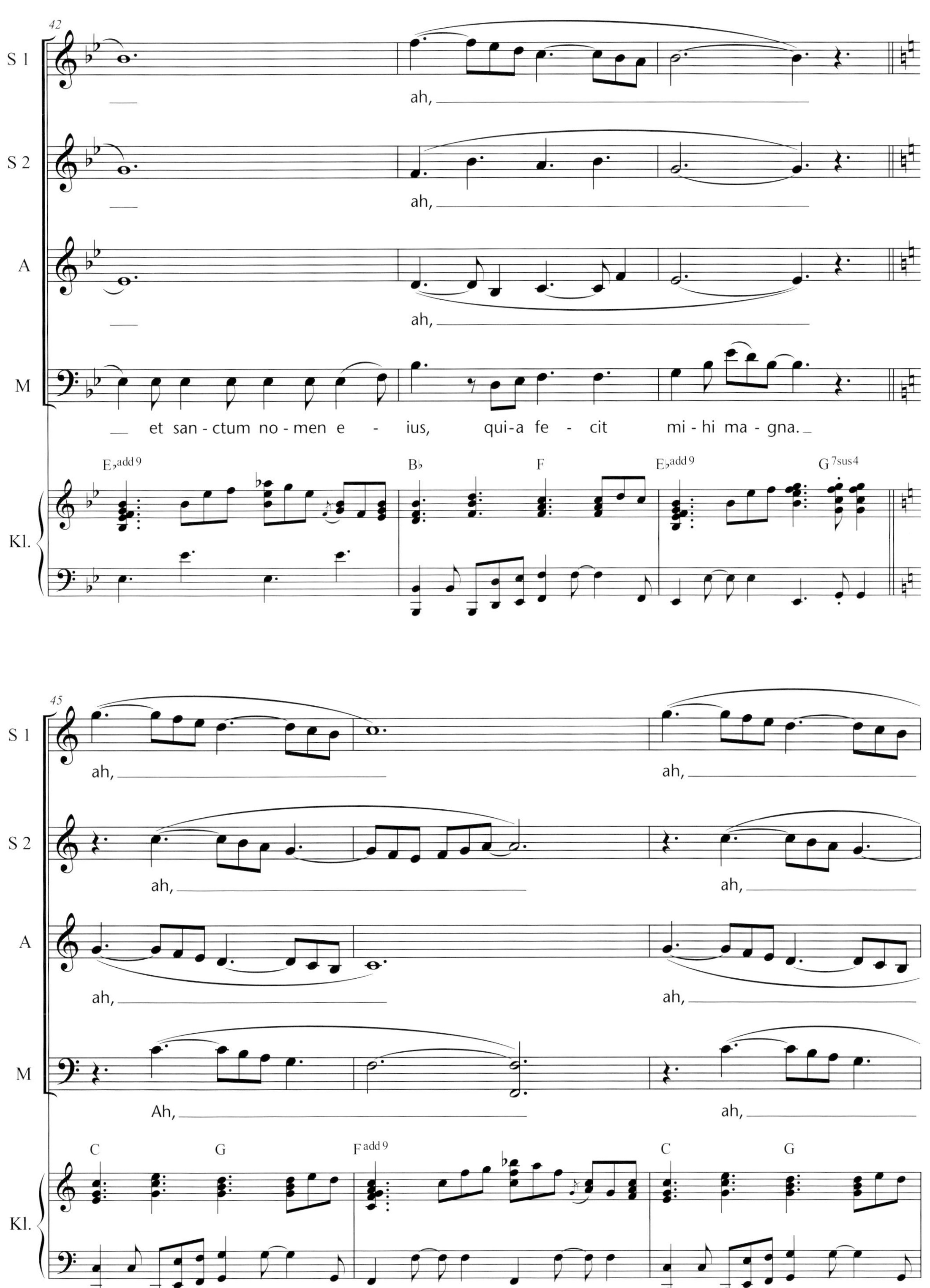
42
S 1
S 2
A
M
Kl.
ah,
ah,
ah,
et san - ctum no - men e - ius, qui - a fe - cit mi - hi ma - gna.
E♭add 9
B♭
F
E♭add 9
G 7sus4
45
ah,
ah,
ah,
ah,
ah,
ah,
Ah,
ah,
C
G
F add 9
C
G

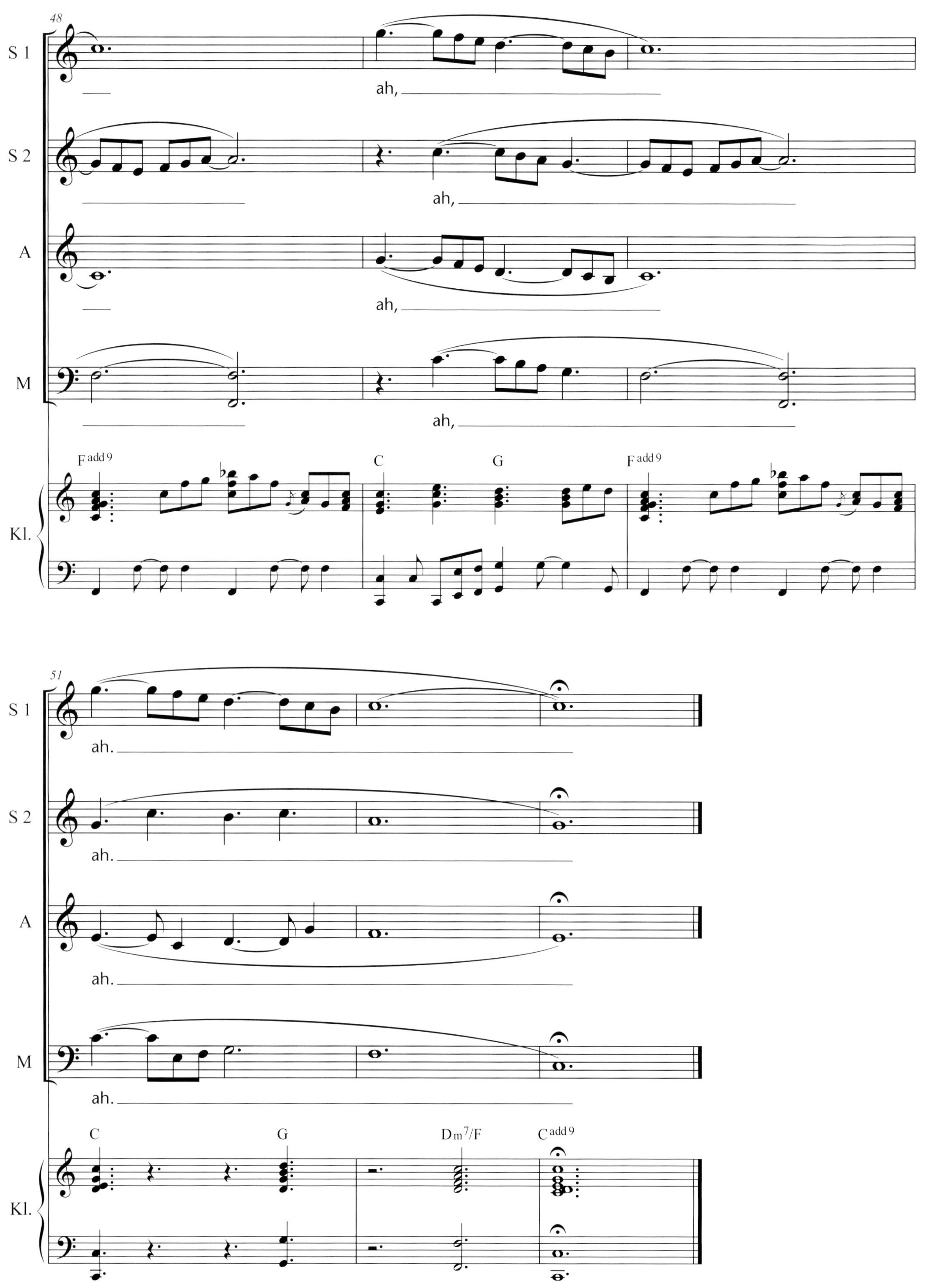
48
S 1
S 2
A
M
ah,
ah,
ah,
ah,
Fadd 9
C
G
Fadd 9
Kl.
51
ah.
ah.
ah.
ah.
C
G
Dm7/F
Cadd 9

VI. Et misericordia eius

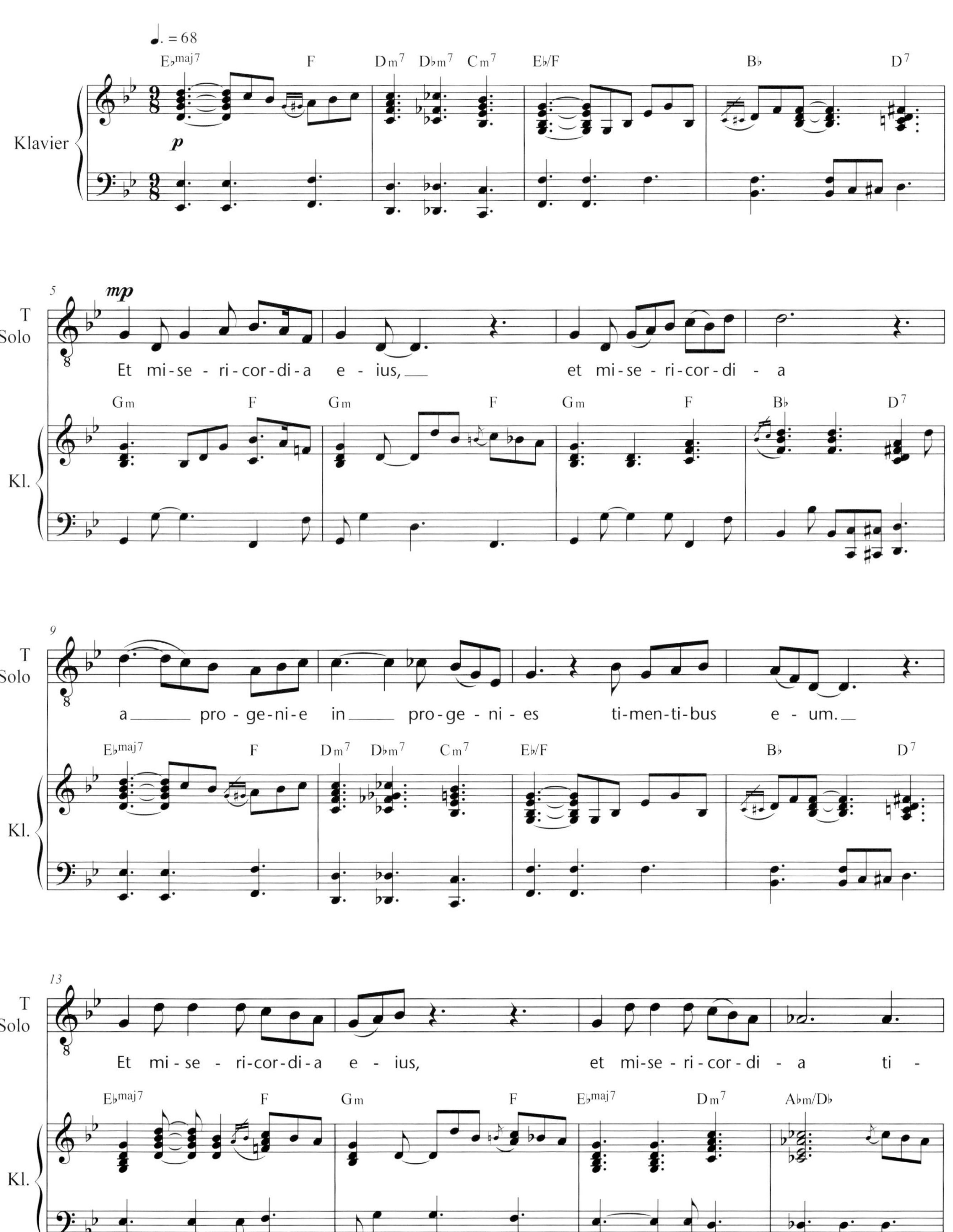

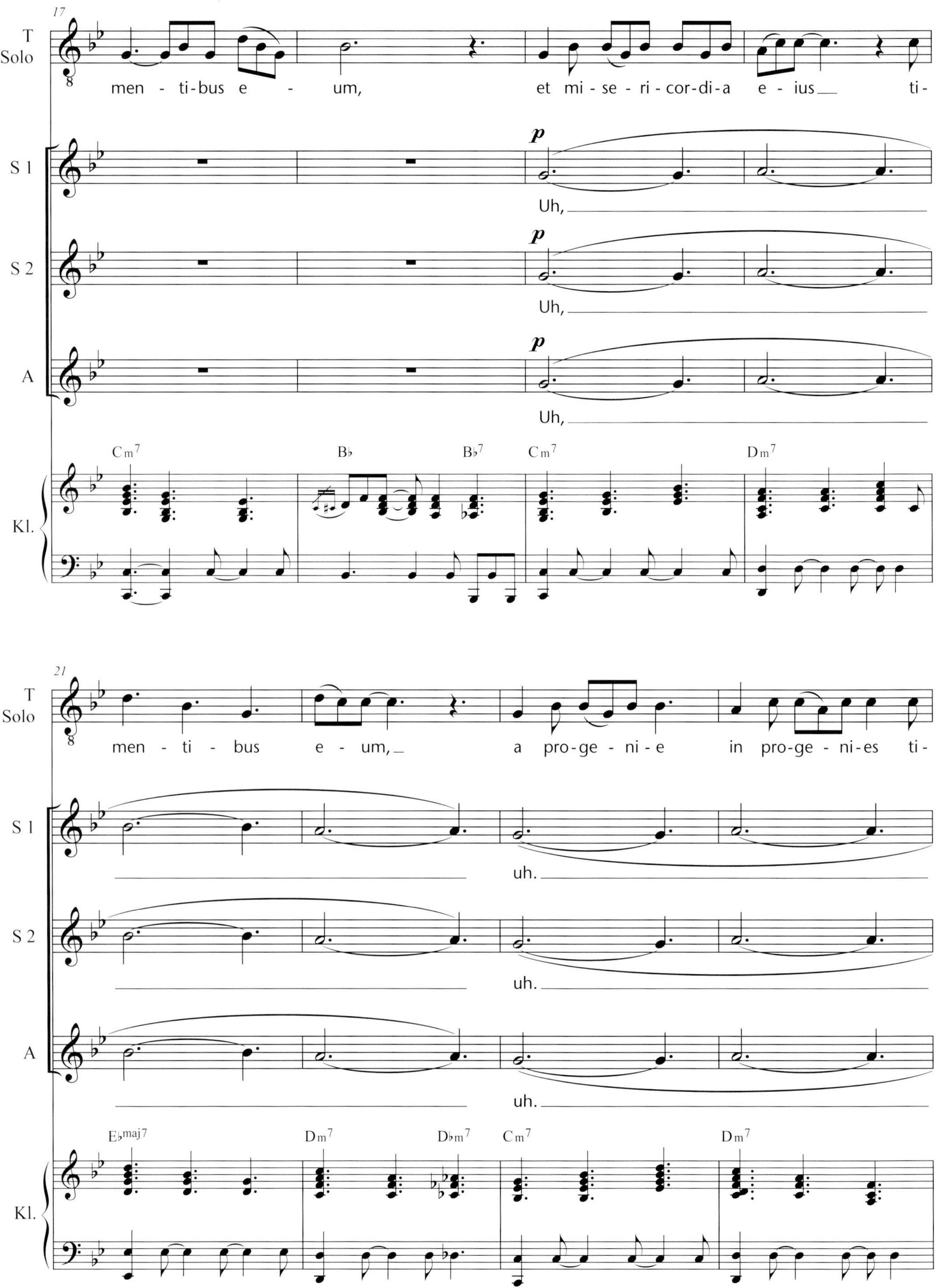
17
T Solo
men - ti-bus e - um, et mi - se - ri - cor-di - a e - ius ti-
S 1
S 2
A
p
Uh,
Kl.
Cm7 B♭ B♭7 Cm7 Dm7
21
men - ti - bus e - um, a pro-ge - ni - e in pro-ge - ni-es ti-
uh.
E♭maj7 Dm7 D♭m7 Cm7 Dm7

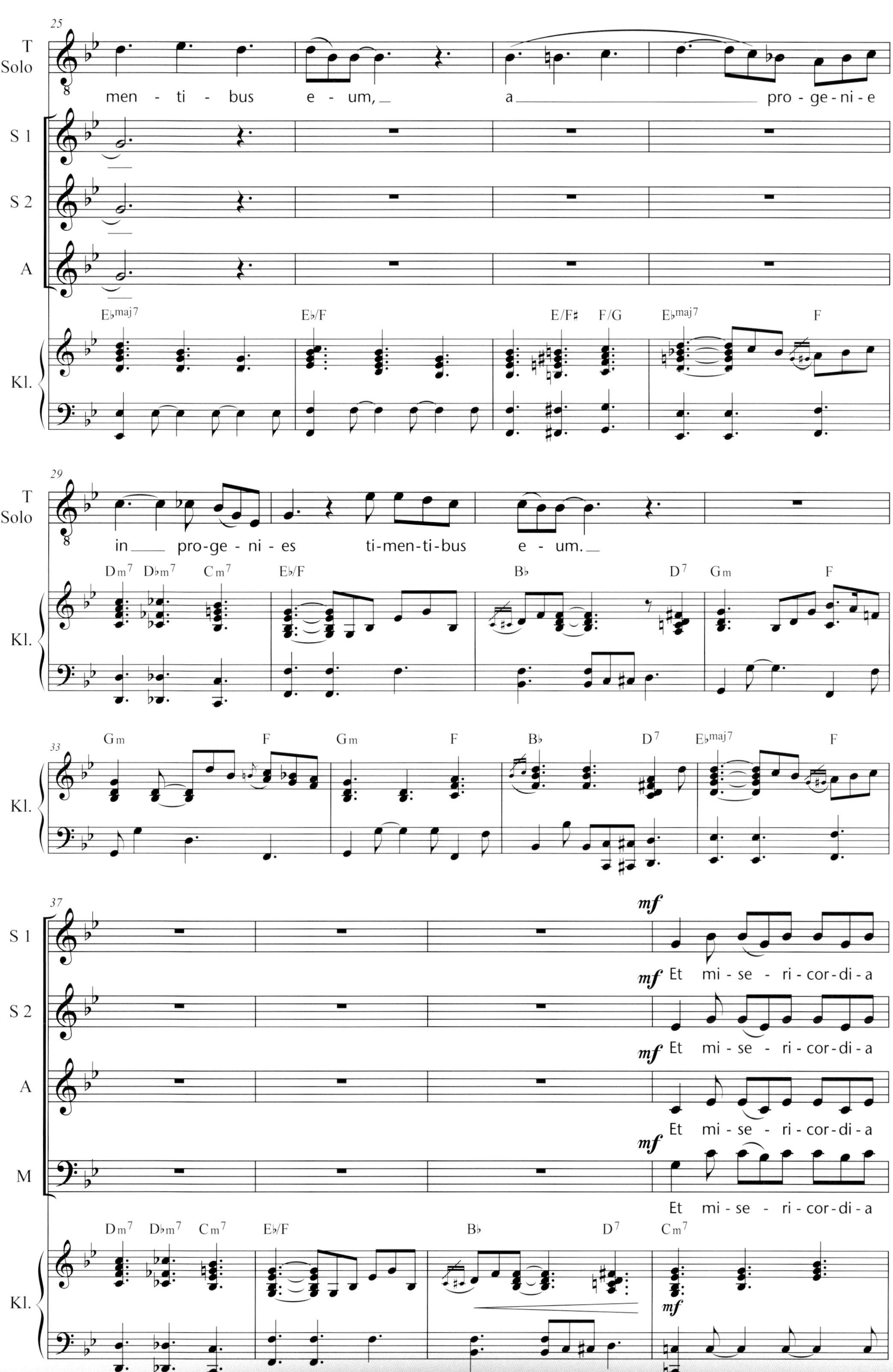
T Solo
S 1
S 2
A
Kl.
M
men - ti - bus e - um, a pro - ge - ni - e
in pro - ge - ni - es ti - men - ti - bus e - um.
Et mi - se - ri - cor - di - a
E♭maj7 E♭/F E/F♯ F/G E♭maj7 F
Dm7 D♭m7 Cm7 E♭/F B♭ D7 Gm F
Gm F Gm F B♭ D7 E♭maj7 F
Dm7 D♭m7 Cm7 E♭/F B♭ D7 Cm7
mf

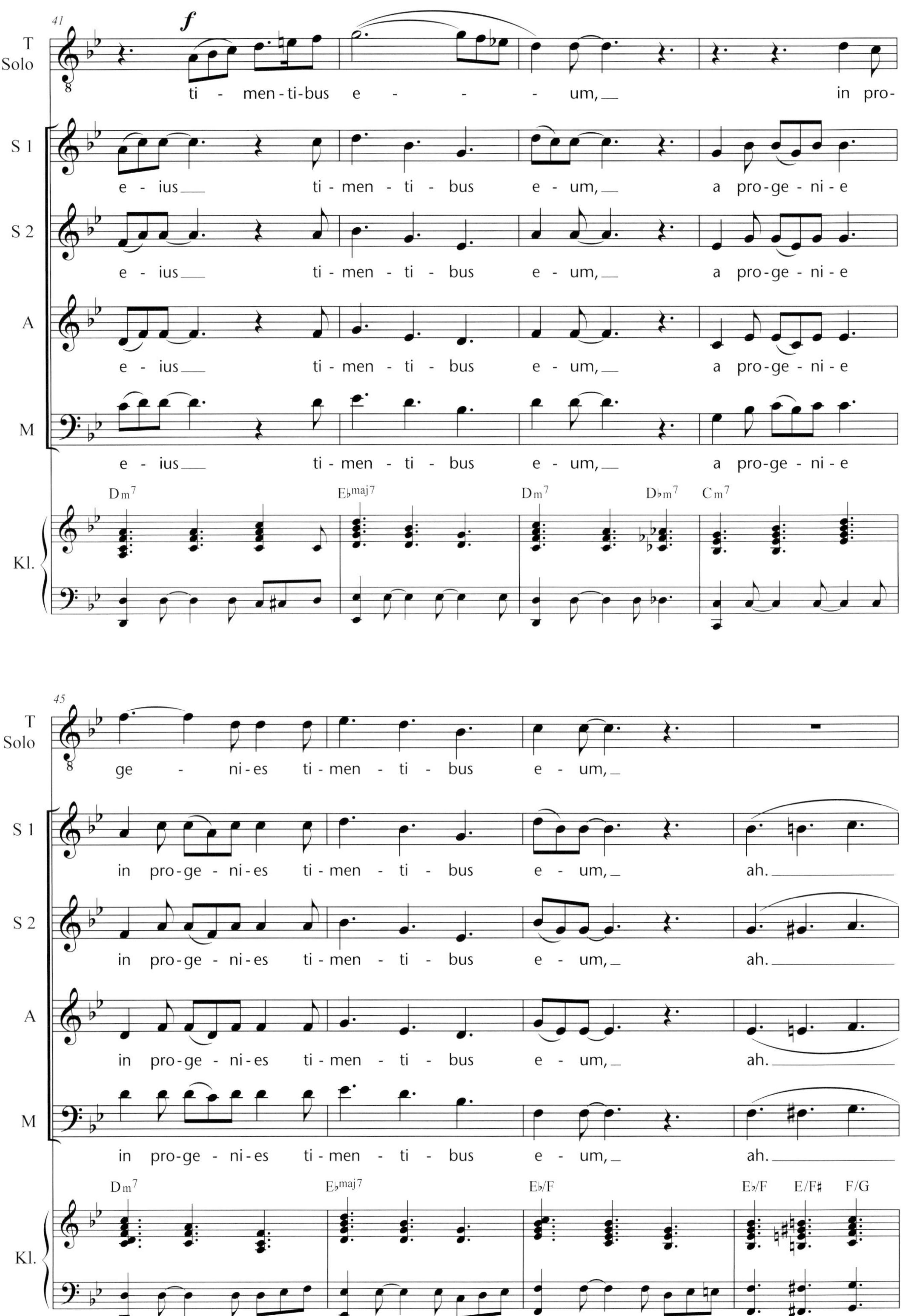
41
f
T Solo
ti - men-ti-bus e - - - um, in pro-
S 1
e - ius ti-men - ti - bus e - um, a pro-ge - ni - e
S 2
e - ius ti-men - ti - bus e - um, a pro-ge - ni - e
A
e - ius ti-men - ti - bus e - um, a pro-ge - ni - e
M
e - ius ti-men - ti - bus e - um, a pro-ge - ni - e
Dm7 E♭maj7 Dm7 D♭m7 Cm7
Kl.
45
T Solo
ge - ni-es ti-men - ti - bus e - um,
S 1
in pro-ge - ni-es ti-men - ti - bus e - um, ah.
S 2
in pro-ge - ni-es ti-men - ti - bus e - um, ah.
A
in pro-ge - ni-es ti-men - ti - bus e - um, ah.
M
in pro-ge - ni-es ti-men - ti - bus e - um, ah.
Dm7 E♭maj7 E♭/F E♭/F E/F♯ F/G
Kl.

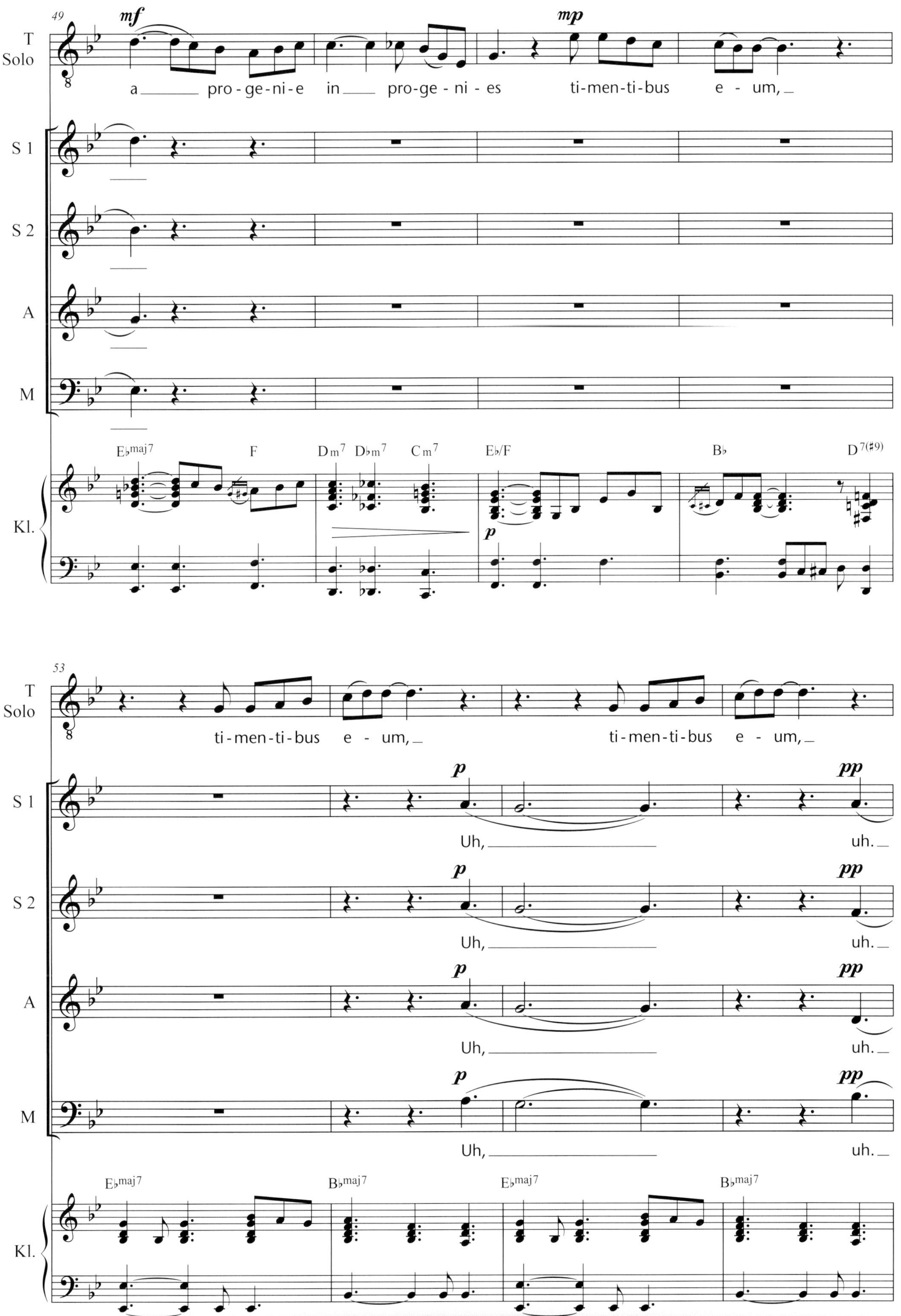
49
mf
mp
T Solo
a pro-ge-ni-e in pro-ge-ni-es ti-men-ti-bus e - um,
S 1
S 2
A
M
E♭maj7 F Dm7 D♭m7 Cm7 E♭/F B♭ D7(♯9)
p
Kl.
53
ti-men-ti-bus e - um, ti-men-ti-bus e - um,
p
pp
Uh, uh.
E♭maj7 B♭maj7 E♭maj7 B♭maj7

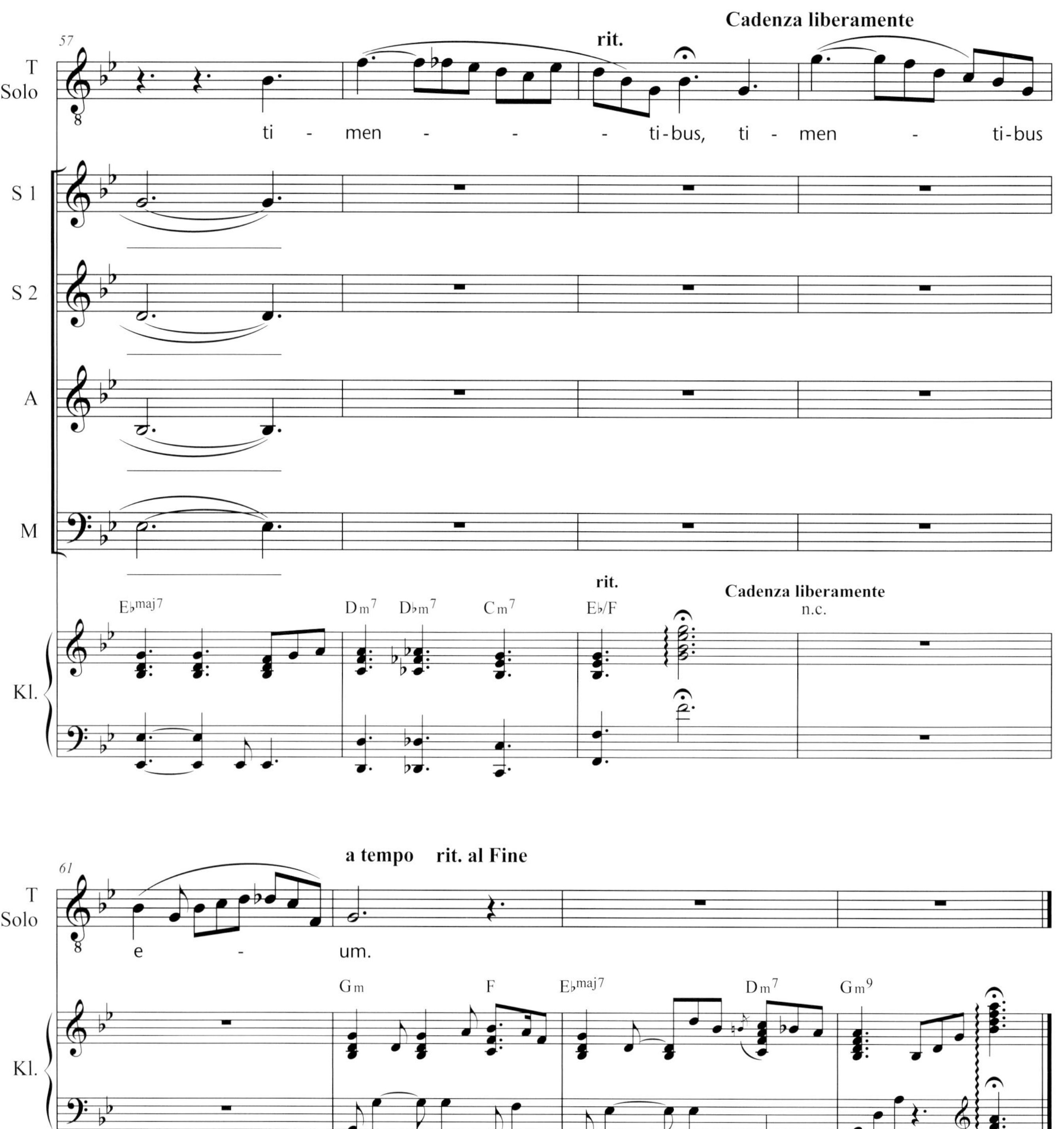
57
Cadenza liberamente
rit.
T Solo
ti - men - - - ti-bus, ti - men - ti-bus
S 1
S 2
A
M
rit.
Cadenza liberamente
E♭maj7
Dm7
D♭m7
Cm7
E♭/F
n.c.
Kl.
61
a tempo
rit. al Fine
T Solo
e - um.
Gm
F
E♭maj7
Dm7
Gm9
Kl.

VII. Fecit potentiam

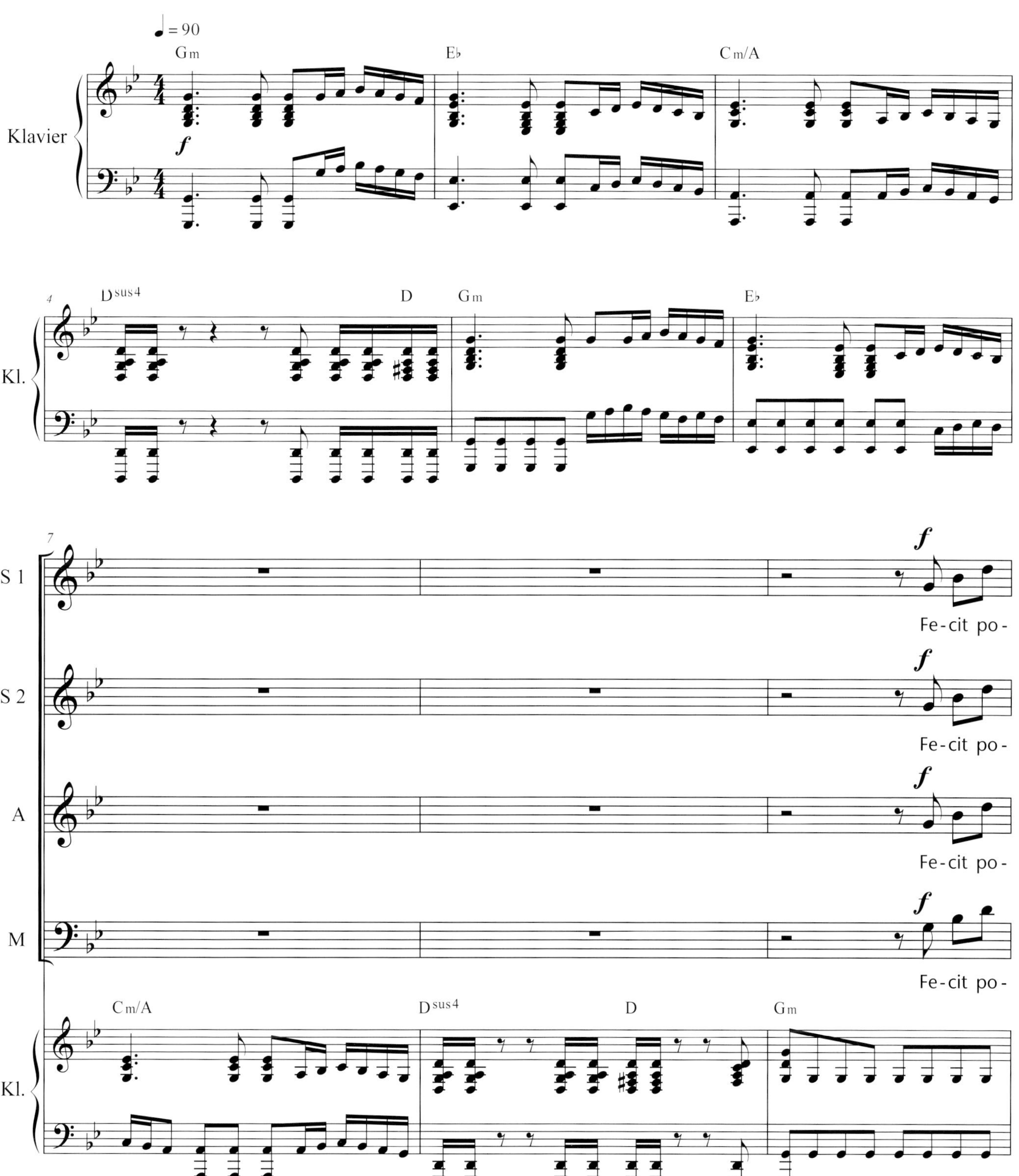

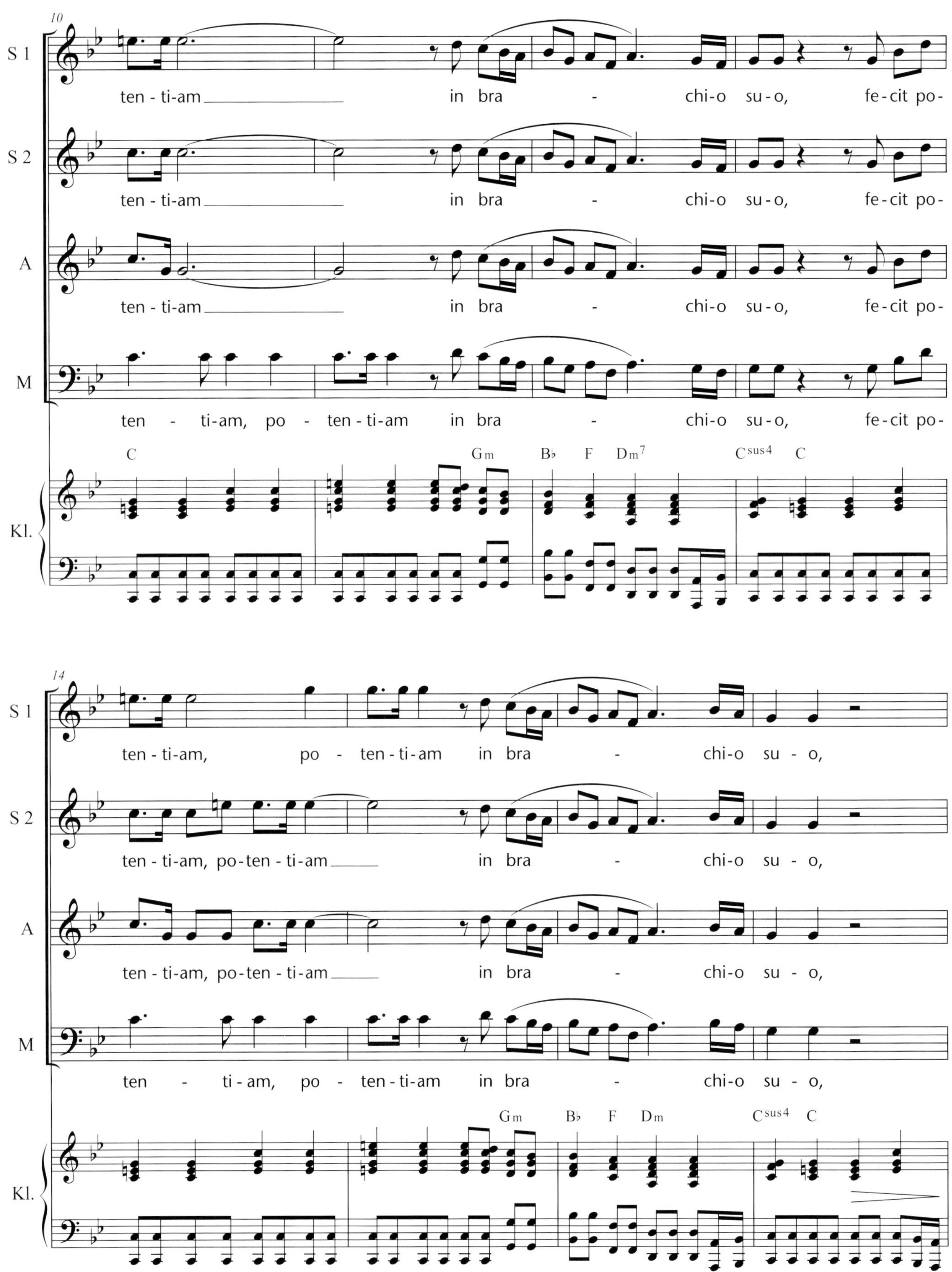
10
S 1
ten - ti-am in bra - chi-o su-o, fe-cit po-
S 2
ten - ti-am in bra - chi-o su-o, fe-cit po-
A
ten - ti-am in bra - chi-o su-o, fe-cit po-
M
ten - ti-am, po - ten-ti-am in bra - chi-o su-o, fe-cit po-
C Gm B♭ F Dm7 Csus4 C
Kl.
14
S 1
ten - ti-am, po - ten-ti-am in bra - chi-o su - o,
S 2
ten - ti-am, po-ten - ti-am in bra - chi-o su - o,
A
ten - ti-am, po-ten - ti-am in bra - chi-o su - o,
M
ten - ti-am, po - ten-ti-am in bra - chi-o su - o,
Gm B♭ F Dm Csus4 C
Kl.

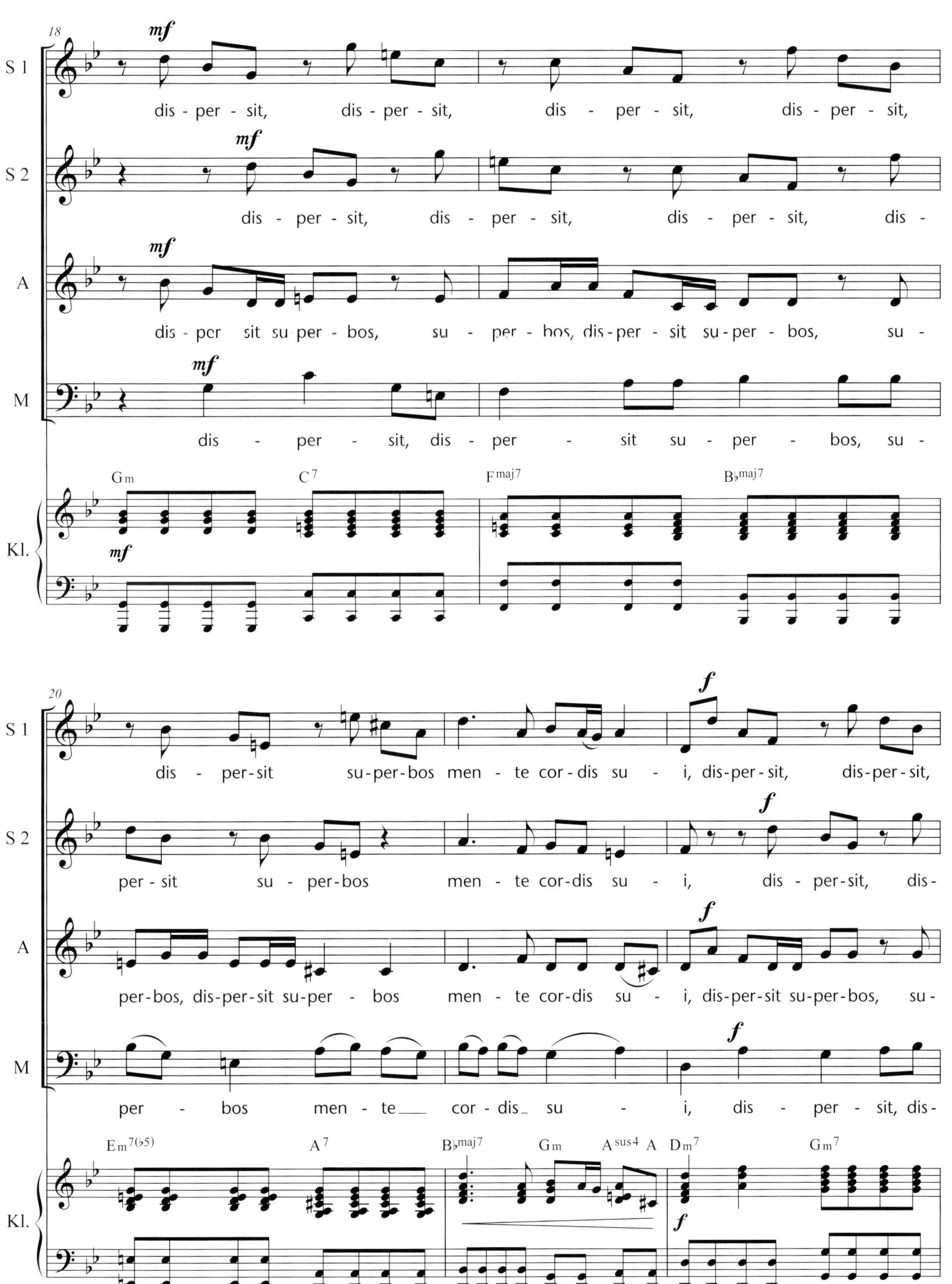

S 1
S 2
A
M
Kl.
mf
dis - per - sit, dis - per - sit, dis - per - sit, dis - per - sit,
dis - per - sit, dis - per - sit, dis - per - sit, dis -
dis - per sit su - per - bos, su - per - bos, dis - per - sit su - per - bos, su -
dis - per - sit, dis - per - sit su - per - bos, su -
Gm C7 Fmaj7 B♭maj7
f
dis - per - sit su - per - bos men - te cor - dis su - i, dis - per - sit, dis - per - sit,
per - sit su - per - bos men - te cor - dis su - i, dis - per - sit, dis -
per - bos, dis - per - sit su - per - bos men - te cor - dis su - i, dis - per - sit su - per - bos, su -
per - bos men - te cor - dis su - i, dis - per - sit, dis -
Em7(♭5) A7 B♭maj7 Gm Asus4 A Dm7 Gm7

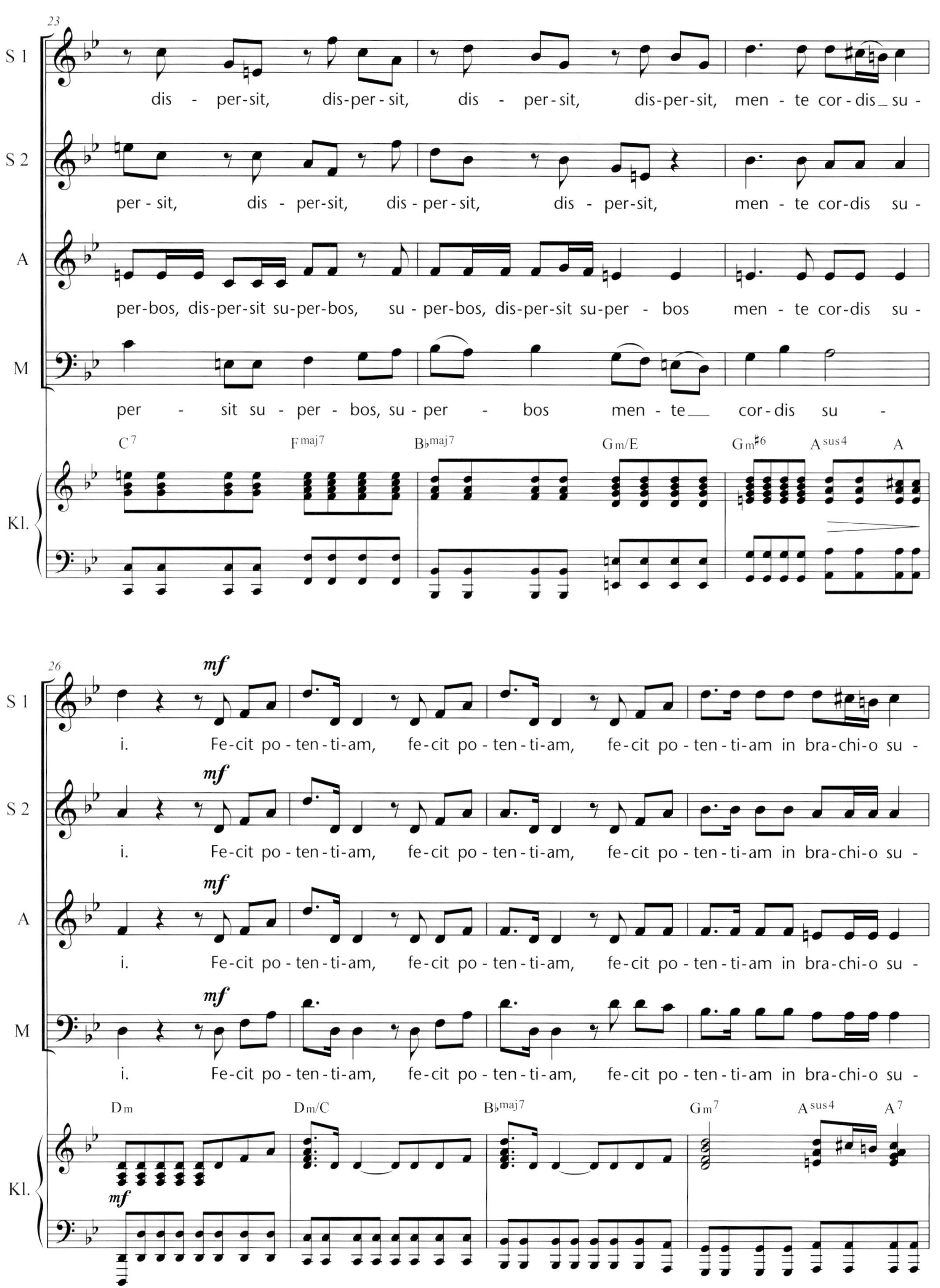
23
S 1
dis - per-sit, dis-per-sit, dis - per-sit, dis-per-sit, men - te cor-dis_su -
S 2
per - sit, dis - per-sit, dis - per - sit, dis - per-sit, men - te cor-dis su -
A
per-bos, dis-per-sit su-per-bos, su - per-bos, dis-per-sit su-per - bos men - te cor-dis su -
M
per - sit su - per - bos, su - per - bos men - te__ cor - dis su -
C7 Fmaj7 B♭maj7 Gm/E Gm♯6 Asus4 A
Kl.
26
mf
S 1
i. Fe-cit po - ten - ti - am, fe - cit po - ten - ti - am, fe - cit po - ten - ti - am in bra - chi - o su -
S 2
i. Fe-cit po - ten - ti - am, fe - cit po - ten - ti - am, fe - cit po - ten - ti - am in bra - chi - o su -
A
i. Fe-cit po - ten - ti - am, fe - cit po - ten - ti - am, fe - cit po - ten - ti - am in bra - chi - o su -
M
i. Fe-cit po - ten - ti - am, fe - cit po - ten - ti - am, fe - cit po - ten - ti - am in bra - chi - o su -
Dm Dm/C B♭maj7 Gm7 Asus4 A7
Kl.

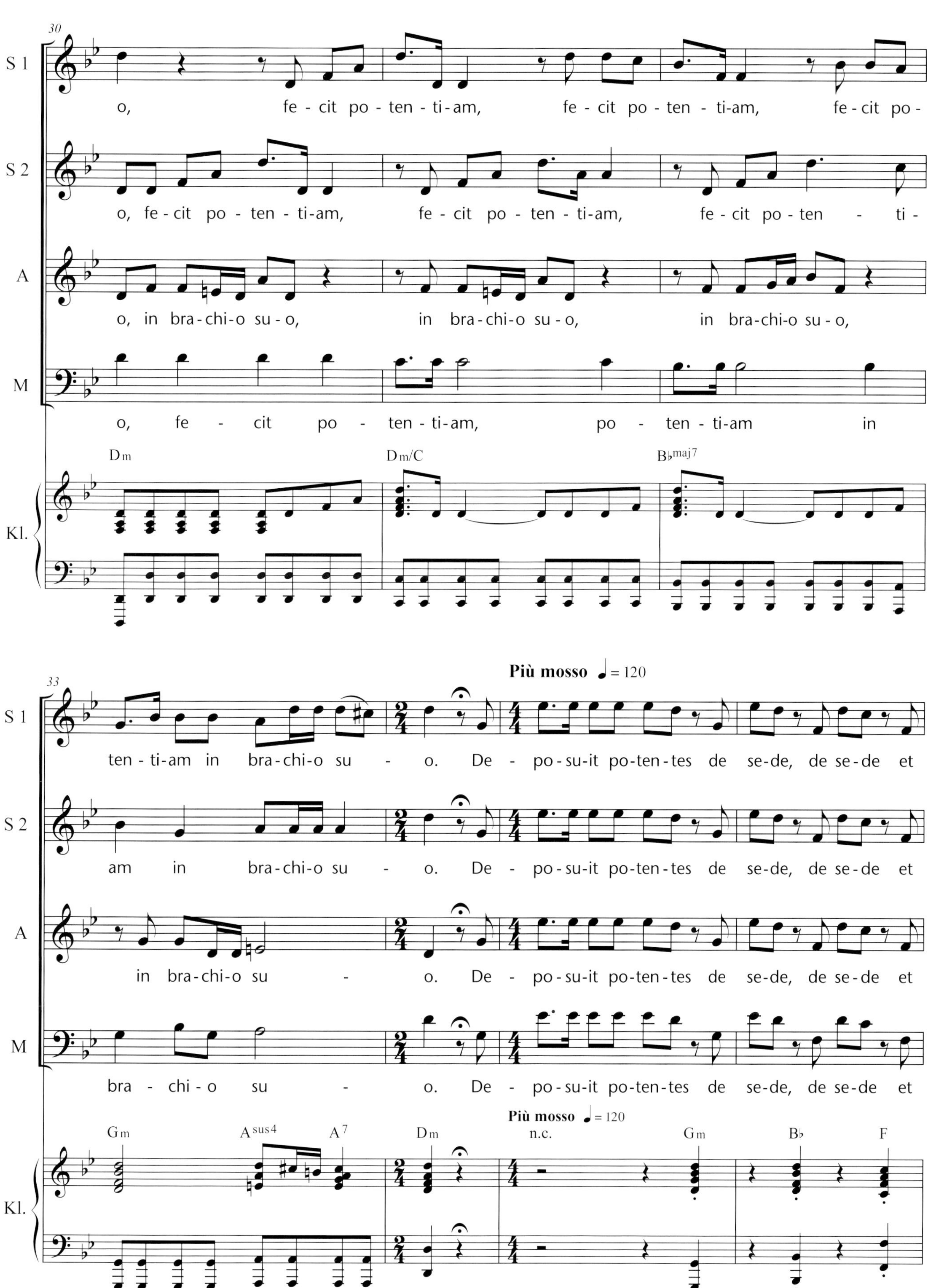
30
S 1
o, fe - cit po - ten - ti - am, fe - cit po - ten - ti - am, fe - cit po -
S 2
o, fe - cit po - ten - ti - am, fe - cit po - ten - ti - am, fe - cit po - ten - ti -
A
o, in bra - chi - o su - o, in bra - chi - o su - o, in bra - chi - o su - o,
M
o, fe - cit po - ten - ti - am, po - ten - ti - am in
Dm
Dm/C
B♭maj7
Kl.
33
Più mosso ♩ = 120
S 1
ten - ti - am in bra - chi - o su - o. De - po - su - it po - ten - tes de se - de, de se - de et
S 2
am in bra - chi - o su - o. De - po - su - it po - ten - tes de se - de, de se - de et
A
in bra - chi - o su - o. De - po - su - it po - ten - tes de se - de, de se - de et
M
bra - chi - o su - o. De - po - su - it po - ten - tes de se - de, de se - de et
Più mosso ♩ = 120
Gm
Asus4
A7
Dm
n.c.
Gm
B♭
F
Kl.

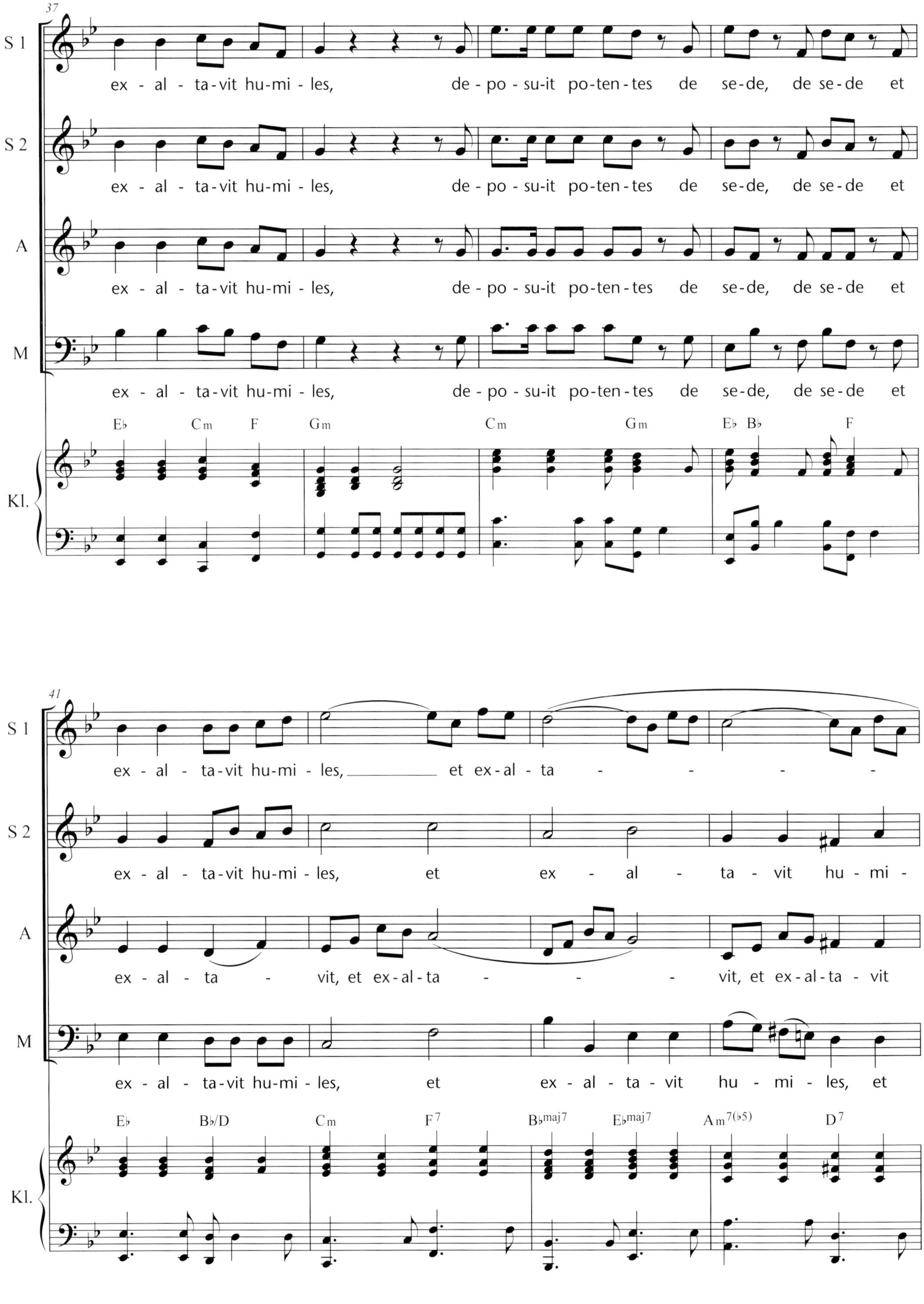

37

S 1: ex - al - ta-vit hu-mi - les, de - po - su-it po-ten-tes de se-de, de se-de et

S 2: ex - al - ta-vit hu-mi - les, de - po - su-it po-ten-tes de se-de, de se-de et

A: ex - al - ta-vit hu-mi - les, de - po - su-it po-ten-tes de se-de, de se-de et

M: ex - al - ta-vit hu-mi - les, de - po - su-it po-ten-tes de se-de, de se-de et

Kl.: E♭ Cm F Gm Cm Gm E♭ B♭ F

41

S 1: ex - al - ta-vit hu-mi - les, ___ et ex-al - ta - - - -

S 2: ex - al - ta-vit hu-mi - les, et ex - al - ta - vit hu - mi -

A: ex - al - ta - vit, et ex-al-ta - - - vit, et ex-al-ta - vit

M: ex - al - ta-vit hu-mi - les, et ex - al - ta - vit hu - mi - les, et

Kl.: E♭ B♭/D Cm F7 B♭maj7 E♭maj7 Am7(♭5) D7

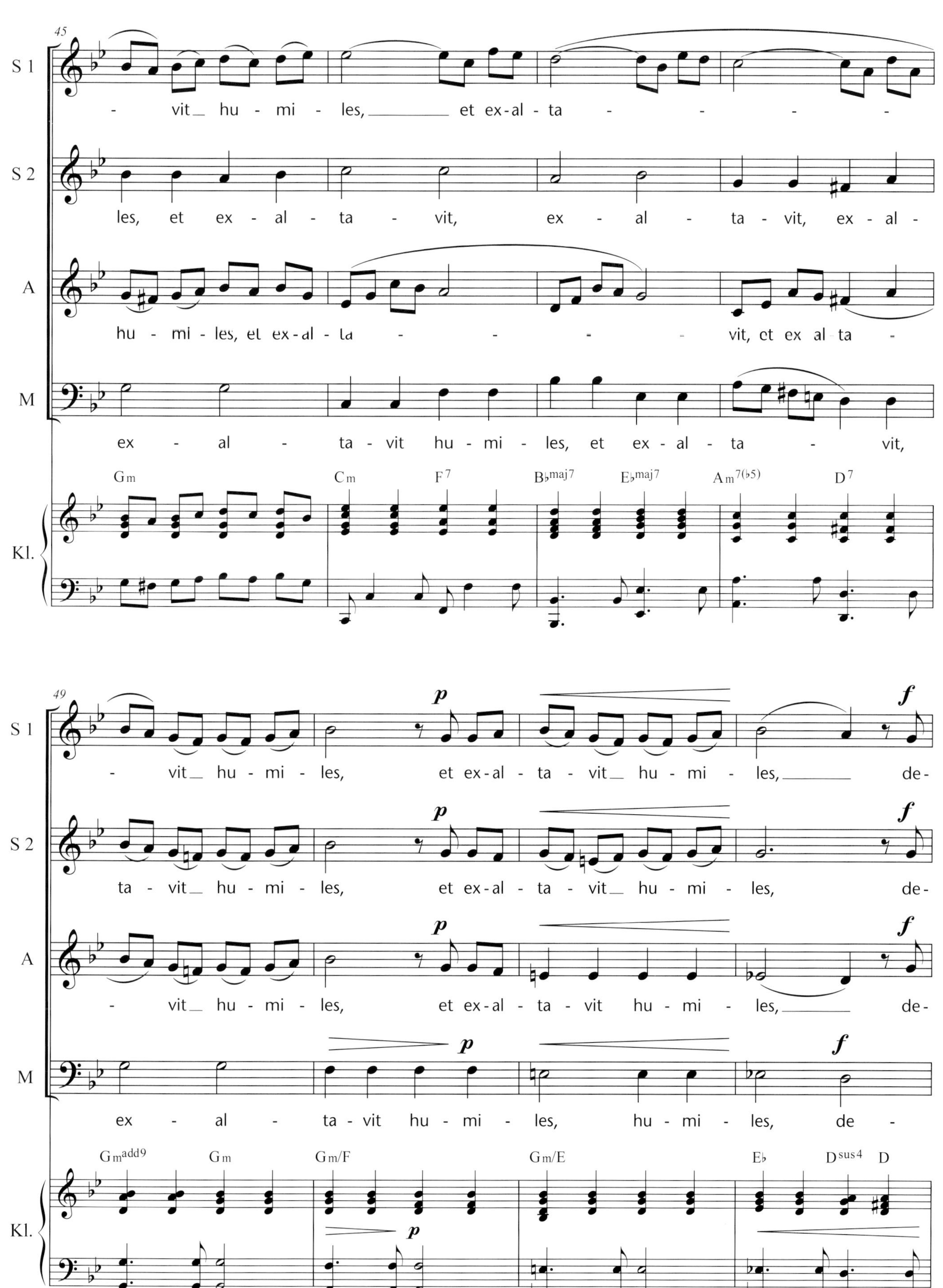
45
S 1
- vit hu - mi - les, et ex-al - ta - - - -
S 2
les, et ex - al - ta - vit, ex - al - ta - vit, ex - al -
A
hu - mi - les, et ex - al - ta - - - - vit, et ex al ta -
M
ex - al - ta - vit hu - mi - les, et ex - al - ta - vit,
Gm Cm F7 B♭maj7 E♭maj7 Am7(♭5) D7
Kl.
49
S 1
- vit hu - mi - les, et ex-al - ta - vit hu - mi - les, de-
S 2
ta - vit hu - mi - les, et ex-al - ta - vit hu - mi - les, de-
A
- vit hu - mi - les, et ex-al - ta - vit hu - mi - les, de-
M
ex - al - ta - vit hu - mi - les, hu - mi - les, de -
Gmadd9 Gm Gm/F Gm/E E♭ Dsus4 D
Kl.

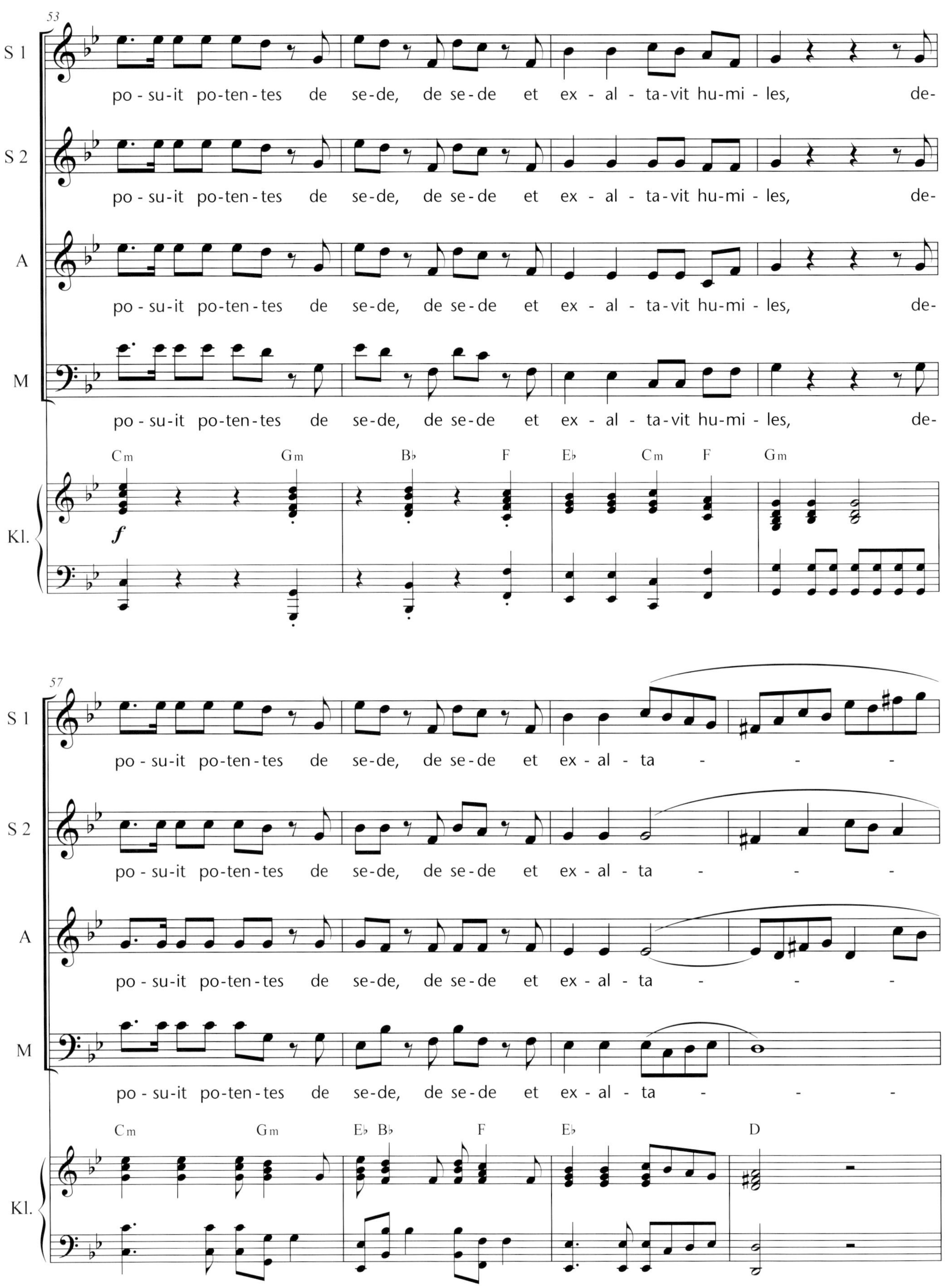
53
S 1
S 2
A
M
po - su - it po - ten - tes de se - de, de se - de et ex - al - ta - vit hu - mi - les, de-
Cm Gm B♭ F E♭ Cm F Gm
Kl.
f
57
po - su - it po - ten - tes de se - de, de se - de et ex - al - ta - - -
Cm Gm E♭ B♭ F E♭ D

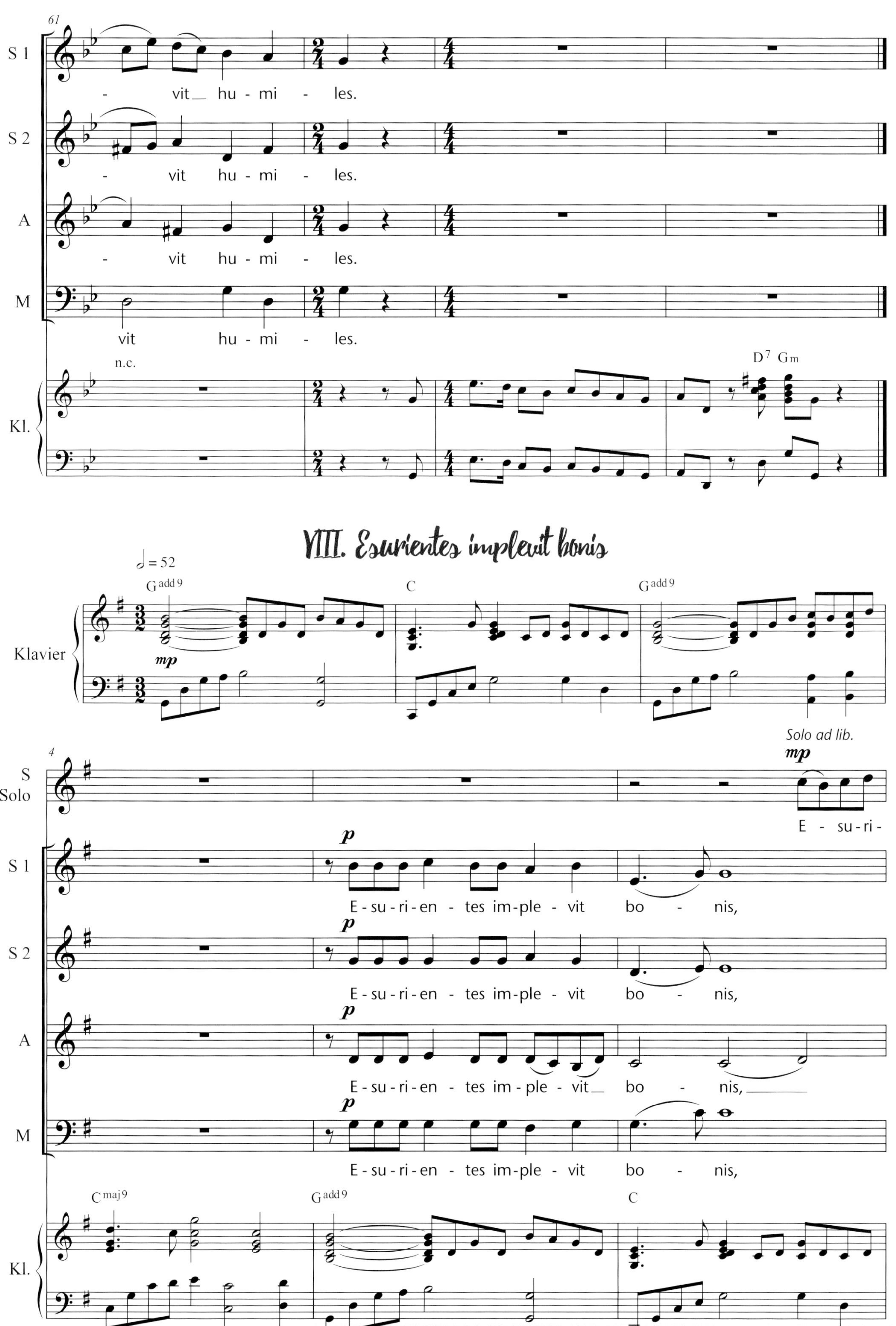
61
S 1
- vit hu - mi - les.
S 2
- vit hu - mi - les.
A
- vit hu - mi - les.
M
vit hu - mi - les.
n.c.
D7 Gm
Kl.
VIII. Esurientes implevit bonis
= 52
Gadd 9
C
Gadd 9
Klavier
mp
4
S Solo
Solo ad lib.
mp
E - su-ri-
S 1
p
E - su - ri - en - tes im-ple - vit bo - nis,
S 2
p
E - su - ri - en - tes im-ple - vit bo - nis,
A
p
E - su - ri - en - tes im - ple - vit bo - nis,
M
p
E - su - ri - en - tes im-ple - vit bo - nis,
Cmaj9
Gadd 9
C
Kl.

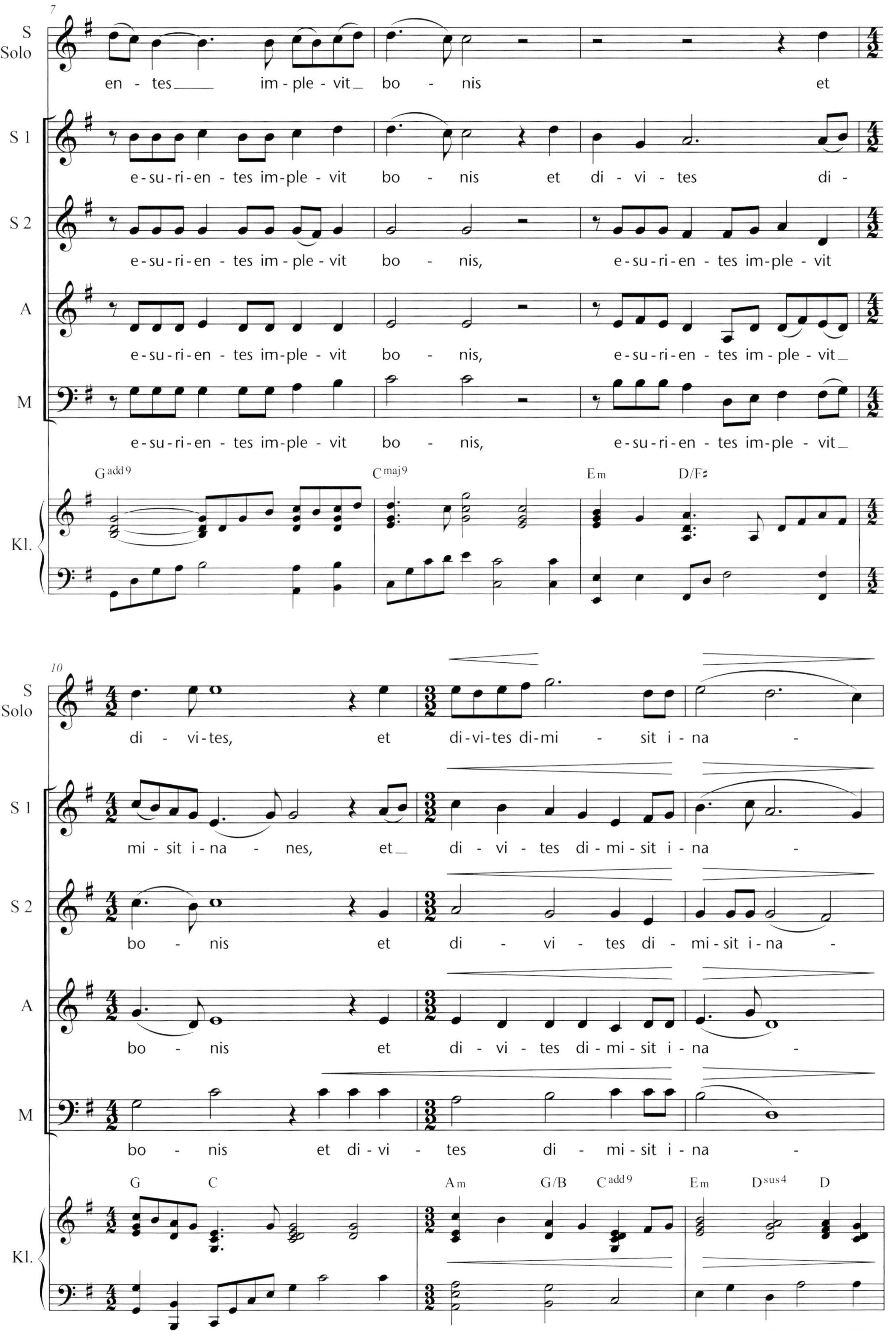
7
S Solo
en - tes im - ple - vit bo - nis et
S 1
e - su - ri - en - tes im - ple - vit bo - nis et di - vi - tes di -
S 2
e - su - ri - en - tes im - ple - vit bo - nis, e - su - ri - en - tes im - ple - vit
A
e - su - ri - en - tes im - ple - vit bo - nis, e - su - ri - en - tes im - ple - vit
M
e - su - ri - en - tes im - ple - vit bo - nis, e - su - ri - en - tes im - ple - vit
G add 9
C maj 9
E m
D/F♯
Kl.
10
S Solo
di - vi - tes, et di - vi - tes di - mi - sit i - na -
S 1
mi - sit i - na - nes, et di - vi - tes di - mi - sit i - na -
S 2
bo - nis et di - vi - tes di - mi - sit i - na -
A
bo - nis et di - vi - tes di - mi - sit i - na -
M
bo - nis et di - vi - tes di - mi - sit i - na -
G
C
A m
G/B
C add 9
E m
D sus 4
D
Kl.

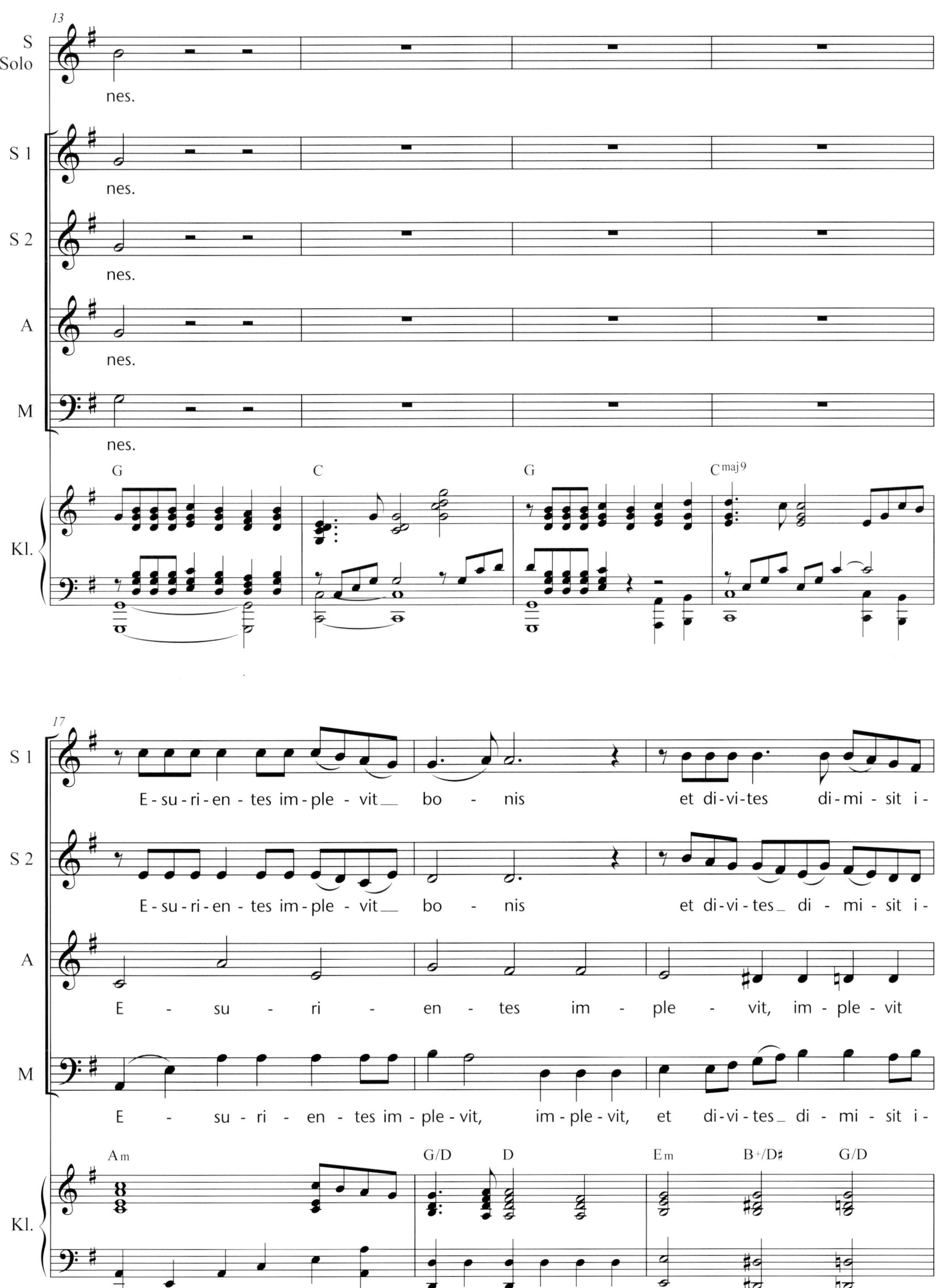
13
S Solo
nes.
S 1
nes.
S 2
nes.
A
nes.
M
nes.
G
C
G
Cmaj9
Kl.
17
S 1
E-su-ri-en-tes im-ple-vit bo - nis et di-vi-tes di-mi-sit i-
S 2
E-su-ri-en-tes im-ple-vit bo - nis et di-vi-tes di - mi - sit i-
A
E - su - ri - en - tes im - ple - vit, im-ple-vit
M
E - su-ri - en - tes im-ple-vit, im-ple-vit, et di-vi-tes di - mi - sit i-
Am
G/D
D
Em
B+/D♯
G/D
Kl.

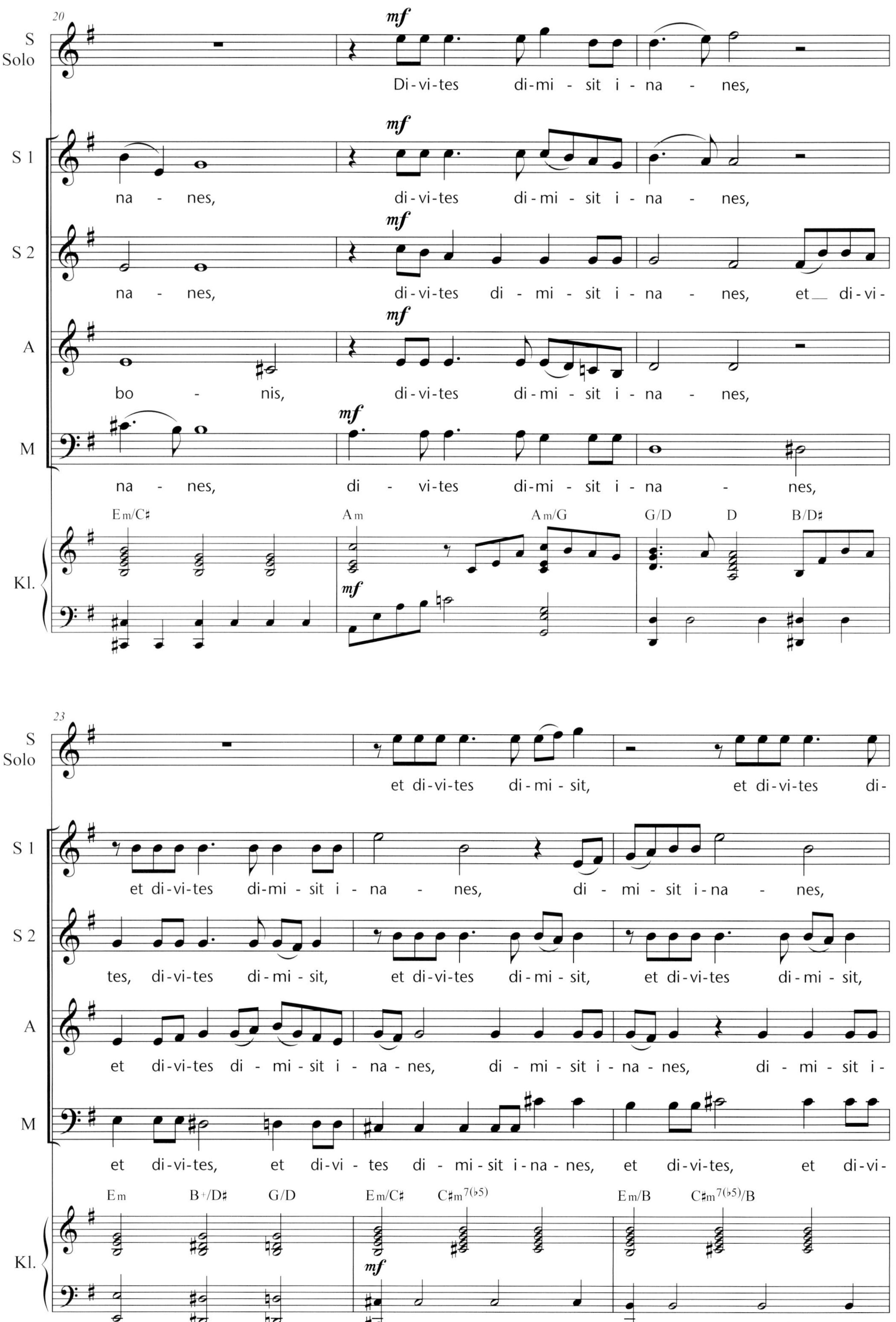
20
S Solo
S 1
S 2
A
M
Kl.
mf
Di-vi-tes di-mi - sit i - na - nes,
na - nes, di-vi-tes di-mi - sit i - na - nes,
na - nes, di-vi-tes di - mi - sit i - na - nes, et di-vi-
bo - nis, di-vi-tes di-mi - sit i - na - nes,
na - nes, di - vi-tes di-mi - sit i - na - nes,
Em/C♯ Am Am/G G/D D B/D♯
23
et di-vi-tes di-mi - sit, et di-vi-tes di-
et di-vi-tes di-mi - sit i - na - nes, di - mi - sit i-na - nes,
tes, di-vi-tes di-mi - sit, et di-vi-tes di-mi - sit, et di-vi-tes di-mi - sit,
et di-vi-tes di - mi - sit i - na - nes, di - mi - sit i - na - nes, di - mi - sit i-
et di-vi-tes, et di-vi - tes di - mi-sit i-na - nes, et di-vi-tes, et di-vi-
Em B+/D♯ G/D Em/C♯ C♯m7(♭5) Em/B C♯m7(♭5)/B

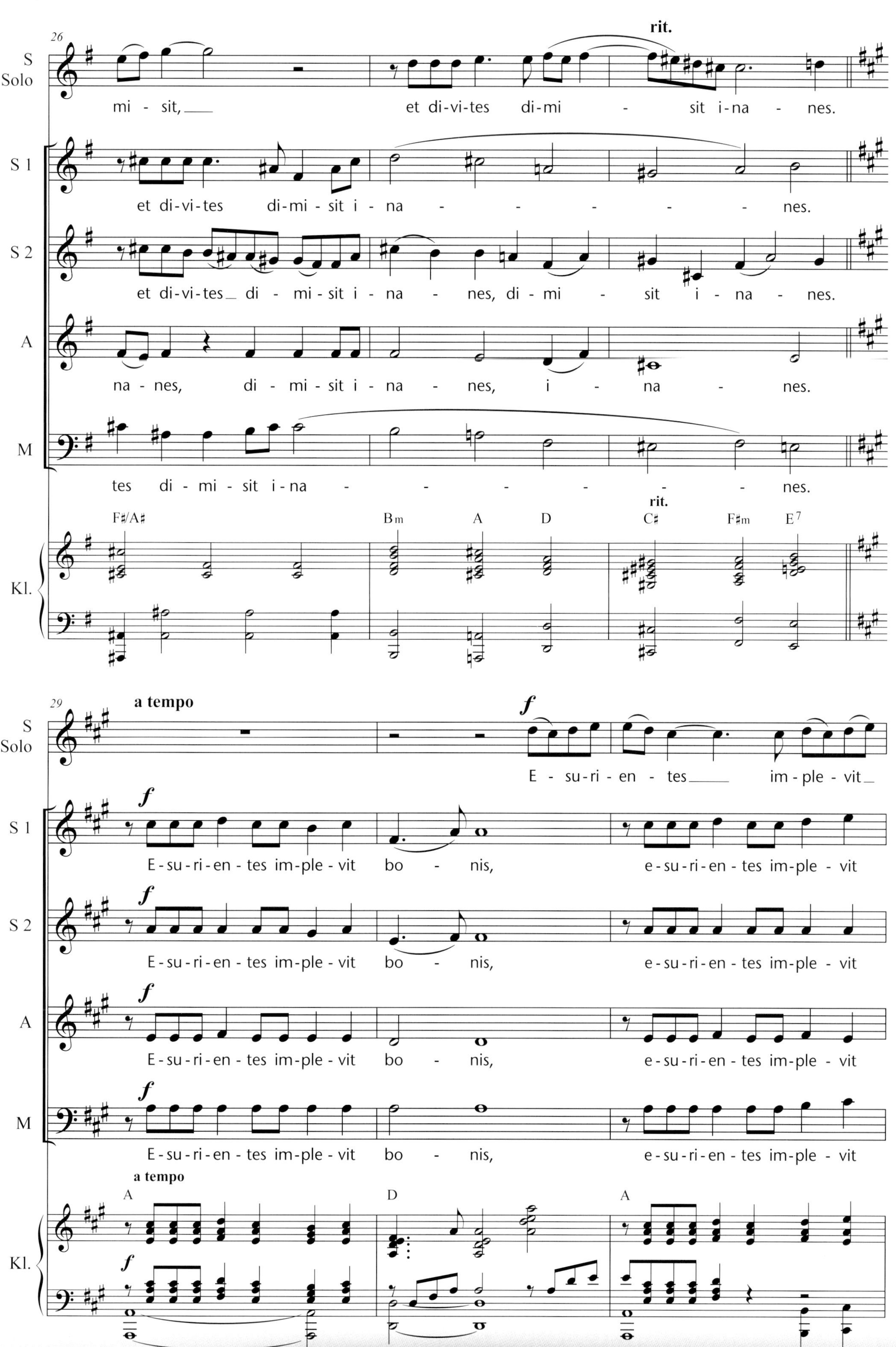

26
rit.
S Solo
mi - sit,
et di-vi-tes di-mi - sit i-na - nes.
S 1
et di-vi-tes di-mi-sit i-na - - - - - nes.
S 2
et di-vi-tes di - mi-sit i-na - nes, di-mi - sit i-na - nes.
A
na - nes, di - mi-sit i-na - nes, i - na - nes.
M
tes di - mi - sit i-na - - - - - nes.
rit.
F♯/A♯
Bm
A
D
C♯
F♯m
E7
Kl.
29
a tempo
S Solo
f
E - su-ri-en - tes im-ple-vit
S 1
f
E-su-ri-en-tes im-ple-vit bo - nis, e-su-ri-en-tes im-ple-vit
S 2
f
E-su-ri-en-tes im-ple-vit bo - nis, e-su-ri-en-tes im-ple-vit
A
f
E-su-ri-en-tes im-ple-vit bo - nis, e-su-ri-en-tes im-ple-vit
M
f
E-su-ri-en-tes im-ple-vit bo - nis, e-su-ri-en-tes im-ple-vit
a tempo
A
D
A
f
Kl.

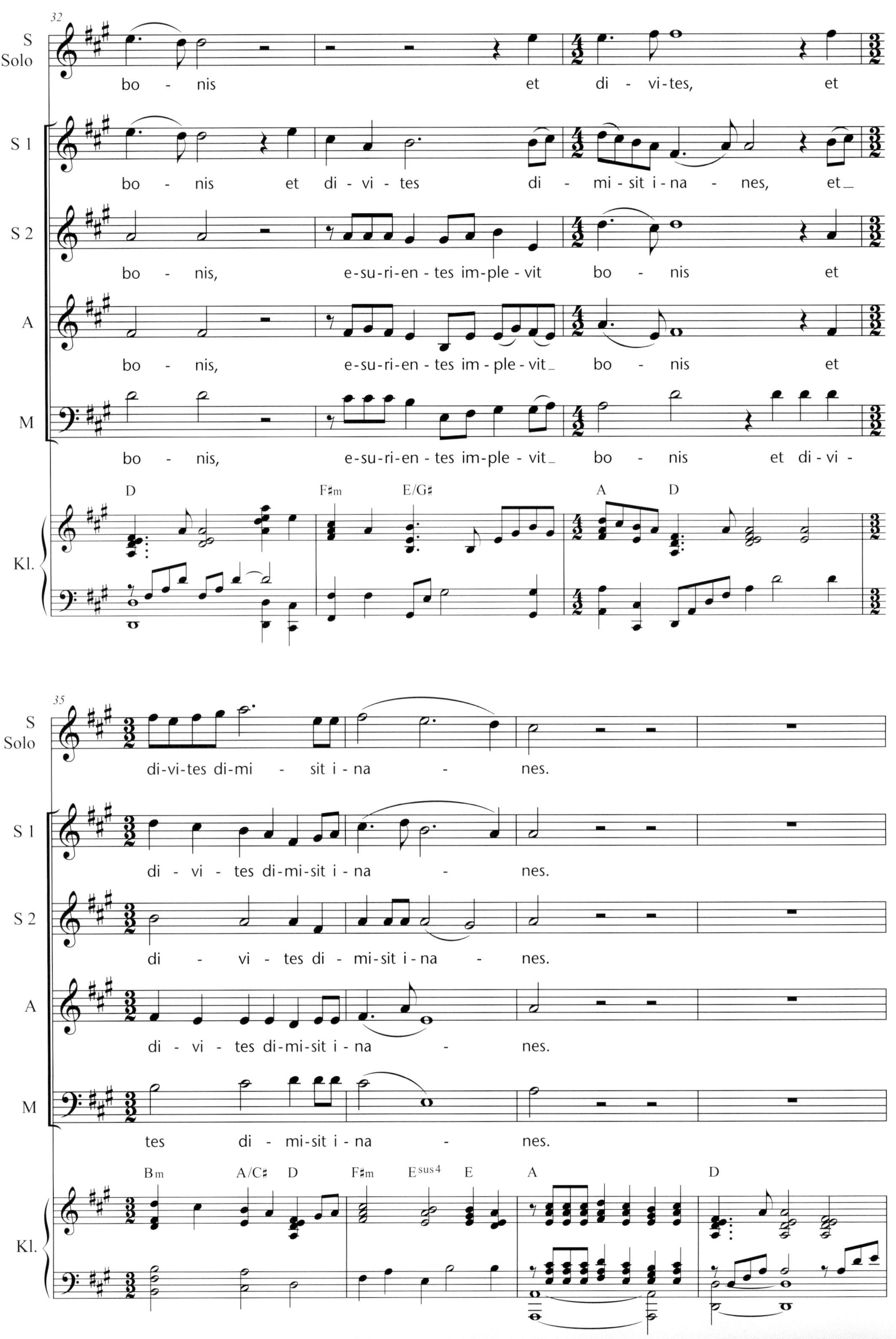
32
S Solo
bo - nis et di - vi-tes, et
S 1
bo - nis et di - vi - tes di - mi-sit i-na - nes, et
S 2
bo - nis, e-su-ri-en-tes im-ple-vit bo - nis et
A
bo - nis, e-su-ri-en-tes im-ple-vit bo - nis et
M
bo - nis, e-su-ri-en-tes im-ple-vit bo - nis et di-vi -
D F♯m E/G♯ A D
Kl.
35
S Solo
di-vi-tes di-mi - sit i-na - nes.
S 1
di - vi - tes di-mi-sit i-na - nes.
S 2
di - vi - tes di - mi-sit i-na - nes.
A
di - vi - tes di-mi-sit i-na - nes.
M
tes di - mi-sit i-na - nes.
Bm A/C♯ D F♯m Esus4 E A D
Kl.

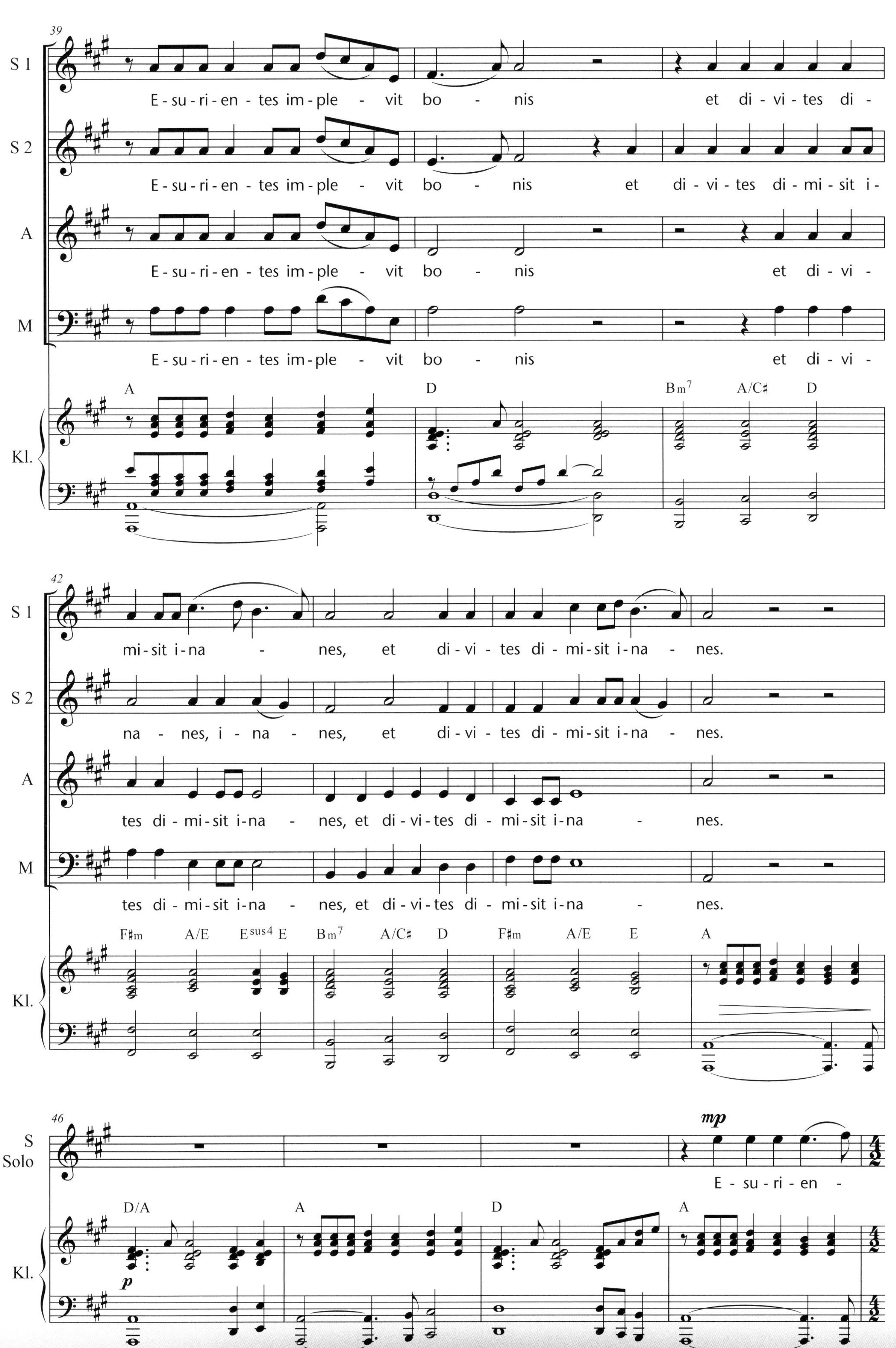
S 1
S 2
A
M
Kl.
E-su-ri-en-tes im-ple - vit bo - nis et di-vi-tes di-
E-su-ri-en-tes im-ple - vit bo - nis et di-vi-tes di-mi-sit i-
E-su-ri-en-tes im-ple - vit bo - nis et di-vi-
A D Bm7 A/C♯ D
mi-sit i-na - nes, et di-vi-tes di-mi-sit i-na - nes.
na - nes, i - na - nes, et di-vi-tes di-mi-sit i-na - nes.
tes di-mi-sit i-na - nes, et di-vi-tes di-mi-sit i-na - nes.
F♯m A/E Esus4 E Bm7 A/C♯ D F♯m A/E E A
S Solo
mp
E - su-ri-en -
D/A A D A
p

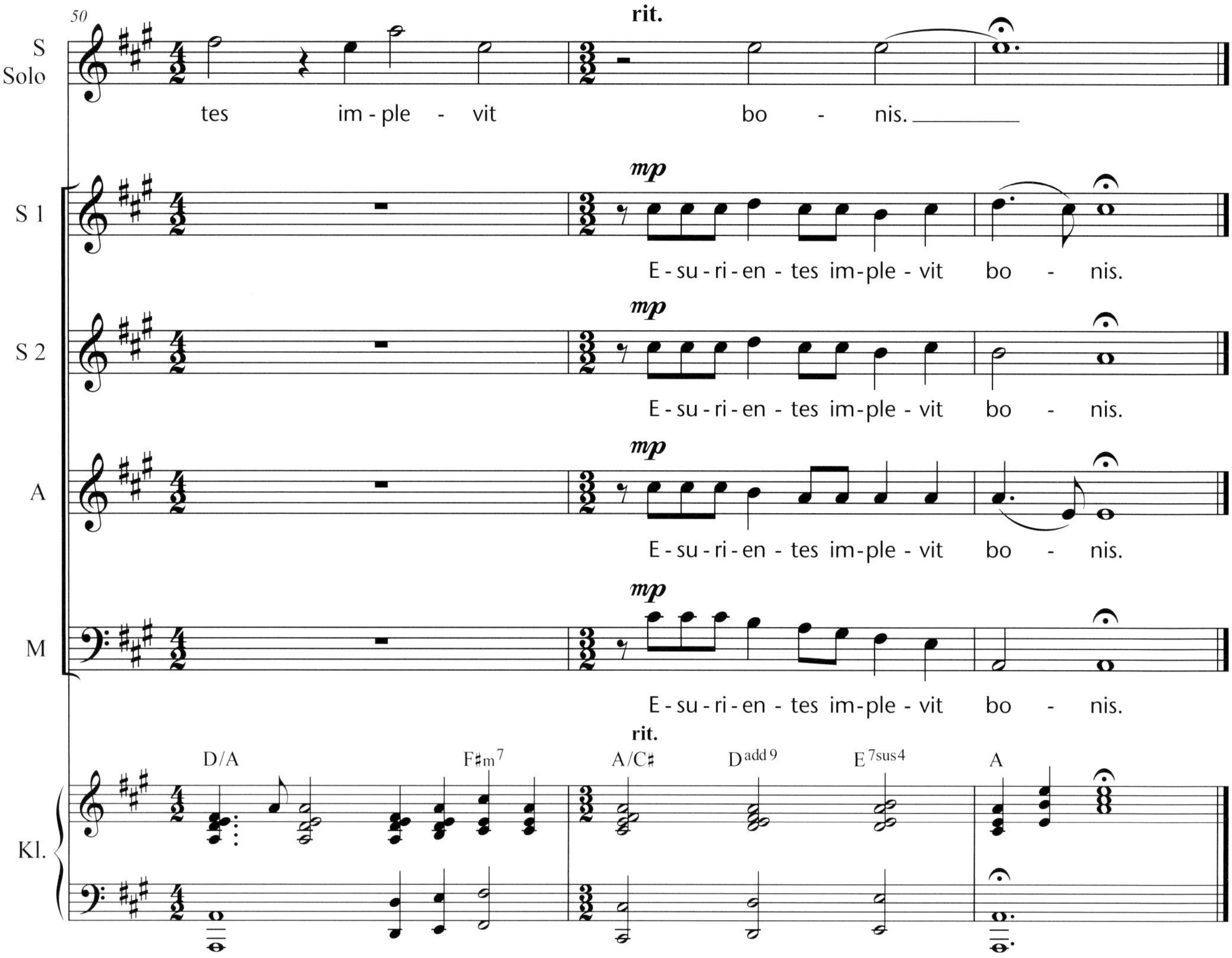

50

rit.

S Solo: tes im-ple-vit bo-nis.

S 1 (mp): E-su-ri-en-tes im-ple-vit bo-nis.

S 2 (mp): E-su-ri-en-tes im-ple-vit bo-nis.

A (mp): E-su-ri-en-tes im-ple-vit bo-nis.

M (mp): E-su-ri-en-tes im-ple-vit bo-nis.

rit.

Kl.: D/A F♯m7 A/C♯ Dadd9 E7sus4 A

IX. Suscepit Israel

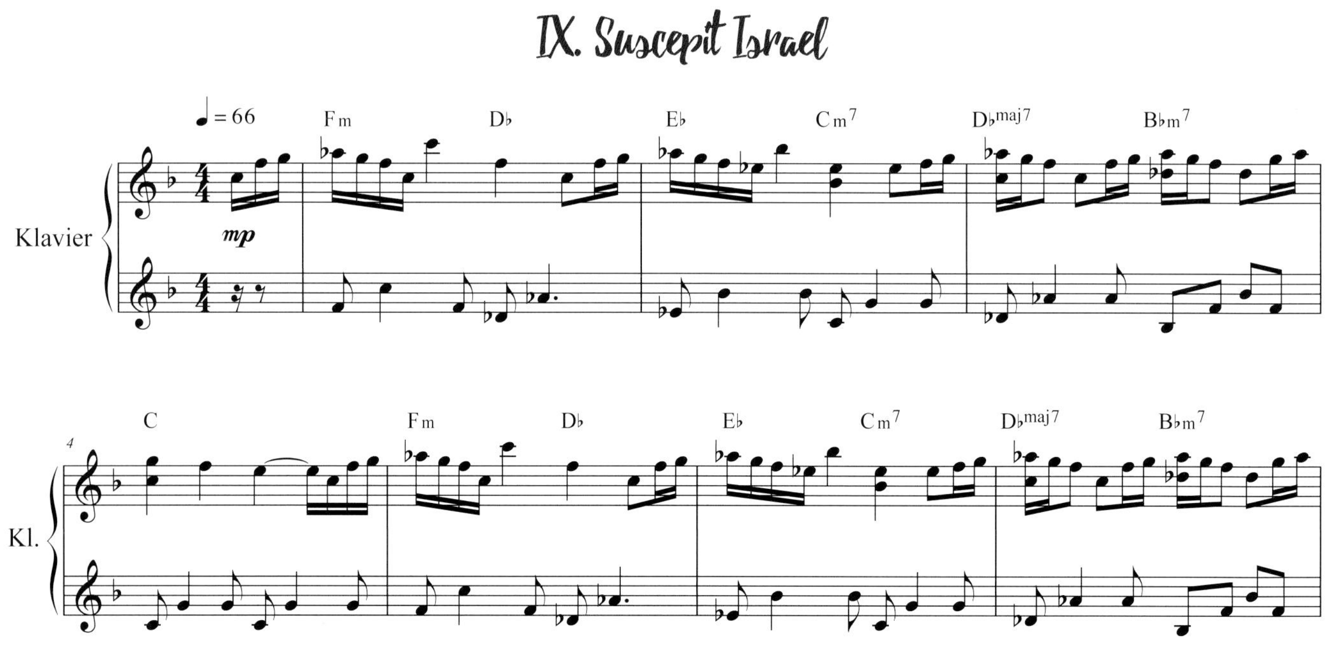

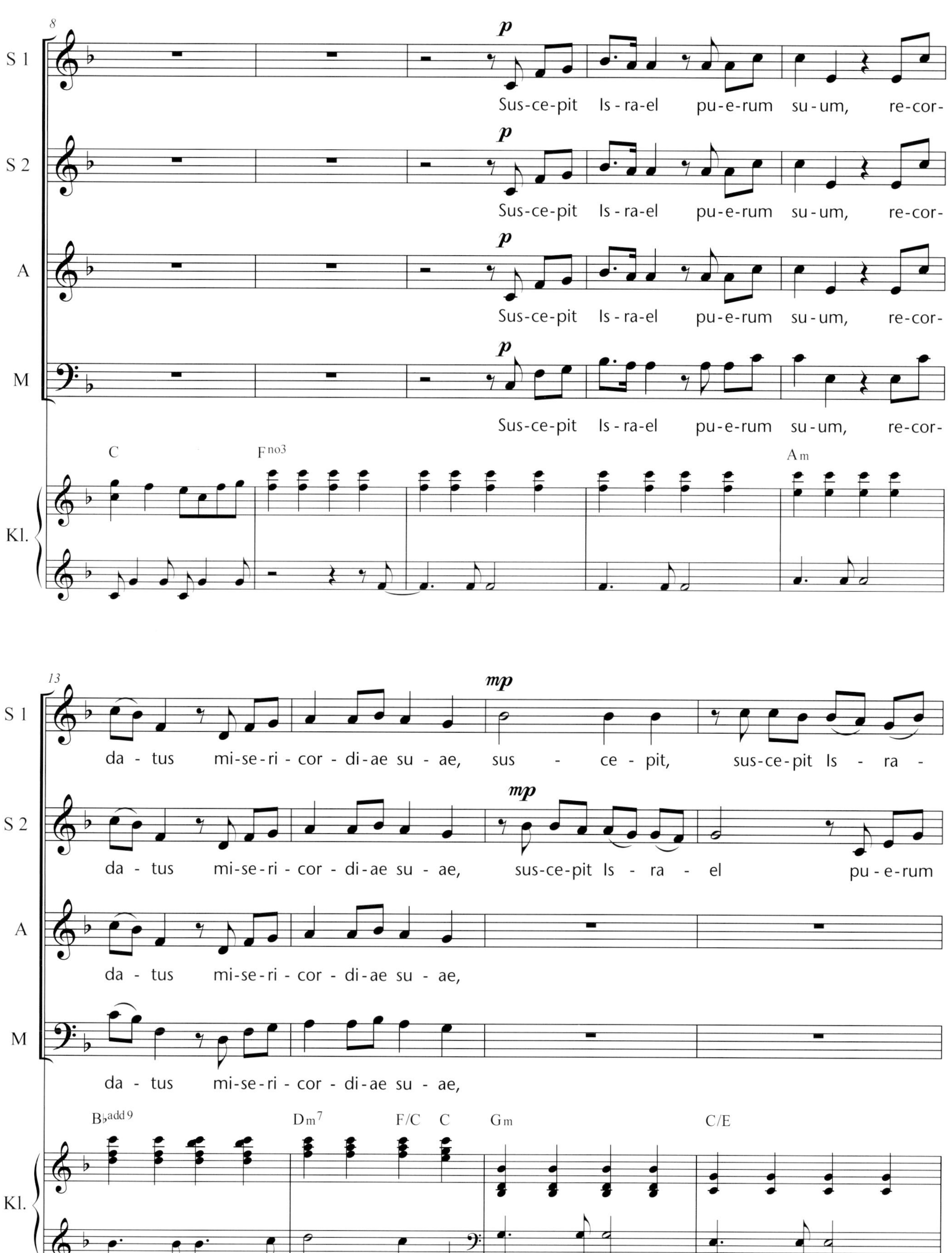
S 1
S 2
A
M
Kl.
Sus-ce-pit Is-ra-el pu-e-rum su-um, re-cor-
C
F no3
Am
da-tus mi-se-ri-cor-di-ae su-ae, sus-ce-pit, sus-ce-pit Is-ra-
da-tus mi-se-ri-cor-di-ae su-ae, sus-ce-pit Is-ra-el pu-e-rum
Bbadd 9
Dm7
F/C
C
Gm
C/E

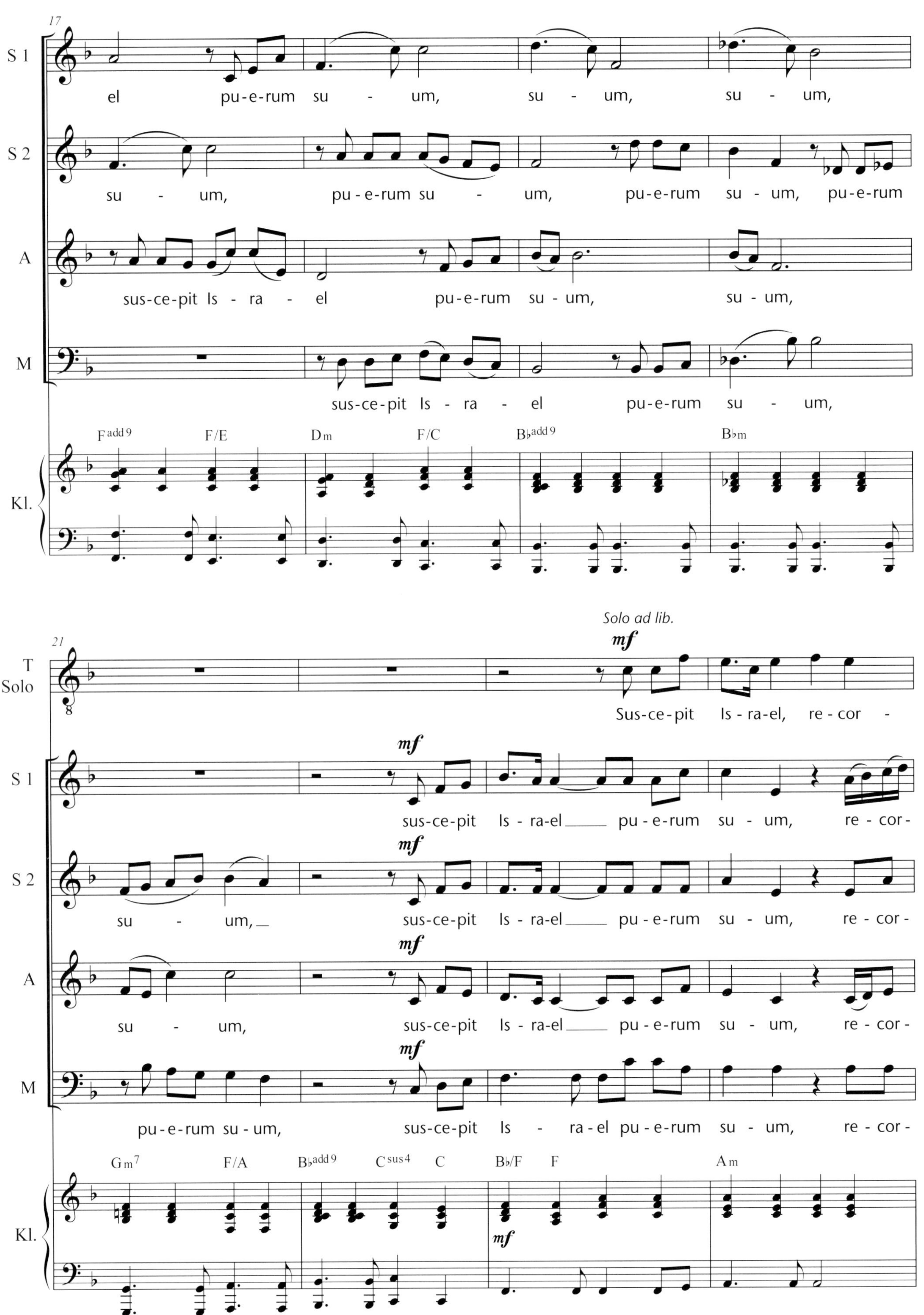
17
S 1
el pu-e-rum su - um, su - um, su - um,
S 2
su - um, pu-e-rum su - um, pu-e-rum su - um, pu-e-rum
A
sus-ce-pit Is - ra - el pu-e-rum su - um, su - um,
M
sus-ce-pit Is - ra - el pu-e-rum su - um,
F add 9 F/E Dm F/C B♭add 9 B♭m
Kl.
21
Solo ad lib.
mf
T Solo
Sus-ce-pit Is-ra-el, re-cor -
S 1
sus-ce-pit Is - ra-el pu-e-rum su - um, re - cor-
S 2
su - um, sus-ce-pit Is - ra-el pu-e-rum su - um, re - cor-
A
su - um, sus-ce-pit Is - ra-el pu-e-rum su - um, re - cor-
M
pu-e-rum su-um, sus-ce-pit Is - ra-el pu-e-rum su - um, re - cor-
Gm7 F/A B♭add 9 C sus4 C B♭/F F Am
Kl.

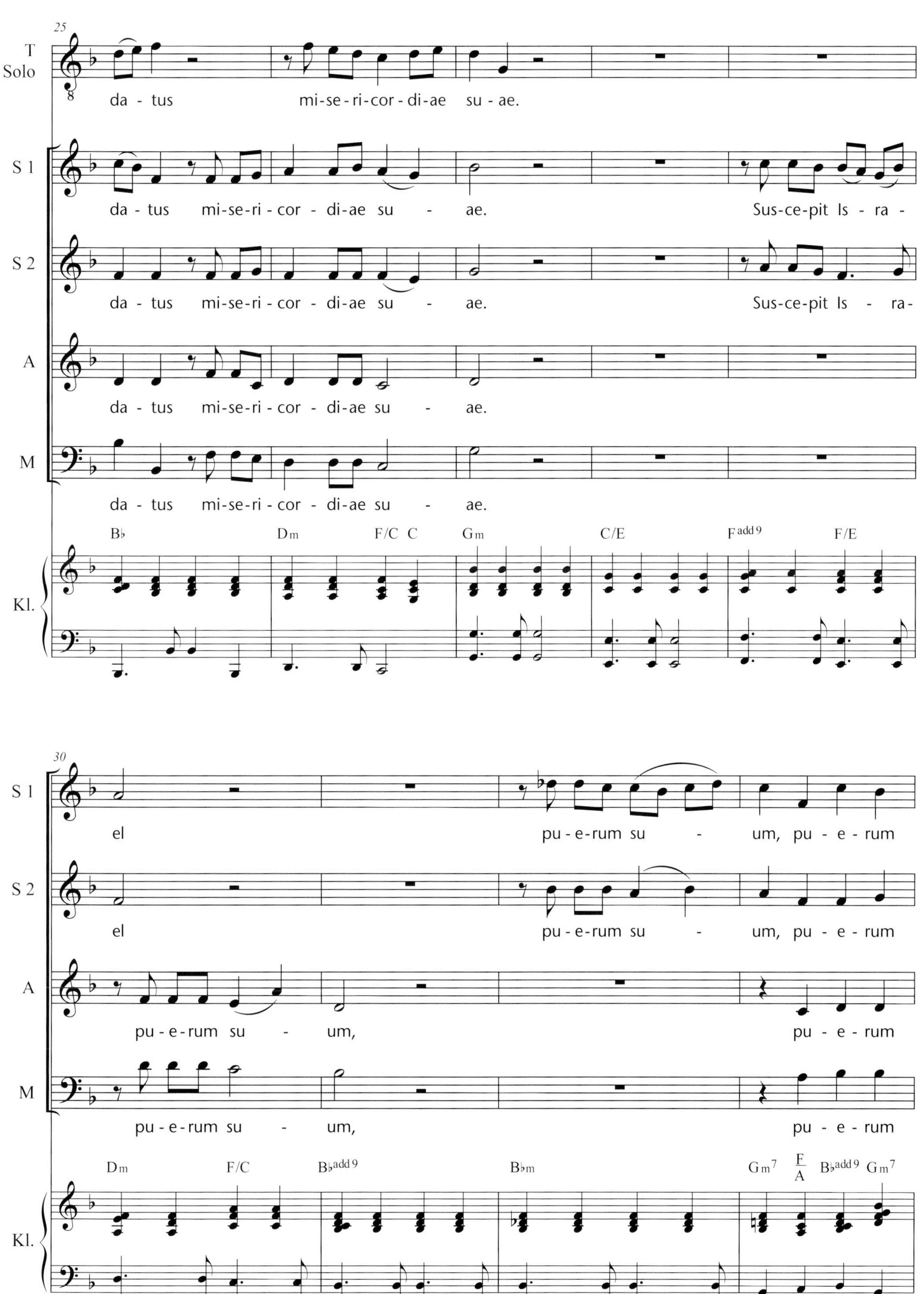
25
T Solo
da - tus
mi-se-ri-cor-di-ae su - ae.
S 1
da - tus mi-se-ri - cor - di-ae su - ae.
Sus-ce-pit Is - ra -
S 2
da - tus mi-se-ri - cor - di-ae su - ae.
Sus-ce-pit Is - ra-
A
da - tus mi-se-ri - cor - di-ae su - ae.
M
da - tus mi-se-ri - cor - di-ae su - ae.
B♭ Dm F/C C Gm C/E Fadd 9 F/E
Kl.
30
S 1
el
pu - e-rum su - um, pu - e - rum
S 2
el
pu - e-rum su - um, pu - e - rum
A
pu - e - rum su - um,
pu - e - rum
M
pu - e - rum su - um,
pu - e - rum
Dm F/C B♭add 9 B♭m Gm7 F/A B♭add 9 Gm7
Kl.

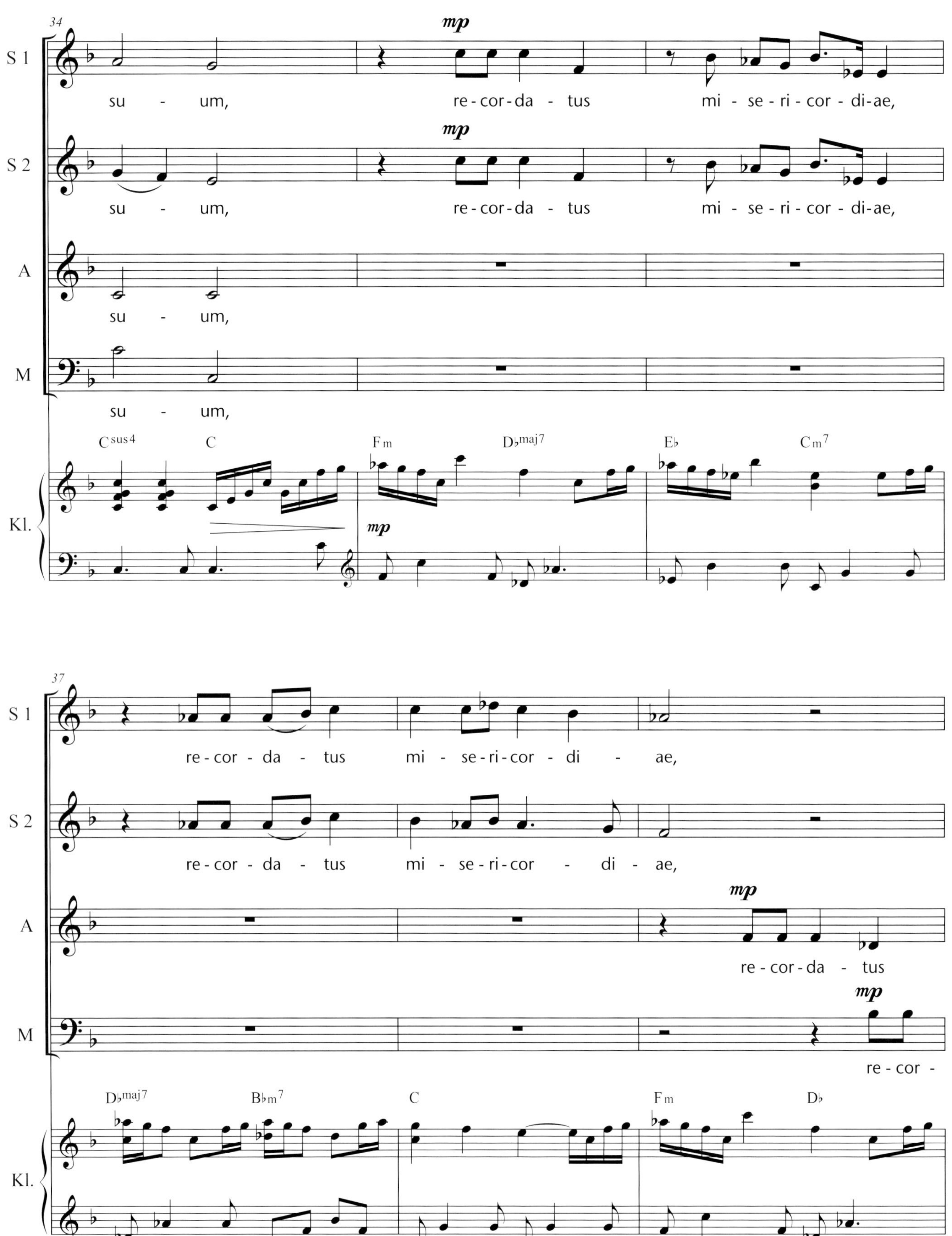
34
S 1
mp
su - um,
re-cor-da - tus
mi - se-ri-cor-di-ae,
S 2
mp
su - um,
re-cor-da - tus
mi - se-ri-cor-di-ae,
A
su - um,
M
su - um,
Csus4 C Fm D♭maj7 E♭ Cm7
mp
Kl.
37
S 1
re-cor - da - tus
mi - se-ri-cor - di - ae,
S 2
re-cor - da - tus
mi - se-ri-cor - di - ae,
A
mp
re-cor-da - tus
M
mp
re-cor -
D♭maj7 B♭m7 C Fm D♭
Kl.

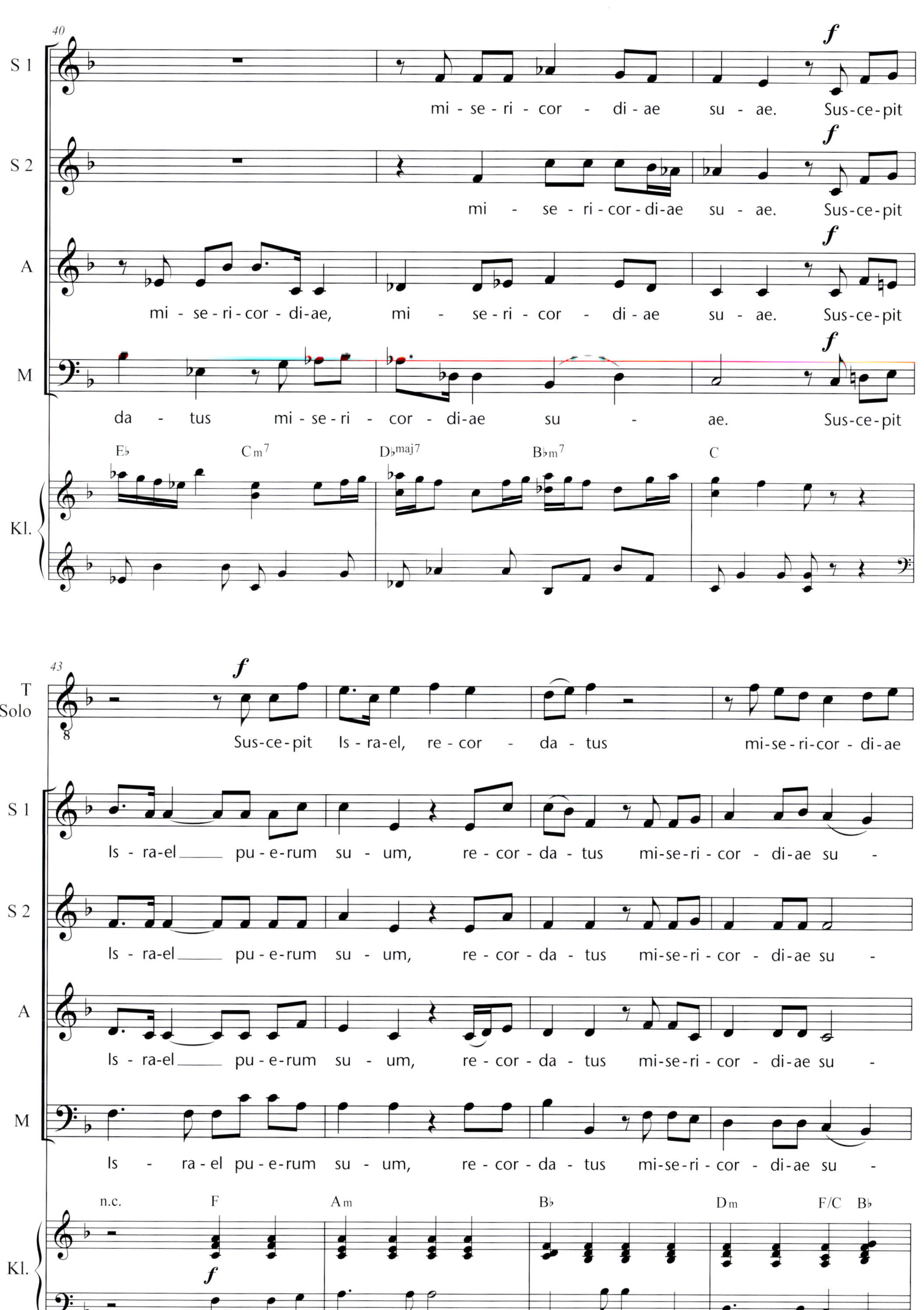
40
S 1
S 2
A
M
Kl.
mi - se - ri - cor - di - ae su - ae. Sus-ce-pit
mi - se - ri - cor - di - ae su - ae. Sus-ce-pit
mi - se - ri - cor - di-ae, mi - se - ri - cor - di - ae su - ae. Sus-ce-pit
da - tus mi - se - ri - cor - di-ae su - ae. Sus-ce-pit
E♭ Cm7 D♭maj7 B♭m7 C
43
T Solo
Sus-ce-pit Is - ra-el, re - cor - da - tus mi-se-ri-cor - di-ae
Is - ra-el pu-e-rum su - um, re - cor - da - tus mi-se-ri - cor - di-ae su -
Is - ra-el pu-e-rum su - um, re - cor - da - tus mi-se-ri - cor - di-ae su -
Is - ra-el pu-e-rum su - um, re - cor - da - tus mi-se-ri - cor - di-ae su -
Is - ra - el pu-e-rum su - um, re - cor - da - tus mi-se-ri - cor - di-ae su -
n.c. F Am B♭ Dm F/C B♭

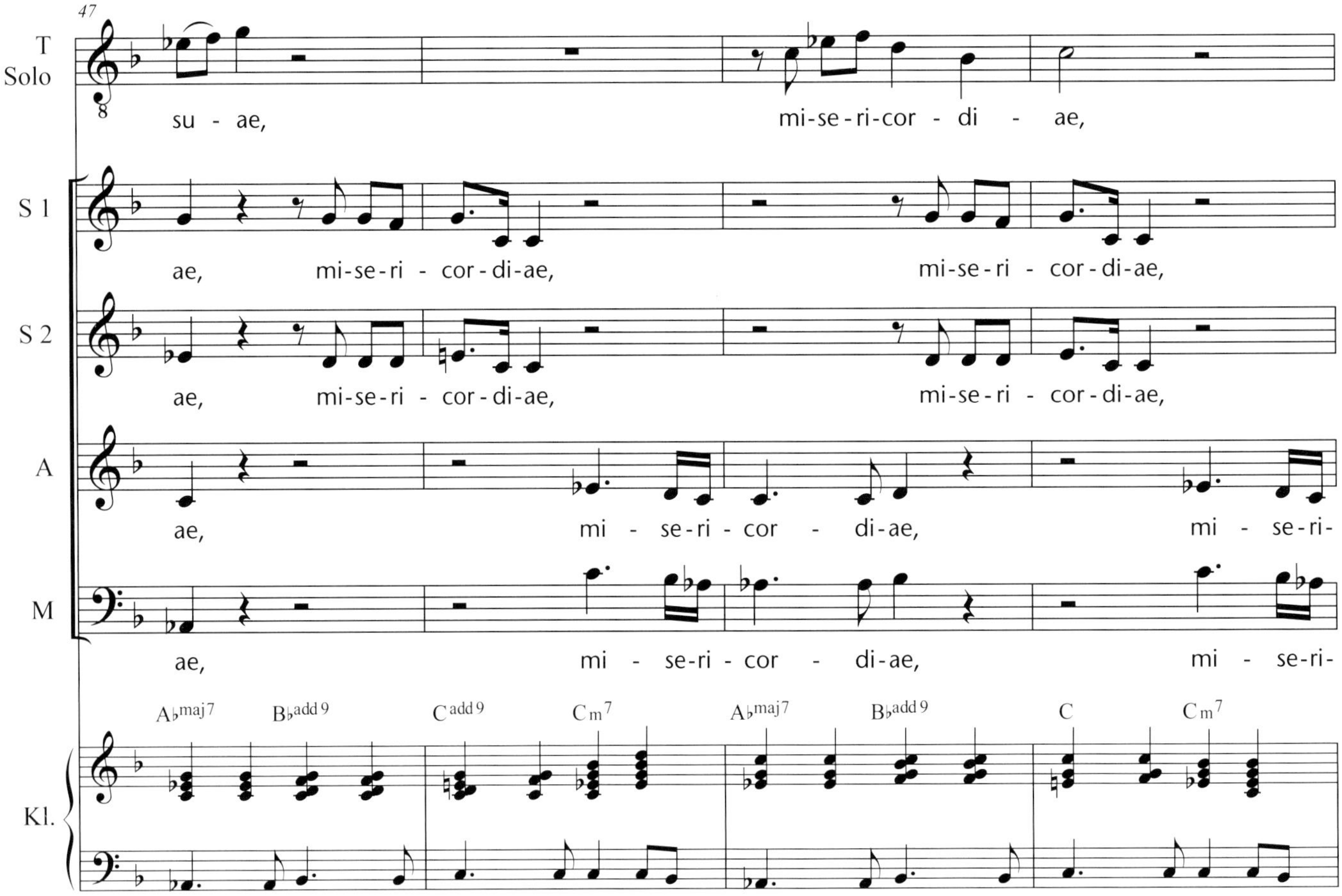

47

T Solo: su - ae, mi-se-ri-cor - di - ae,

S 1: ae, mi-se-ri - cor-di-ae, mi-se-ri - cor-di-ae,

S 2: ae, mi-se-ri - cor-di-ae, mi-se-ri - cor-di-ae,

A: ae, mi - se-ri - cor - di-ae, mi - se-ri-

M: ae, mi - se-ri - cor - di-ae, mi - se-ri-

Kl.: A♭maj7 B♭add 9 Cadd 9 Cm7 A♭maj7 B♭add 9 C Cm7

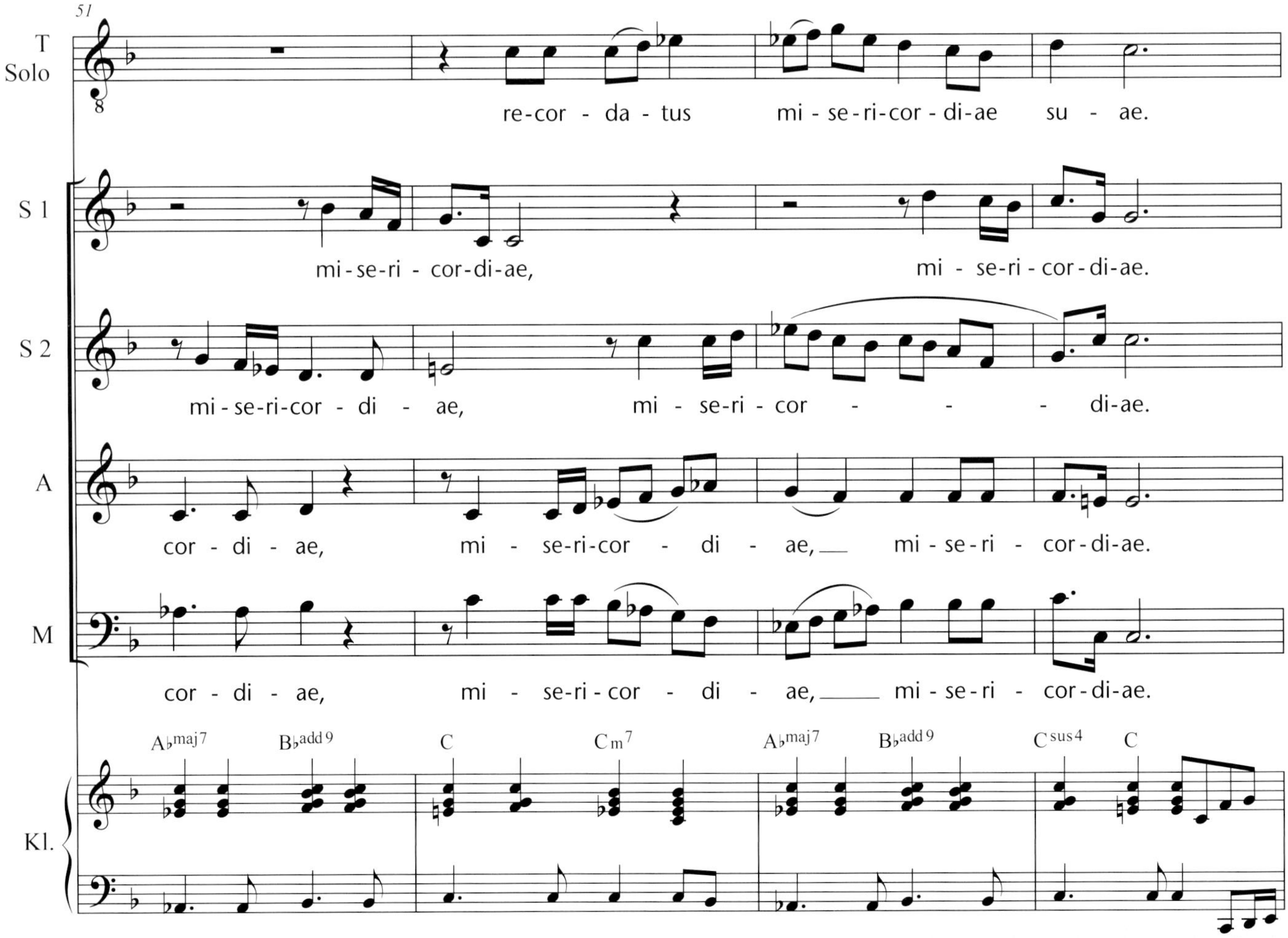

51

T Solo: re-cor - da - tus mi - se-ri-cor-di-ae su - ae.

S 1: mi-se-ri - cor-di-ae, mi - se-ri - cor-di-ae.

S 2: mi - se-ri-cor - di - ae, mi - se-ri - cor - - - di-ae.

A: cor - di - ae, mi - se-ri-cor - di - ae, mi - se-ri - cor-di-ae.

M: cor - di - ae, mi - se-ri - cor - di - ae, mi - se-ri - cor-di-ae.

Kl.: A♭maj7 B♭add 9 C Cm7 A♭maj7 B♭add 9 Csus 4 C

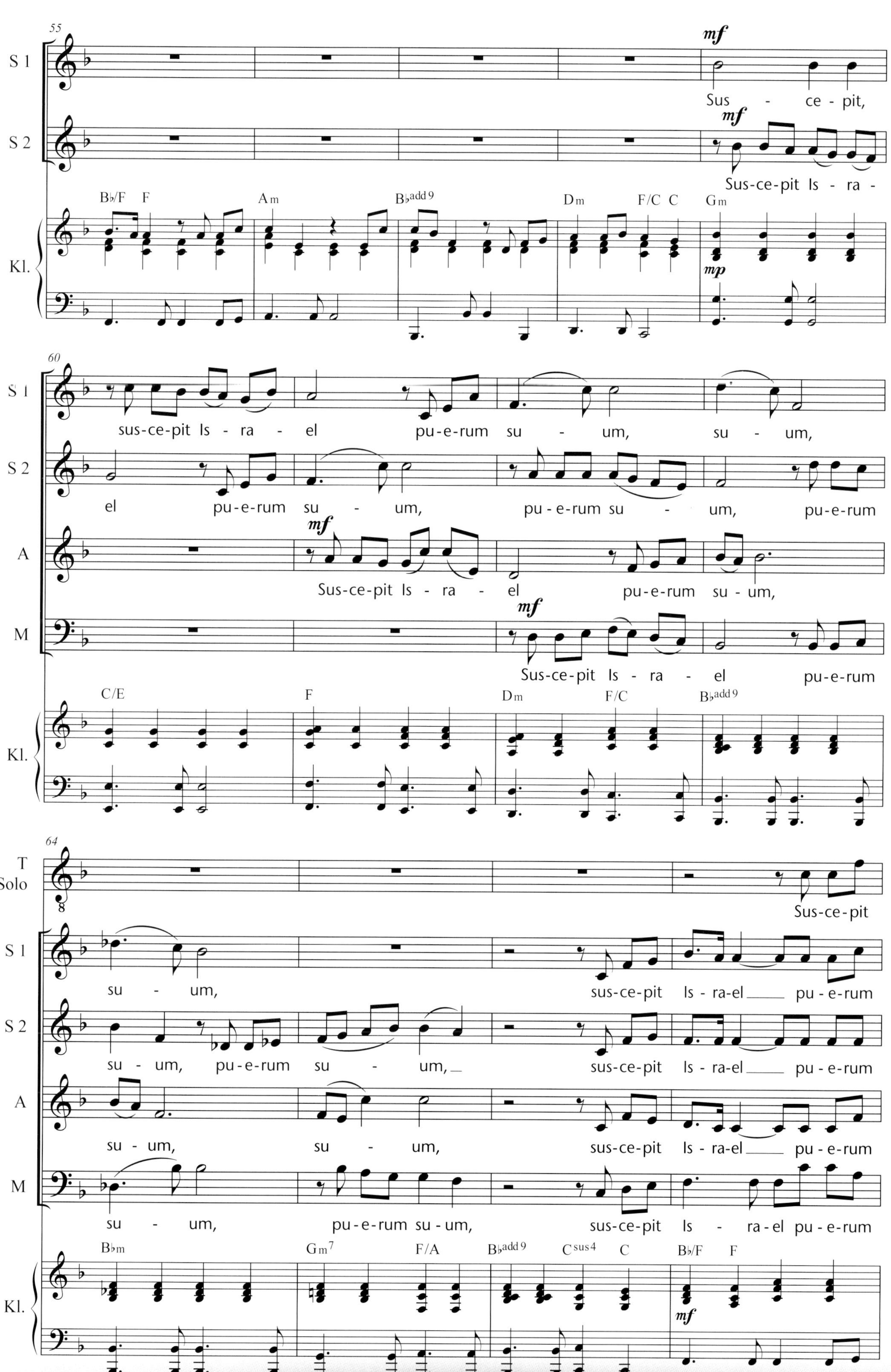
S 1
S 2
Kl.
mf
Sus - ce - pit,
Sus-ce-pit Is - ra -
B♭/F F
Am
B♭add 9
Dm
F/C C
Gm
mp
S 1
S 2
A
M
sus-ce-pit Is - ra - el pu-e-rum su - um, su - um,
el pu-e-rum su - um, pu - e-rum su - um, pu-e-rum
Sus-ce-pit Is - ra - el pu-e-rum su - um,
Sus-ce-pit Is - ra - el pu-e-rum
C/E
F
Dm
F/C
B♭add 9
T Solo
Sus-ce-pit
su - um, sus-ce-pit Is - ra-el pu - e-rum
su - um, pu-e-rum su - um, sus-ce-pit Is - ra-el pu - e-rum
su - um, su - um, sus-ce-pit Is - ra-el pu - e-rum
su - um, pu - e-rum su - um, sus-ce-pit Is - ra - el pu - e-rum
B♭m
Gm7
F/A
B♭add 9
Csus 4
C
B♭/F F

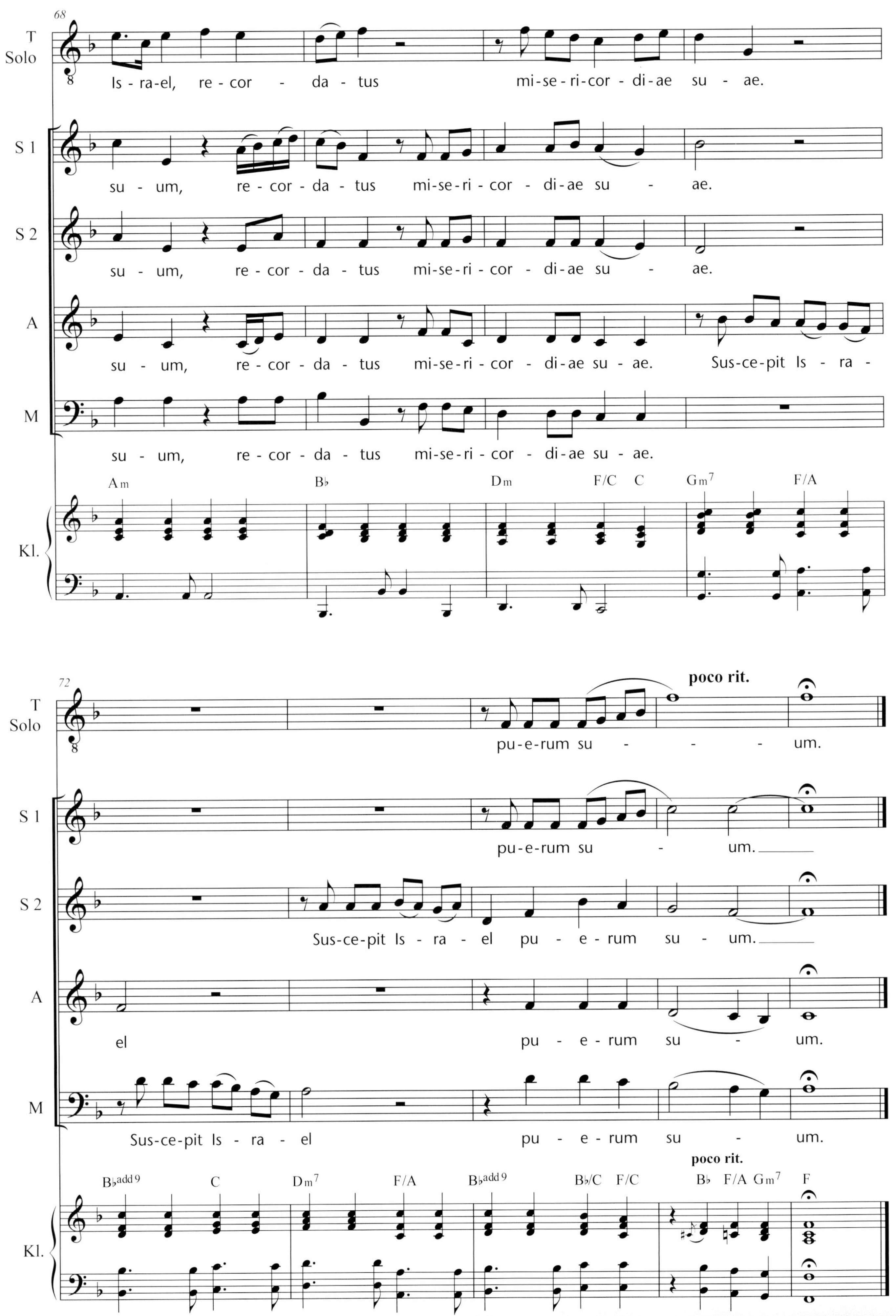
68
T Solo
Is-ra-el, re-cor - da - tus mi-se-ri-cor-di-ae su - ae.
S 1
su - um, re-cor-da-tus mi-se-ri-cor-di-ae su - ae.
S 2
su - um, re-cor-da-tus mi-se-ri-cor-di-ae su - ae.
A
su - um, re-cor-da-tus mi-se-ri-cor-di-ae su-ae. Sus-ce-pit Is-ra -
M
su - um, re-cor-da-tus mi-se-ri-cor-di-ae su-ae.
Am
B♭
Dm
F/C
C
Gm7
F/A
Kl.
72
T Solo
poco rit.
pu-e-rum su - - - um.
S 1
pu-e-rum su - um.
S 2
Sus-ce-pit Is-ra-el pu-e-rum su-um.
A
el pu-e-rum su - um.
M
Sus-ce-pit Is-ra-el pu-e-rum su - um.
poco rit.
B♭add9
C
Dm7
F/A
B♭add9
B♭/C
F/C
B♭
F/A
Gm7
F
Kl.

X. Sicut locutus est

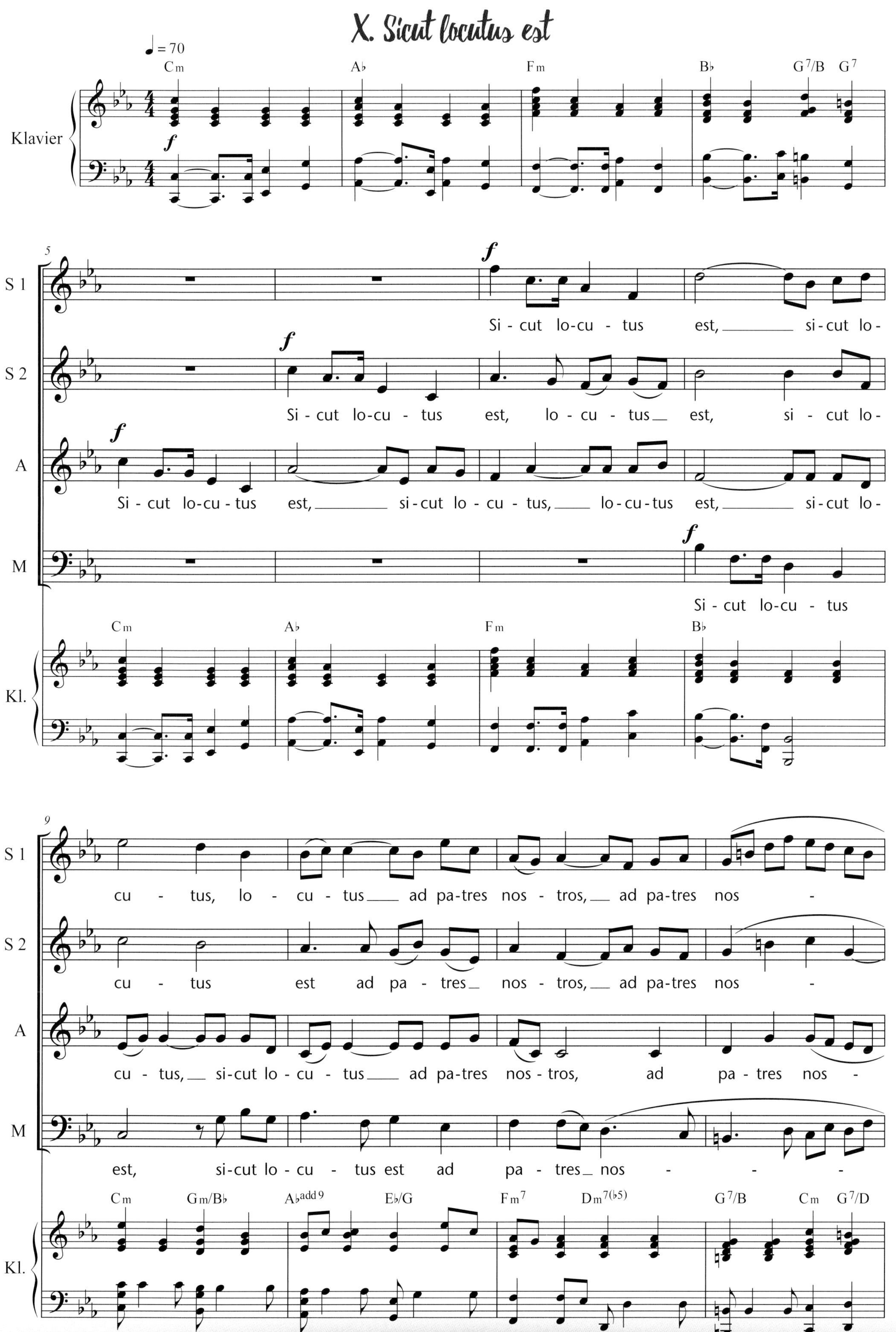

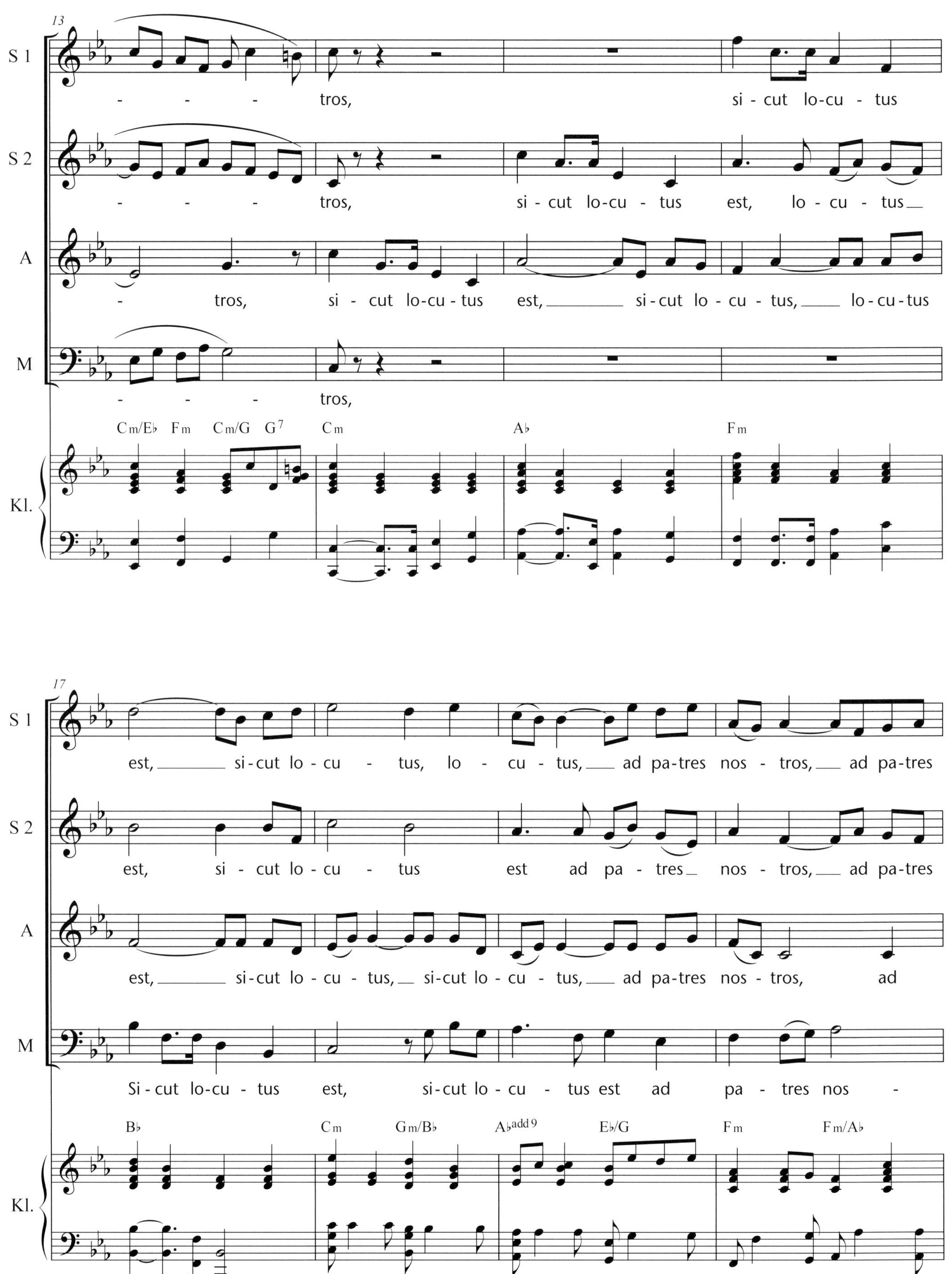
13
S 1
S 2
A
M
Kl.
- - - tros, si - cut lo-cu - tus
- - - tros, si - cut lo-cu - tus est, lo - cu - tus
- tros, si - cut lo-cu-tus est, si-cut lo - cu - tus, lo-cu-tus
- - - tros,
Cm/E♭ Fm Cm/G G7 Cm A♭ Fm
17
est, si-cut lo - cu - tus, lo - cu - tus, ad pa-tres nos - tros, ad pa-tres
est, si - cut lo - cu - tus est ad pa - tres nos - tros, ad pa-tres
est, si-cut lo - cu - tus, si-cut lo - cu - tus, ad pa-tres nos - tros, ad
Si-cut lo-cu - tus est, si-cut lo - cu - tus est ad pa - tres nos -
B♭ Cm Gm/B♭ A♭add 9 E♭/G Fm Fm/A♭

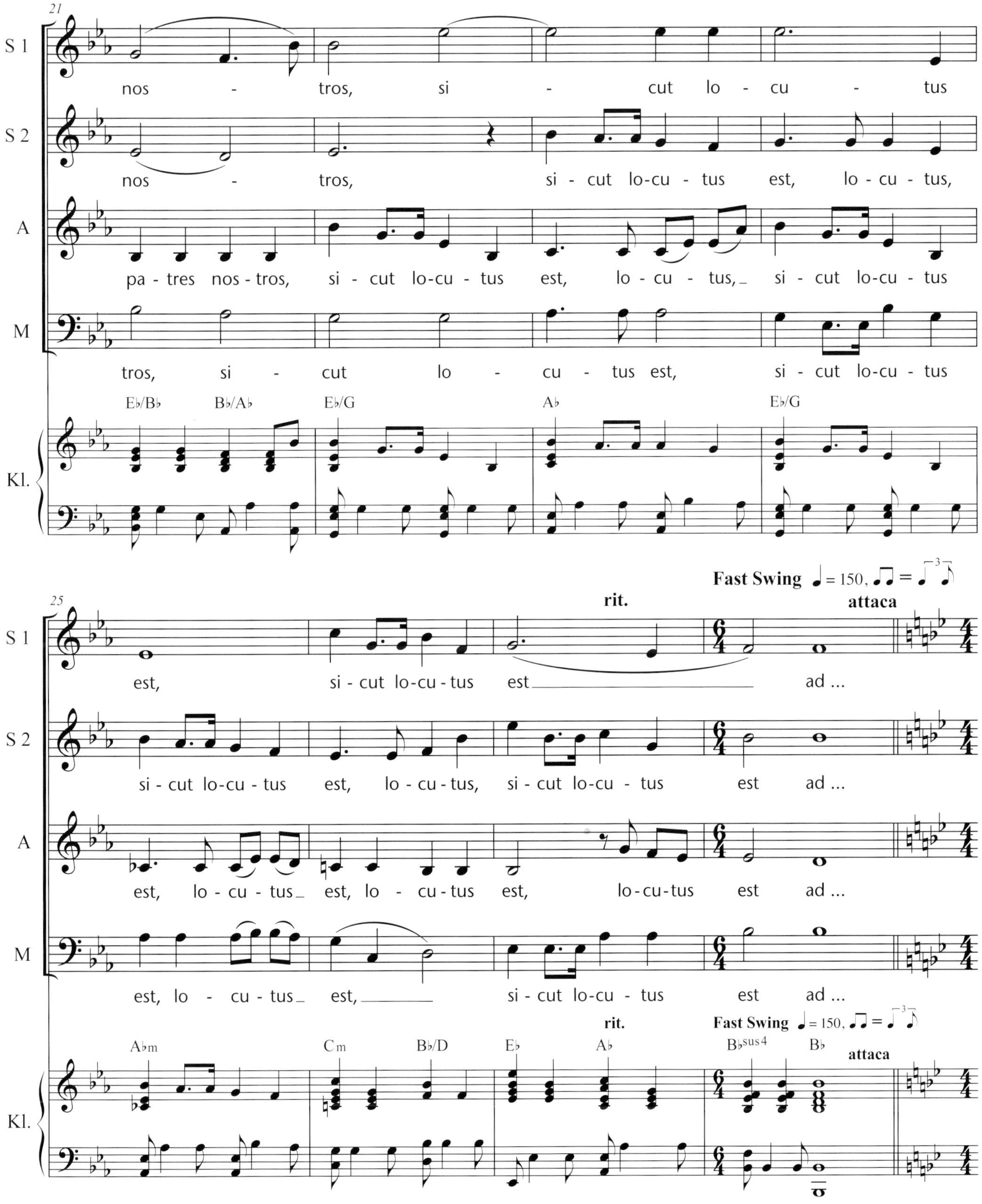

21

S 1: nos - tros, si - cut lo - cu - tus

S 2: nos - tros, si - cut lo-cu - tus est, lo - cu - tus,

A: pa - tres nos - tros, si - cut lo-cu - tus est, lo - cu - tus, si - cut lo-cu - tus

M: tros, si - cut lo - cu - tus est, si - cut lo-cu - tus

Kl.: E♭/B♭ B♭/A♭ E♭/G A♭ E♭/G

Fast Swing ♩ = 150, ♫ = ♩♪ (triplet)

rit.

attaca

25

S 1: est, si - cut lo-cu - tus est ad ...

S 2: si - cut lo-cu - tus est, lo - cu - tus, si - cut lo-cu - tus est ad ...

A: est, lo - cu - tus est, lo - cu - tus est, lo-cu-tus est ad ...

M: est, lo - cu - tus est, si - cut lo-cu - tus est ad ...

rit. Fast Swing ♩ = 150, ♫ = ♩♪ (triplet)

Kl.: A♭m Cm B♭/D E♭ A♭ B♭sus4 B♭

attaca

XI. Abraham et semini eius

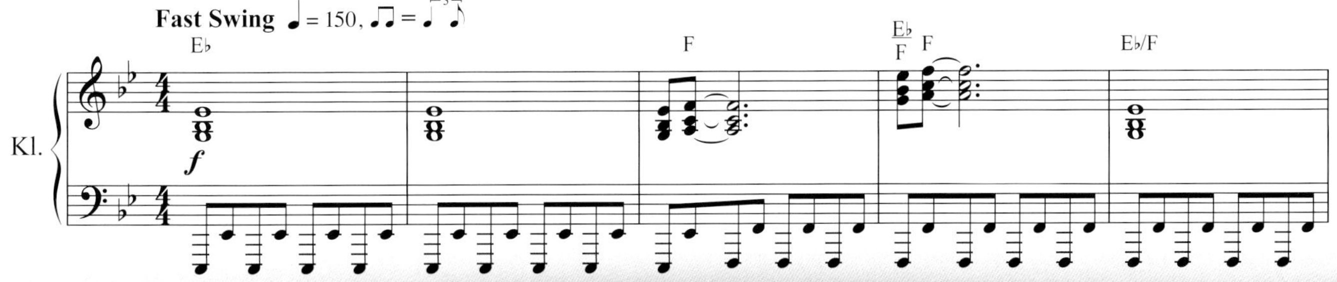

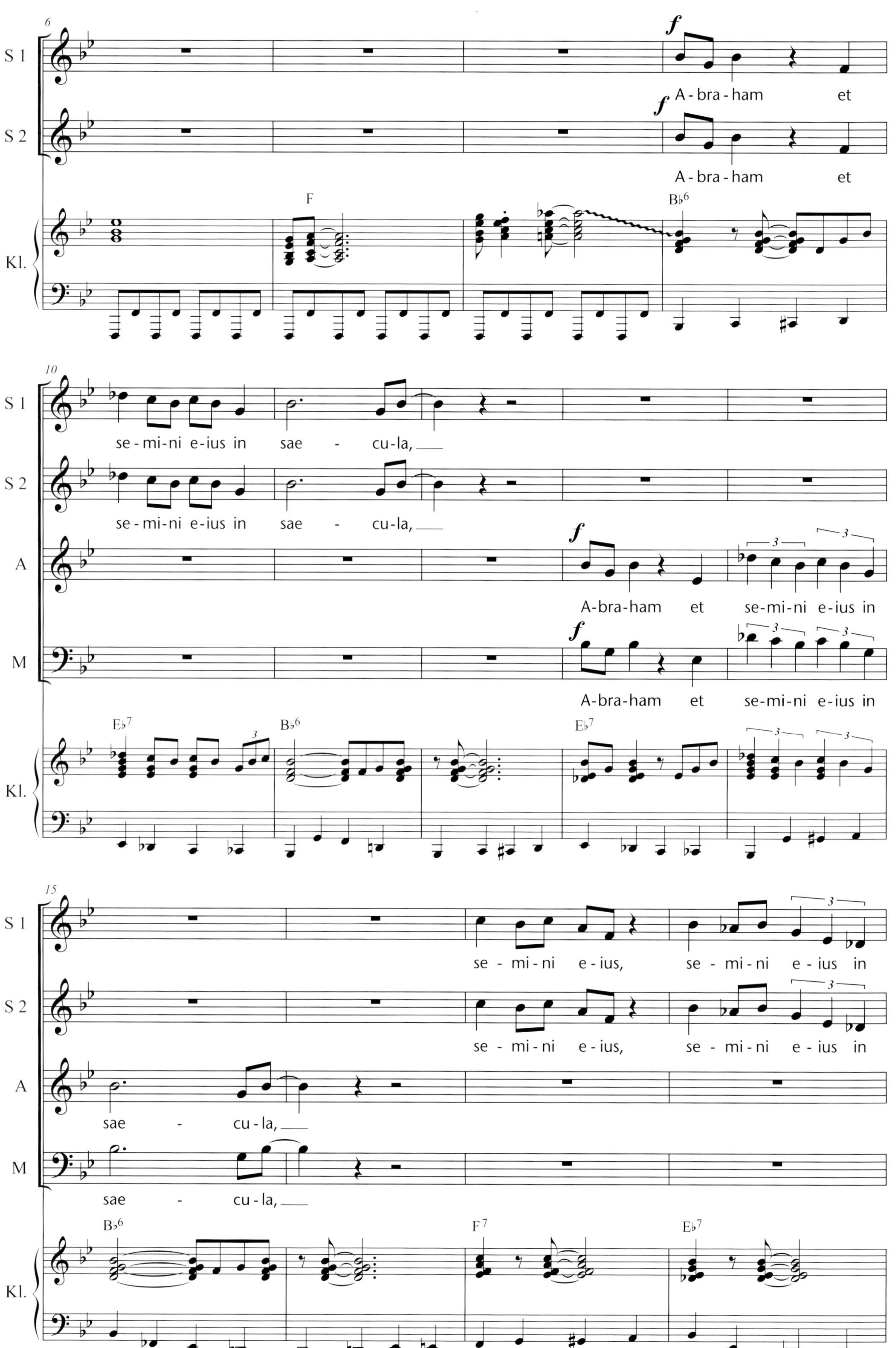
S 1
S 2
Kl.
F
B♭6
f
A - bra - ham et
A - bra - ham et
A
M
E♭7
se - mi - ni e - ius in sae - cu - la,
A - bra - ham et se - mi - ni e - ius in
F 7
se - mi - ni e - ius, se - mi - ni e - ius in
sae - cu - la,

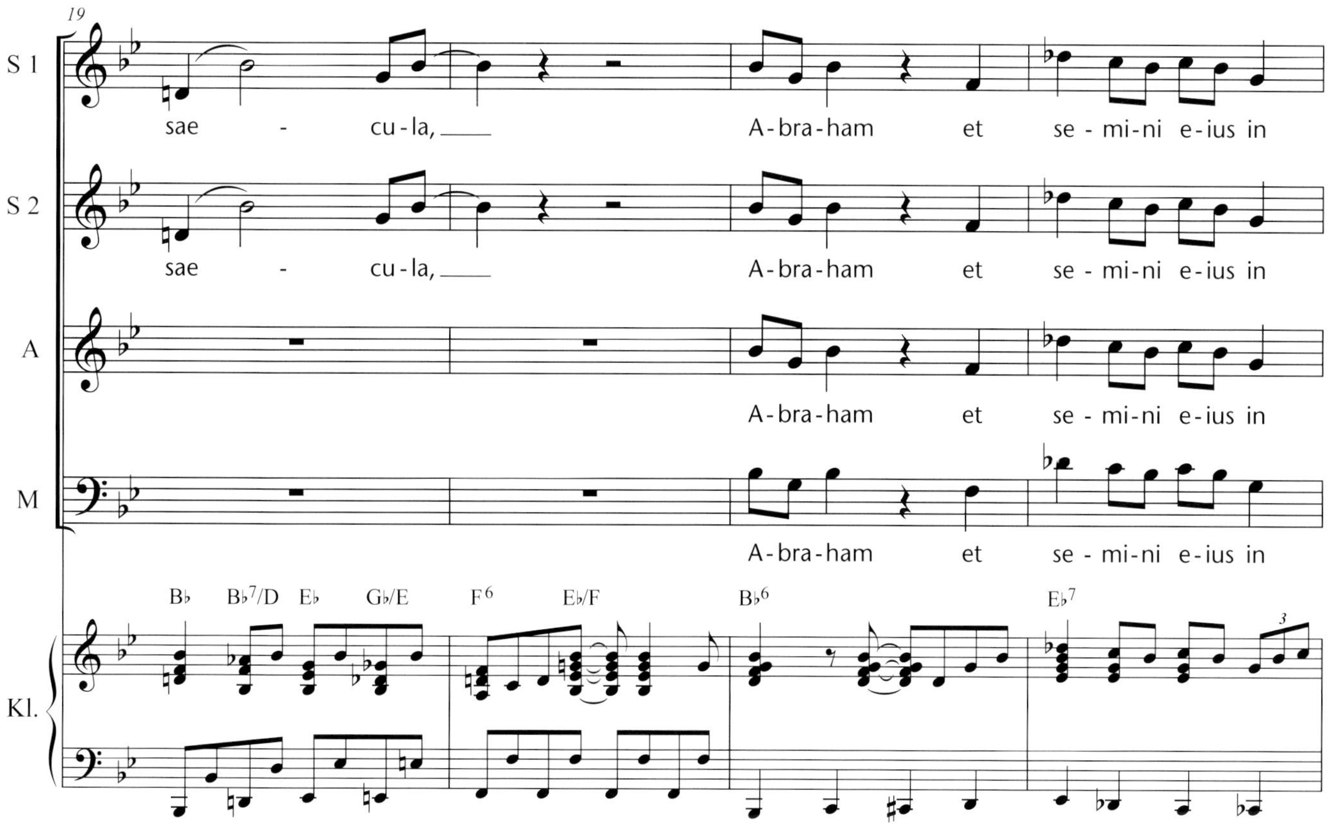

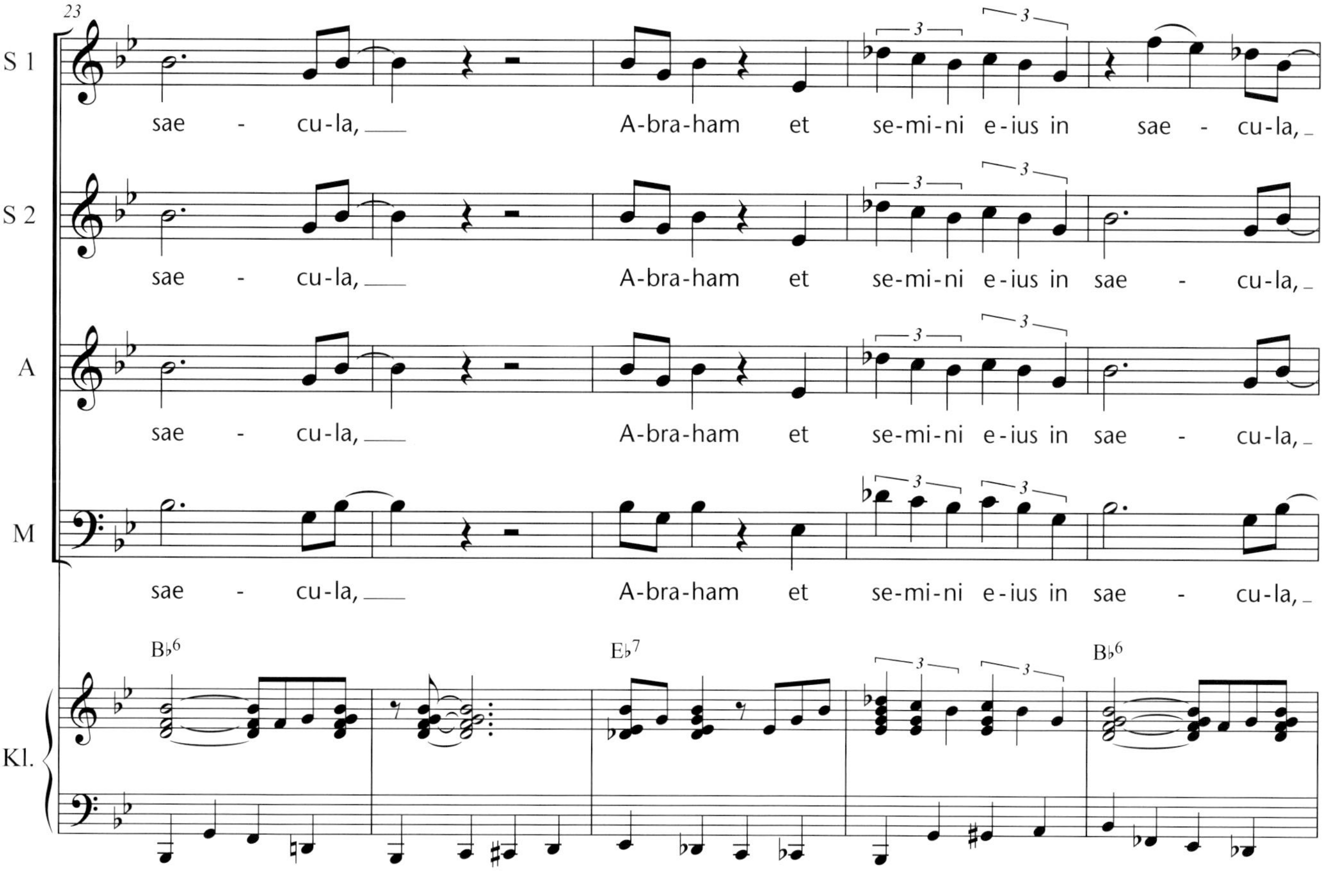

23

S 1
sae - cu-la, A-bra-ham et se-mi-ni e-ius in sae - cu-la,

S 2
sae - cu-la, A-bra-ham et se-mi-ni e-ius in sae - cu-la,

A
sae - cu-la, A-bra-ham et se-mi-ni e-ius in sae - cu-la,

M
sae - cu-la, A-bra-ham et se-mi-ni e-ius in sae - cu-la,

B♭6 E♭7 B♭6

Kl.

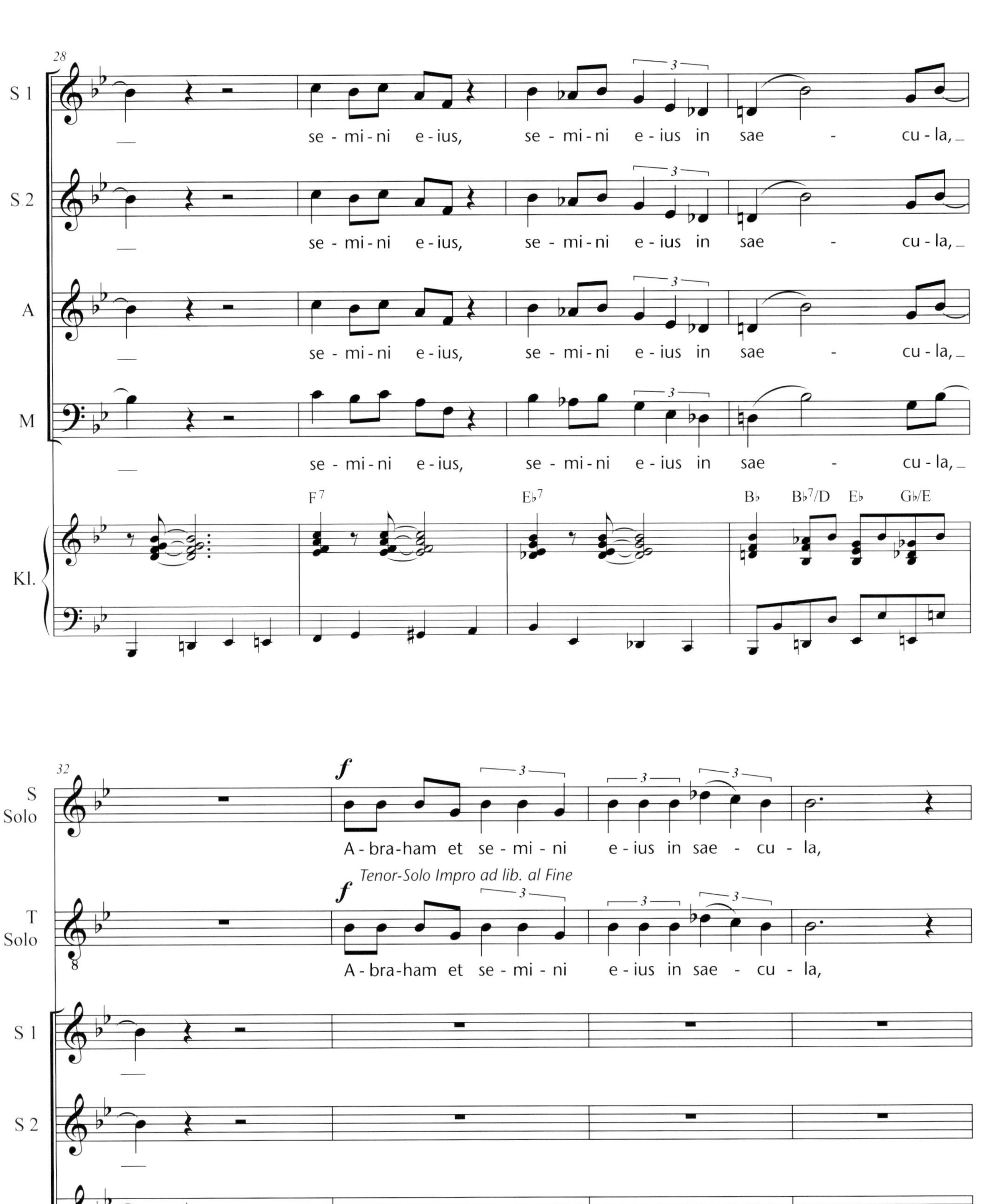
28
S 1
S 2
A
M
se - mi - ni e - ius, se - mi - ni e - ius in sae - cu - la,
F7
E♭7
B♭
B♭7/D
E♭
G♭/E
Kl.
32
S Solo
T Solo
f
A - bra - ham et se - mi - ni e - ius in sae - cu - la,
Tenor-Solo Impro ad lib. al Fine
F6
E♭/F
B♭6
E♭7
B♭6

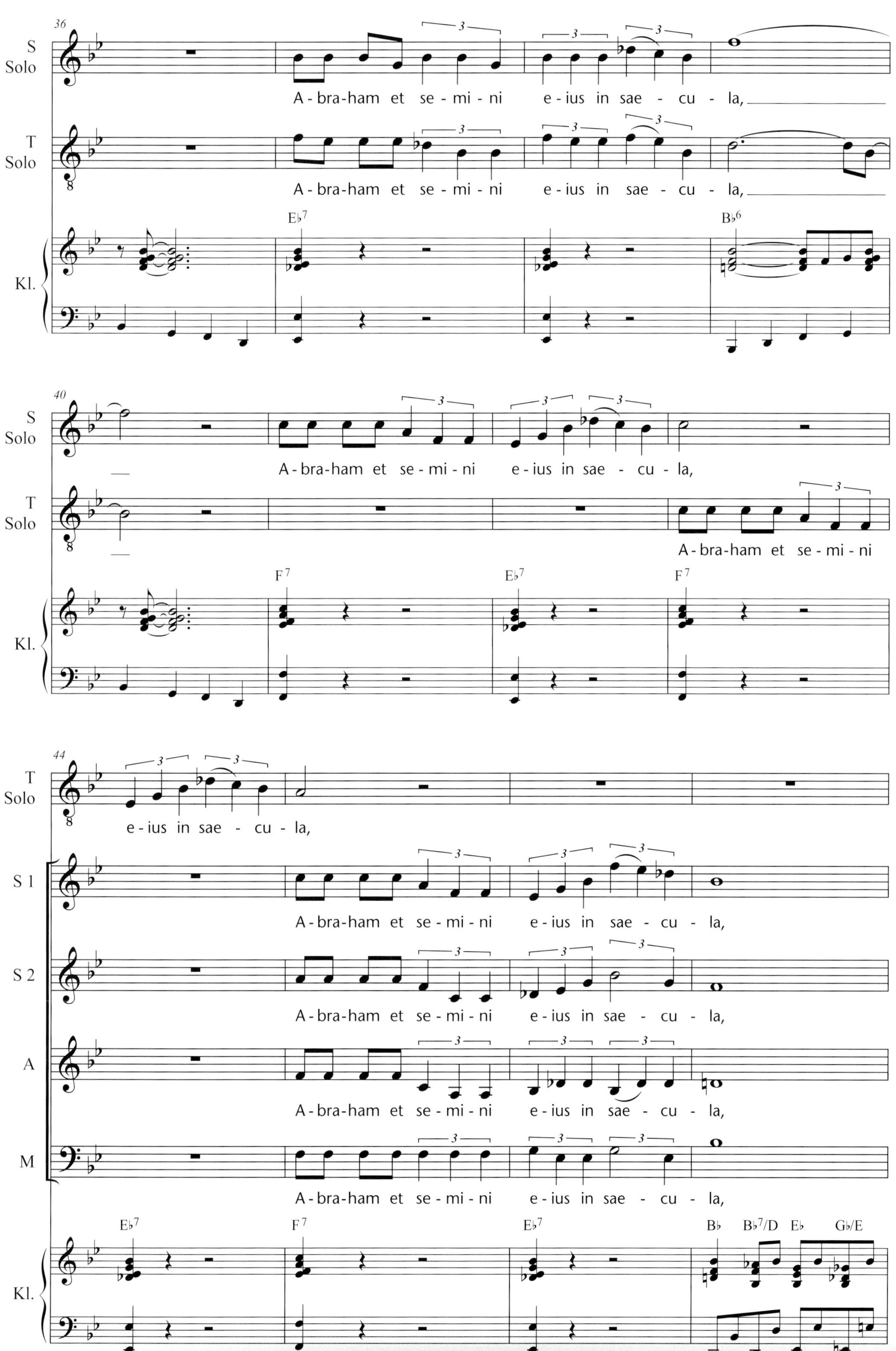
36
S Solo
A - bra - ham et se - mi - ni e - ius in sae - cu - la,
T Solo
A - bra - ham et se - mi - ni e - ius in sae - cu - la,
E♭7
B♭6
Kl.
40
S Solo
A - bra - ham et se - mi - ni e - ius in sae - cu - la,
T Solo
A - bra - ham et se - mi - ni
F7
E♭7
F7
Kl.
44
T Solo
e - ius in sae - cu - la,
S 1
A - bra - ham et se - mi - ni e - ius in sae - cu - la,
S 2
A - bra - ham et se - mi - ni e - ius in sae - cu - la,
A
A - bra - ham et se - mi - ni e - ius in sae - cu - la,
M
A - bra - ham et se - mi - ni e - ius in sae - cu - la,
E♭7
F7
E♭7
B♭ B♭7/D E♭ G♭/E
Kl.

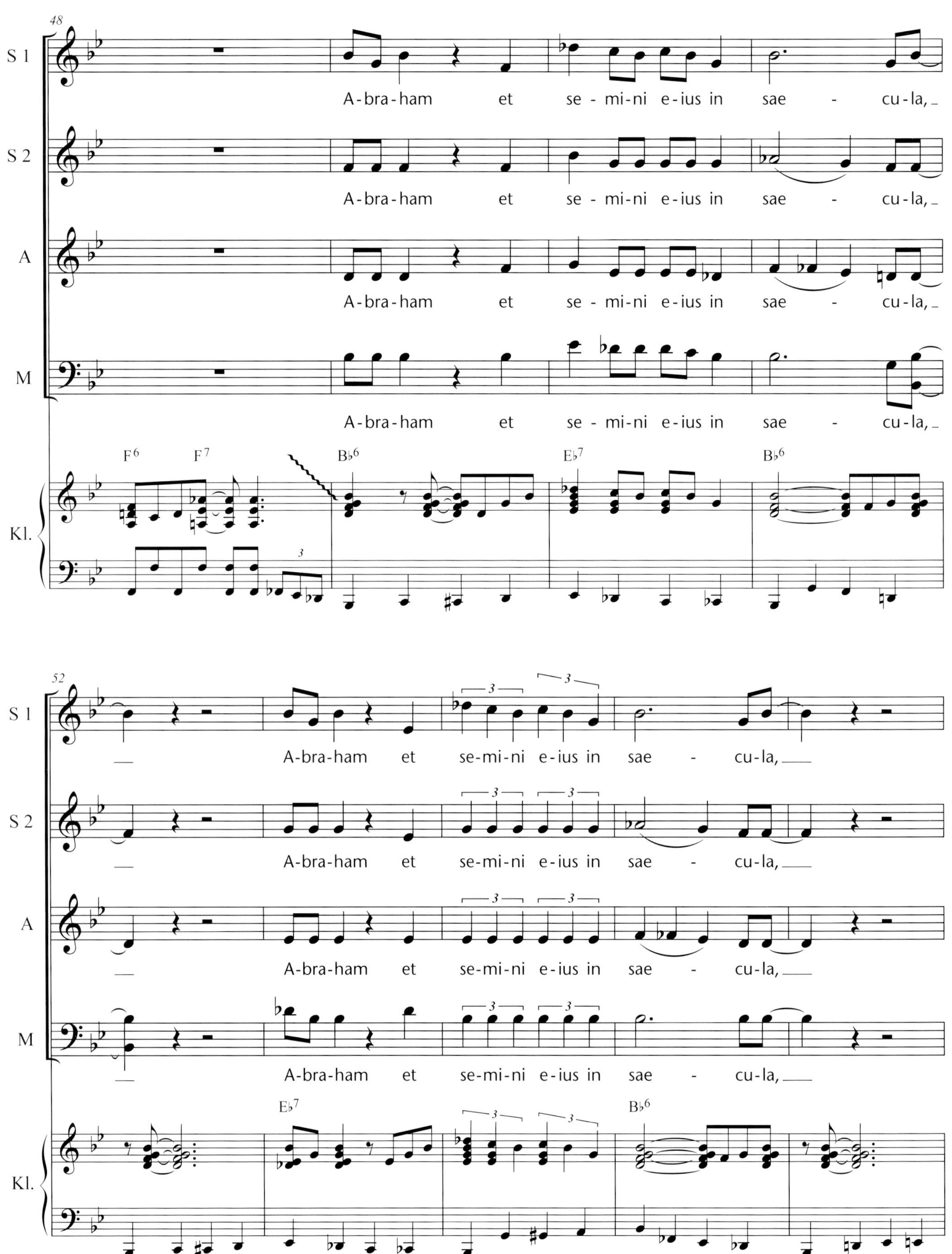
48
S 1
S 2
A
M
Kl.
A-bra-ham et se - mi-ni e-ius in sae - cu-la,
F6 F7 B♭6 E♭7 B♭6
52
A-bra-ham et se-mi-ni e-ius in sae - cu-la,
E♭7 B♭6

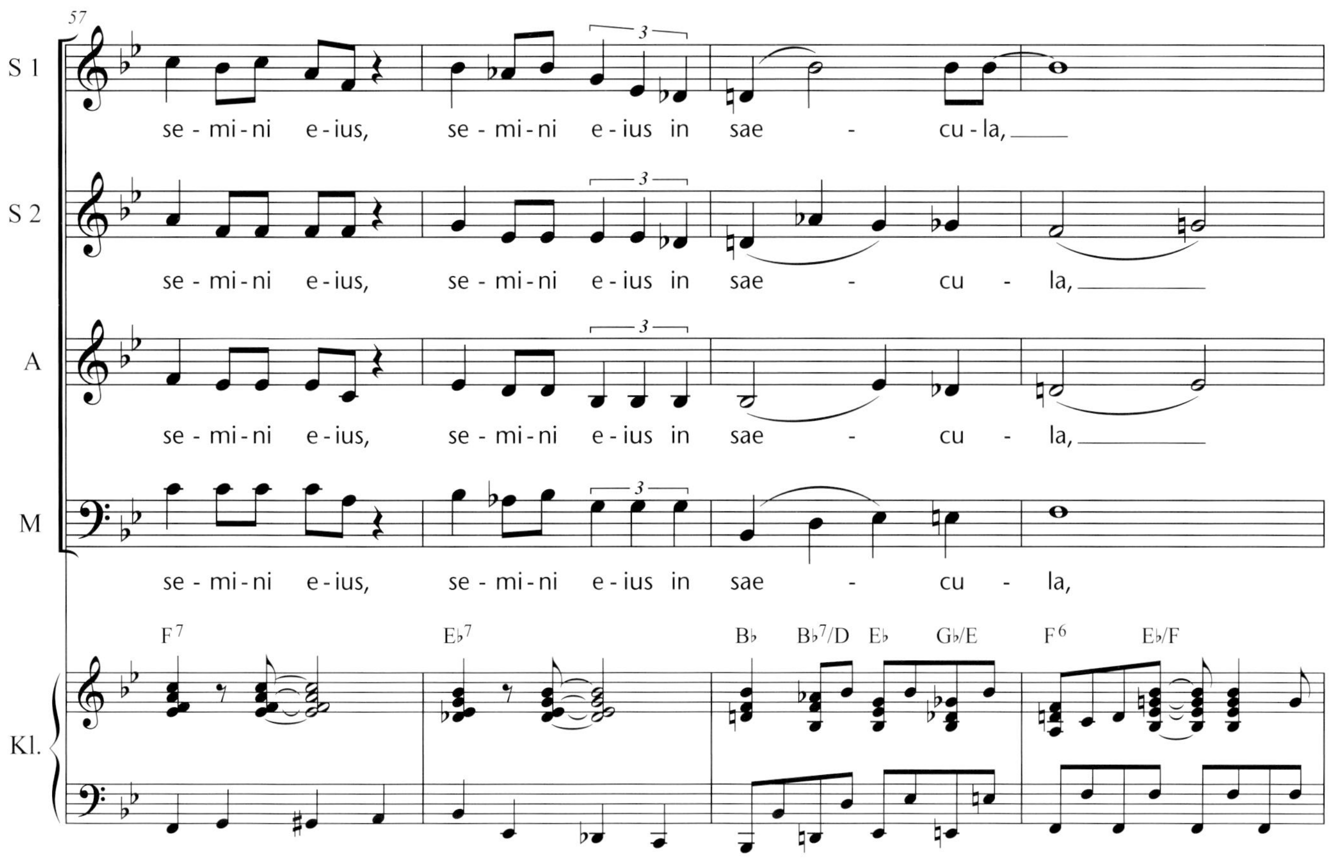
57
S 1
se - mi - ni e - ius, se - mi - ni e - ius in sae - cu - la,
S 2
se - mi - ni e - ius, se - mi - ni e - ius in sae - cu - la,
A
se - mi - ni e - ius, se - mi - ni e - ius in sae - cu - la,
M
se - mi - ni e - ius, se - mi - ni e - ius in sae - cu - la,
F7 E♭7 B♭ B♭7/D E♭ G♭/E F6 E♭/F
Kl.

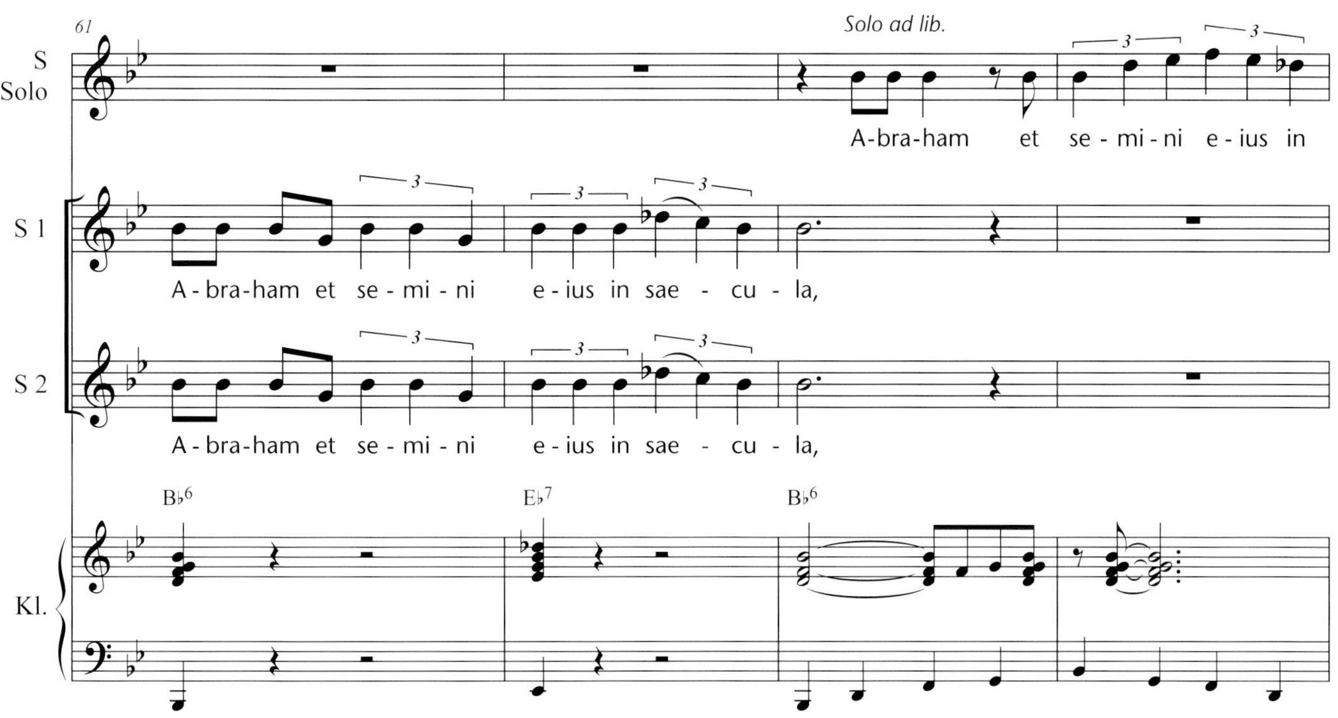
61
S Solo
Solo ad lib.
A - bra - ham et se - mi - ni e - ius in
S 1
A - bra - ham et se - mi - ni e - ius in sae - cu - la,
S 2
A - bra - ham et se - mi - ni e - ius in sae - cu - la,
B♭6 E♭7 B♭6
Kl.

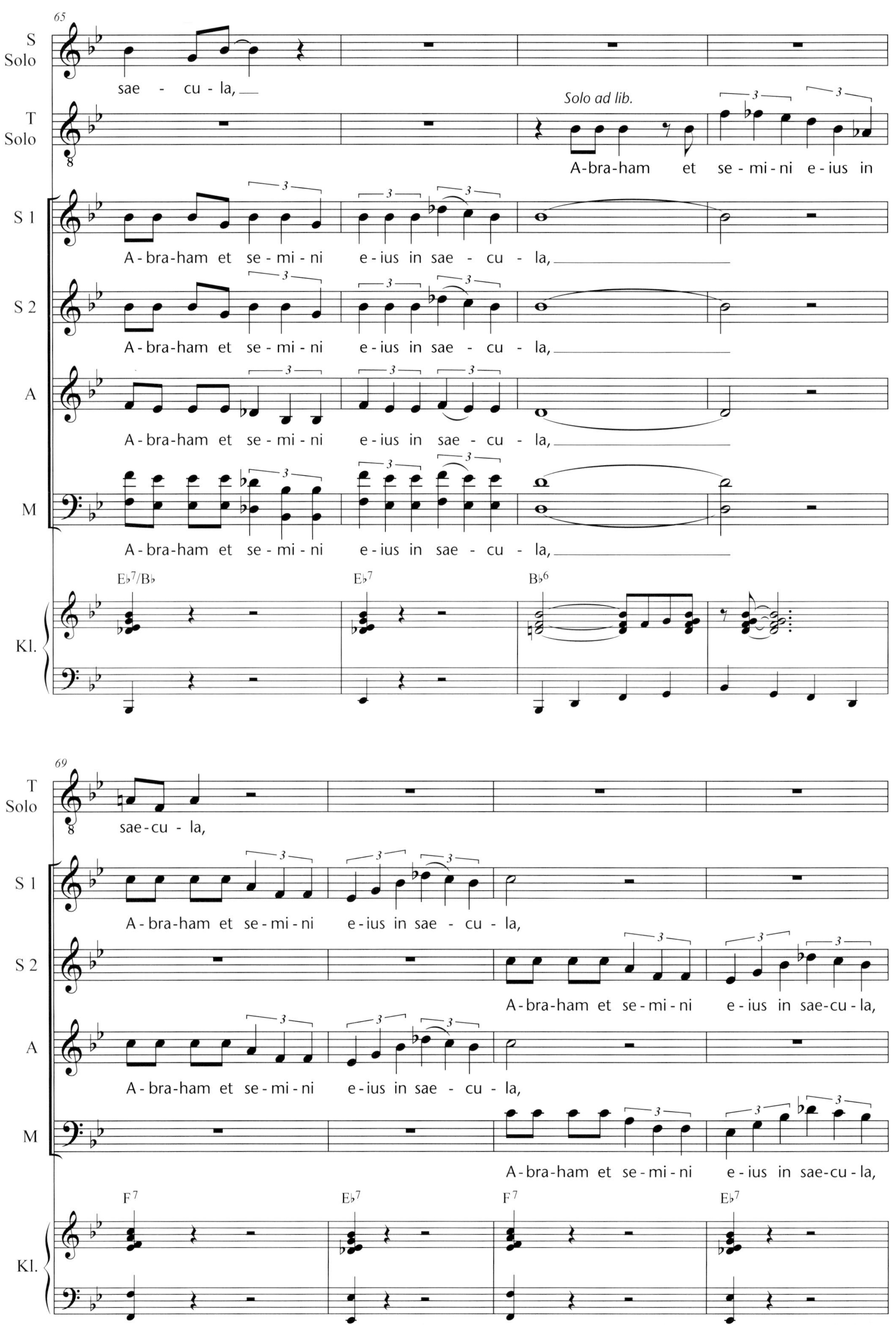
65
S Solo
sae - cu - la,
T Solo
Solo ad lib.
A-bra-ham et se-mi-ni e-ius in
S 1
A-bra-ham et se-mi-ni e-ius in sae - cu - la,
S 2
A-bra-ham et se-mi-ni e-ius in sae - cu - la,
A
A-bra-ham et se-mi-ni e-ius in sae - cu - la,
M
A-bra-ham et se-mi-ni e-ius in sae - cu - la,
E♭7/B♭
E♭7
B♭6
Kl.
69
T Solo
sae-cu - la,
S 1
A-bra-ham et se-mi-ni e-ius in sae - cu - la,
S 2
A-bra-ham et se-mi-ni e-ius in sae-cu-la,
A
A-bra-ham et se-mi-ni e-ius in sae - cu - la,
M
A-bra-ham et se-mi-ni e-ius in sae-cu-la,
F7
E♭7
F7
E♭7
Kl.

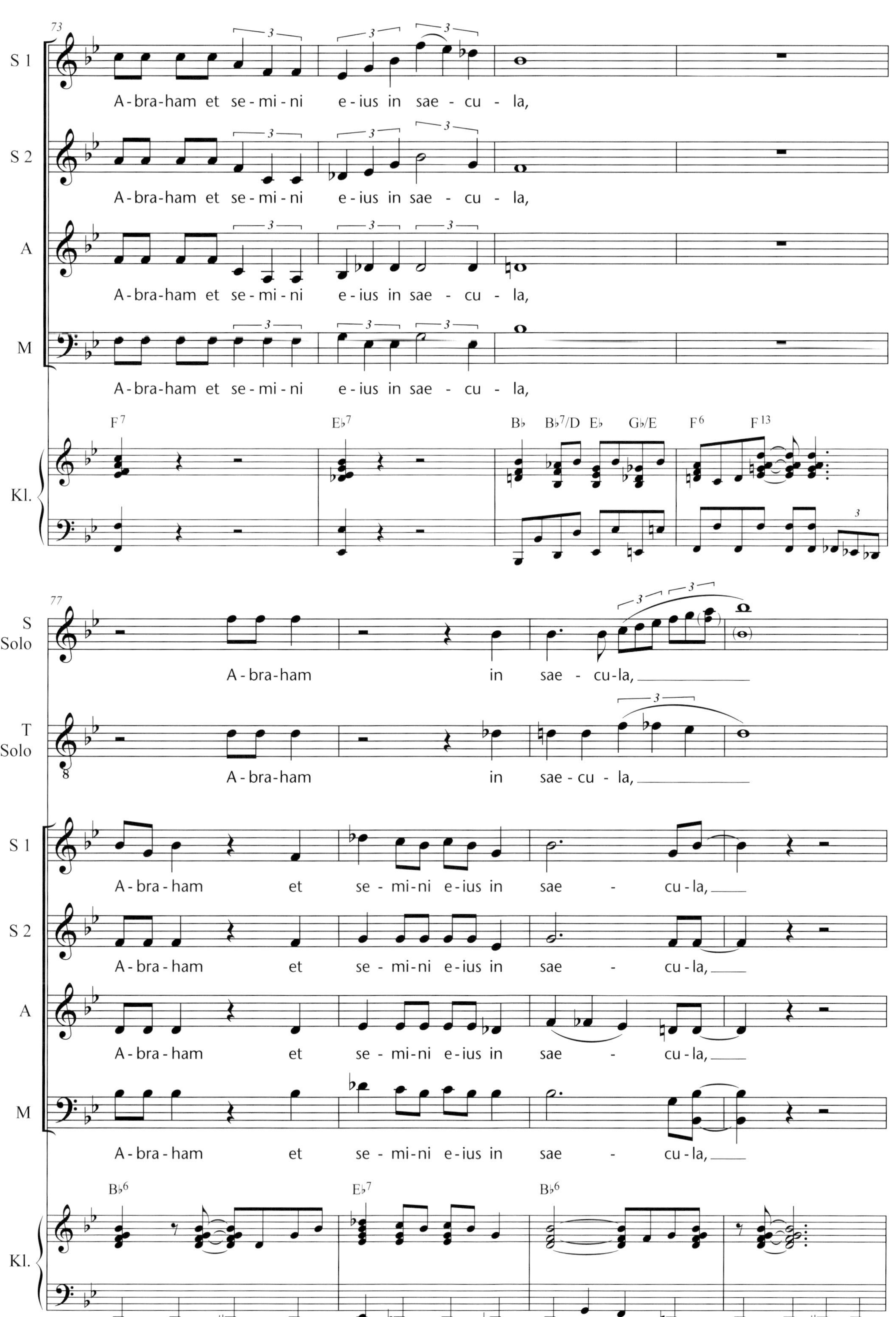
S 1
S 2
A
M
Kl.
A-bra-ham et se-mi-ni e-ius in sae-cu-la,
F7
Eb7
Bb Bb7/D Eb Gb/E
F6 F13
S Solo
T Solo
A-bra-ham in sae-cu-la,
A-bra-ham et se-mi-ni e-ius in sae - cu-la,
Bb6
Eb7
Bb6

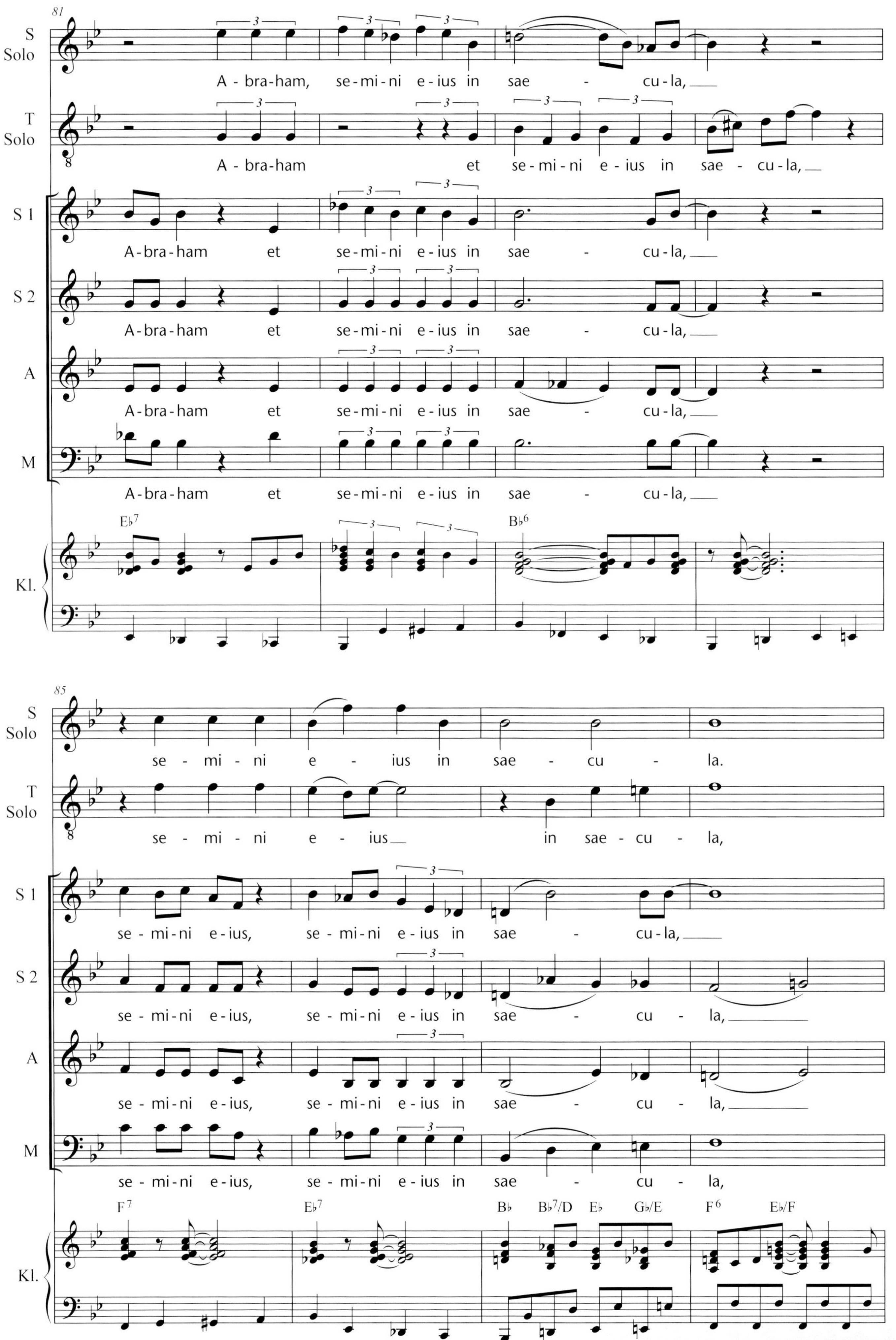
81
S Solo
A-bra-ham, se-mi-ni e-ius in sae - cu-la,
T Solo
A-bra-ham et se-mi-ni e-ius in sae-cu-la,
S 1
A-bra-ham et se-mi-ni e-ius in sae - cu-la,
S 2
A-bra-ham et se-mi-ni e-ius in sae - cu-la,
A
A-bra-ham et se-mi-ni e-ius in sae - cu-la,
M
A-bra-ham et se-mi-ni e-ius in sae - cu-la,
E♭7
B♭6
Kl.
85
S Solo
se - mi - ni e - ius in sae - cu - la.
T Solo
se - mi - ni e - ius in sae-cu - la,
S 1
se-mi-ni e-ius, se-mi-ni e-ius in sae - cu-la,
S 2
se-mi-ni e-ius, se-mi-ni e-ius in sae - cu - la,
A
se-mi-ni e-ius, se-mi-ni e-ius in sae - cu - la,
M
se-mi-ni e-ius, se-mi-ni e-ius in sae - cu - la,
F7
E♭7
B♭ B♭7/D E♭ G♭/E
F6 E♭/F
Kl.

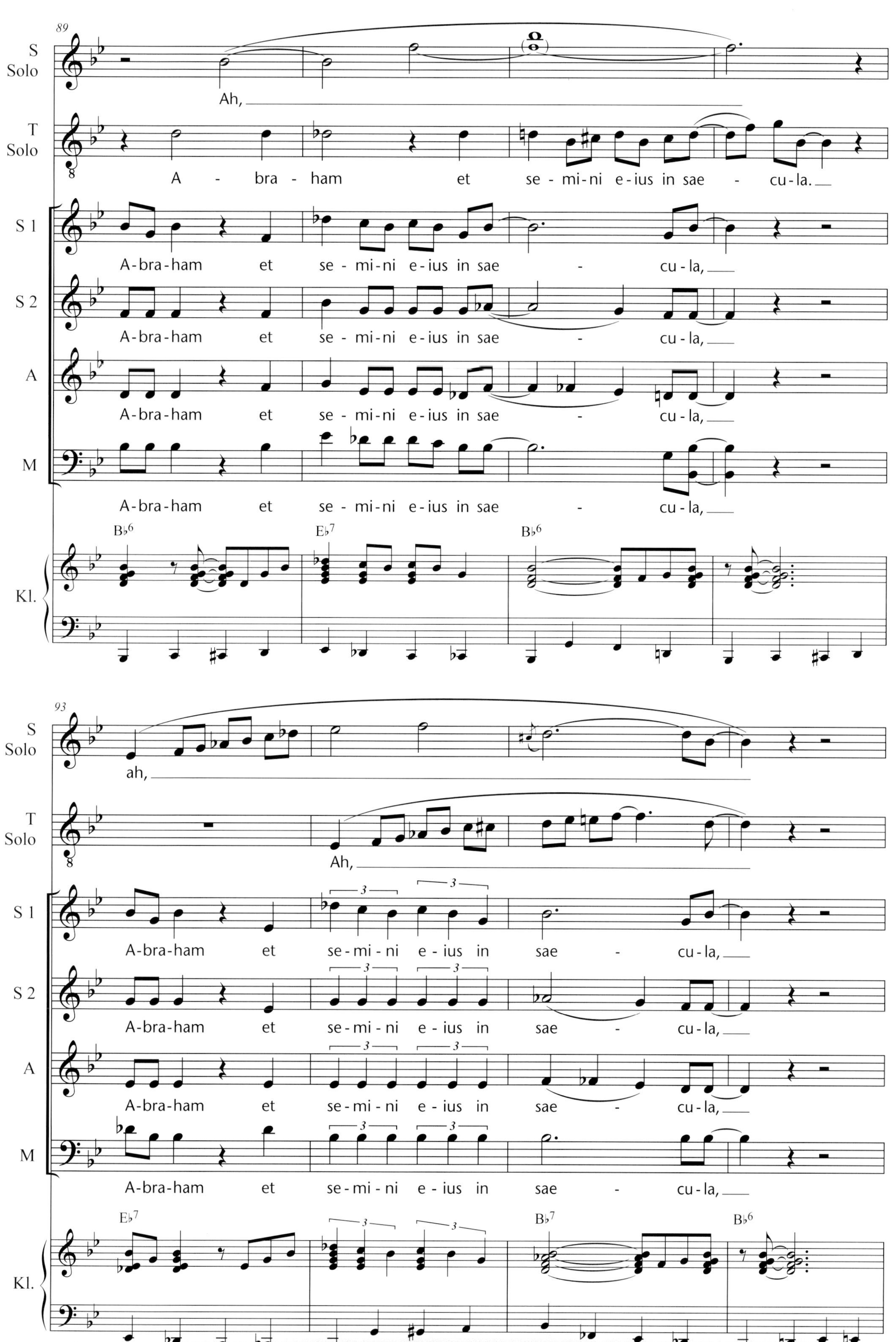
89
S Solo
T Solo
S 1
S 2
A
M
Kl.
Ah,
A - bra - ham et se - mi - ni e - ius in sae - cu - la.
A-bra-ham et se - mi - ni e - ius in sae - cu - la,
B♭6
E♭7
B♭6
93
ah,
Ah,
A-bra-ham et se - mi - ni e - ius in sae - cu - la,
E♭7
B♭7
B♭6

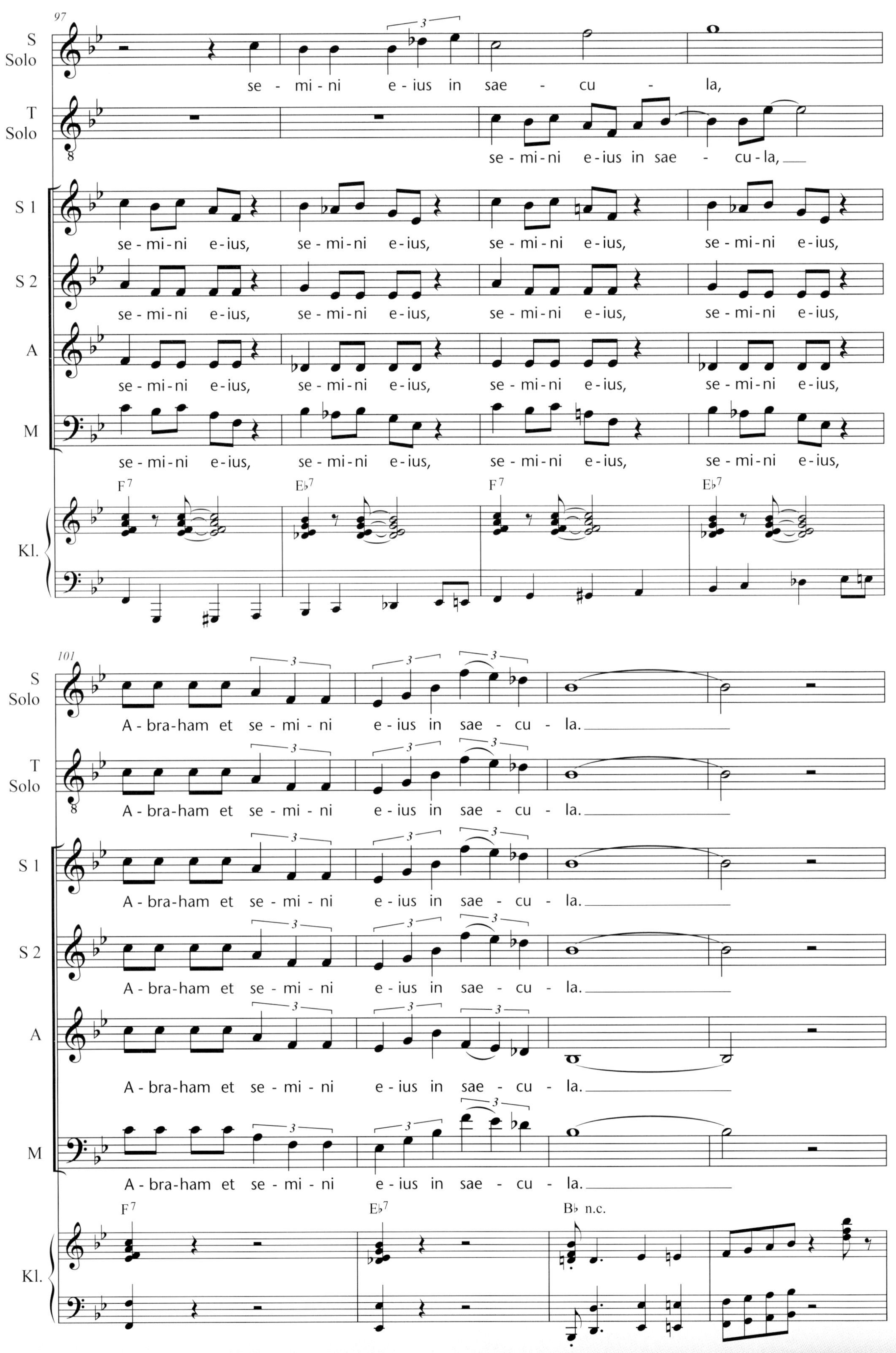
97
S Solo
se - mi - ni e - ius in sae - cu - la,
T Solo
se - mi - ni e - ius in sae - cu - la,
S 1
se - mi - ni e - ius, se - mi - ni e - ius, se - mi - ni e - ius, se - mi - ni e - ius,
S 2
se - mi - ni e - ius, se - mi - ni e - ius, se - mi - ni e - ius, se - mi - ni e - ius,
A
se - mi - ni e - ius, se - mi - ni e - ius, se - mi - ni e - ius, se - mi - ni e - ius,
M
se - mi - ni e - ius, se - mi - ni e - ius, se - mi - ni e - ius, se - mi - ni e - ius,
F7 Eb7 F7 Eb7
Kl.
101
S Solo
A - bra - ham et se - mi - ni e - ius in sae - cu - la.
T Solo
A - bra - ham et se - mi - ni e - ius in sae - cu - la.
S 1
A - bra - ham et se - mi - ni e - ius in sae - cu - la.
S 2
A - bra - ham et se - mi - ni e - ius in sae - cu - la.
A
A - bra - ham et se - mi - ni e - ius in sae - cu - la.
M
A - bra - ham et se - mi - ni e - ius in sae - cu - la.
F7 Eb7 Bb n.c.
Kl.

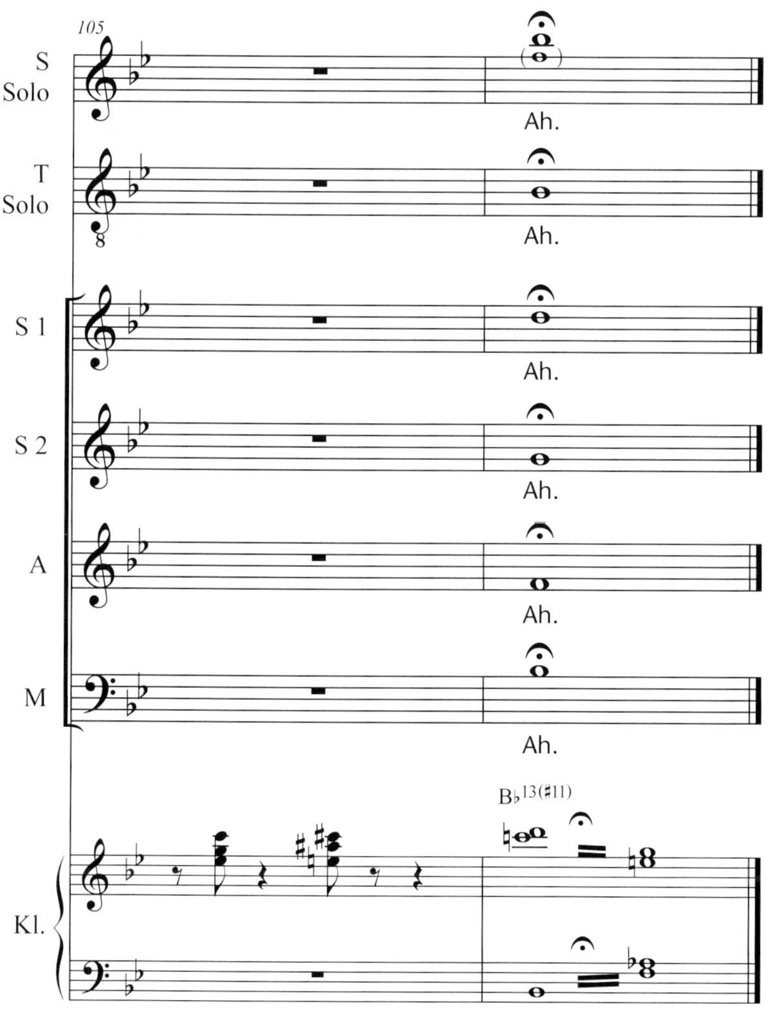

XII. Gloria Patri

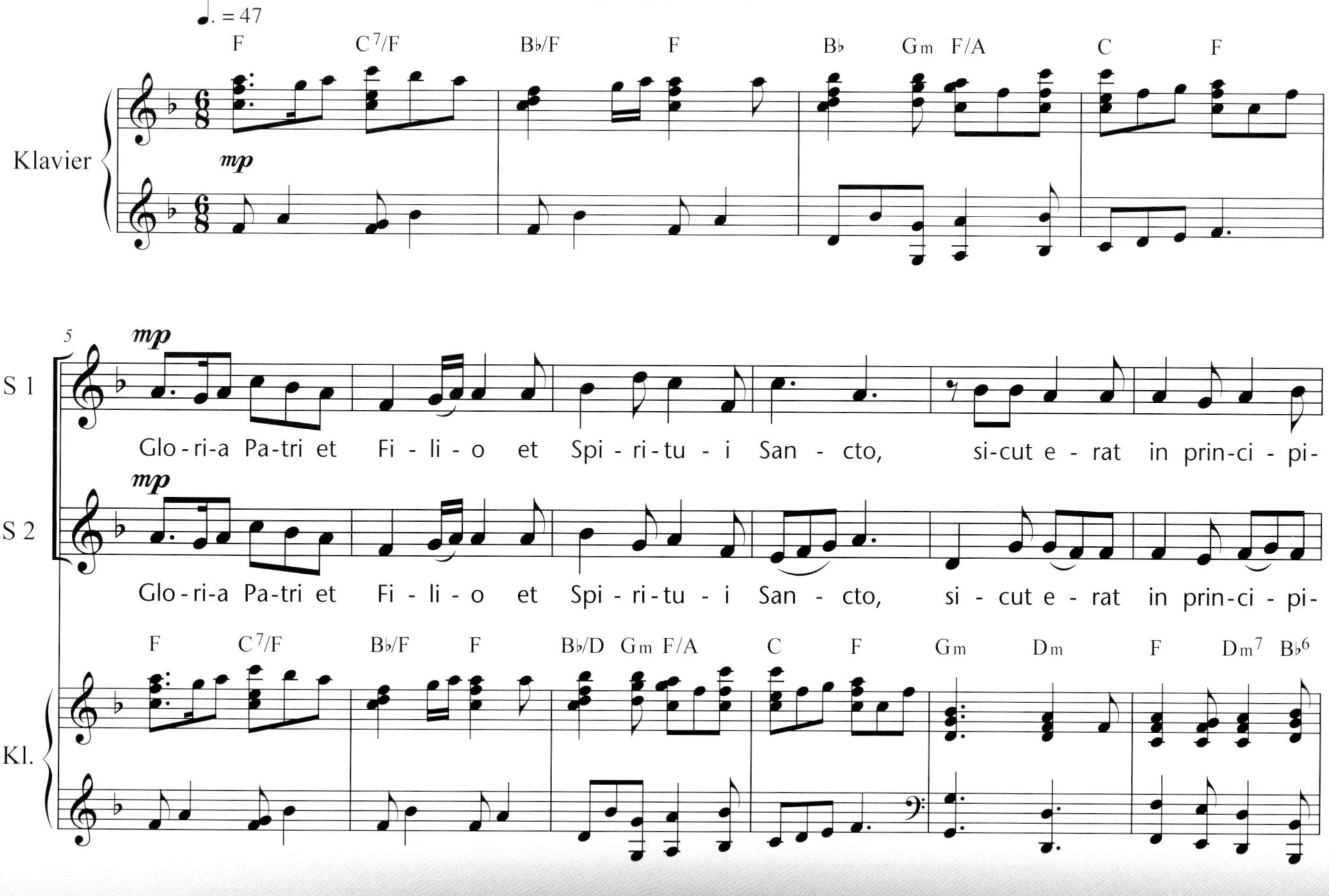

♩. = 47

F C7/F B♭/F F B♭ Gm F/A C F

Klavier

mp

5

S 1 *mp*
Glo-ri-a Pa-tri et Fi - li - o et Spi - ri - tu - i San - cto, si-cut e - rat in prin-ci - pi-

S 2 *mp*
Glo-ri-a Pa-tri et Fi - li - o et Spi - ri - tu - i San - cto, si - cut e - rat in prin-ci - pi-

F C7/F B♭/F F B♭/D Gm F/A C F Gm Dm F Dm7 B♭6

Kl.

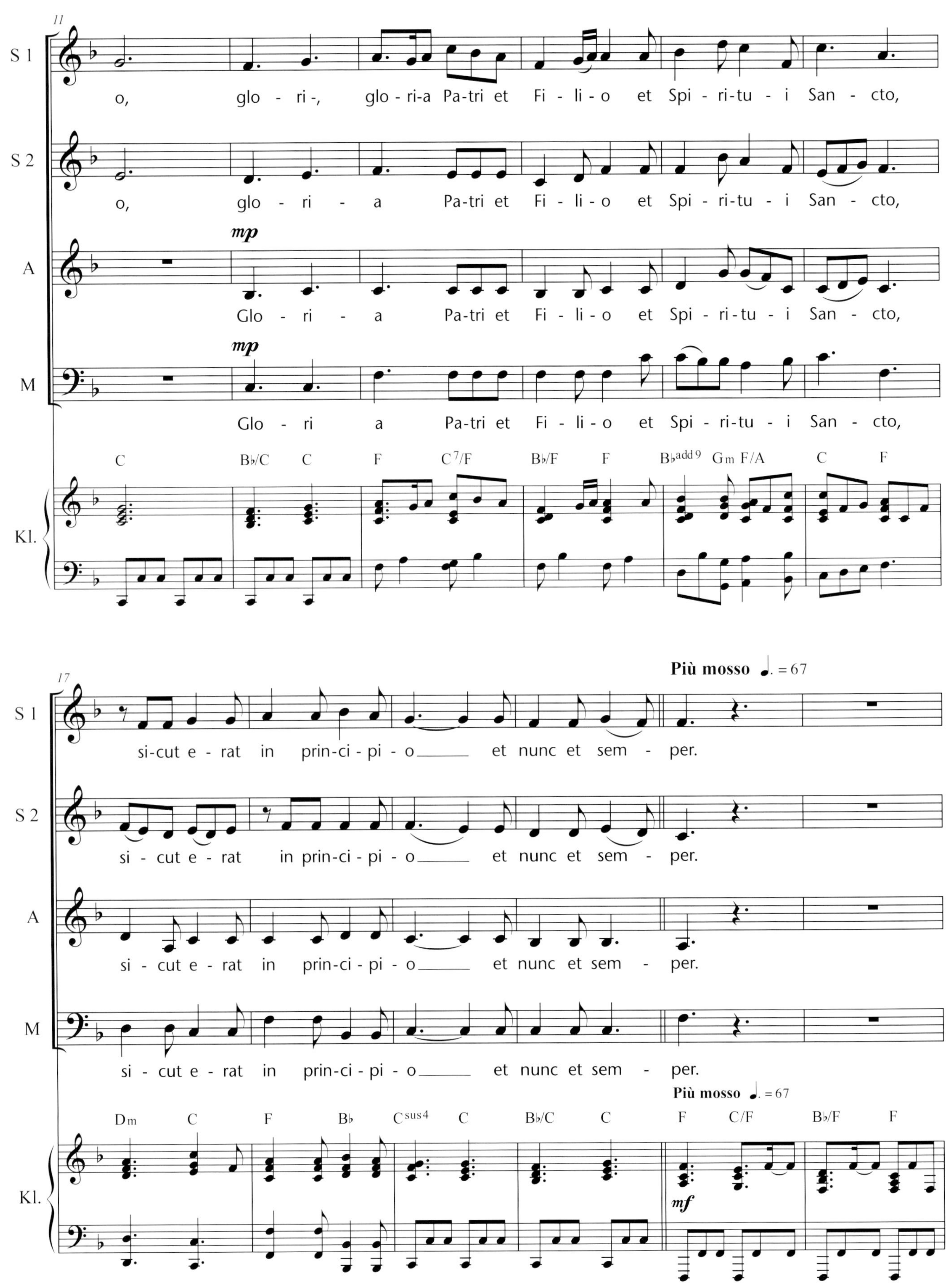
S 1
S 2
A
M
Kl.
o, glo - ri -, glo - ri-a Pa-tri et Fi - li - o et Spi - ri-tu - i San - cto,
o, glo - ri - a Pa-tri et Fi - li - o et Spi - ri-tu - i San - cto,
Glo - ri - a Pa-tri et Fi - li - o et Spi - ri-tu - i San - cto,
Glo - ri a Pa-tri et Fi - li - o et Spi - ri-tu - i San - cto,
mp
C B♭/C C F C7/F B♭/F F B♭add 9 Gm F/A C F
Più mosso ♩. = 67
si-cut e - rat in prin-ci - pi - o et nunc et sem - per.
si - cut e - rat in prin-ci - pi - o et nunc et sem - per.
Dm C F B♭ Csus4 C B♭/C C F C/F B♭/F F
mf

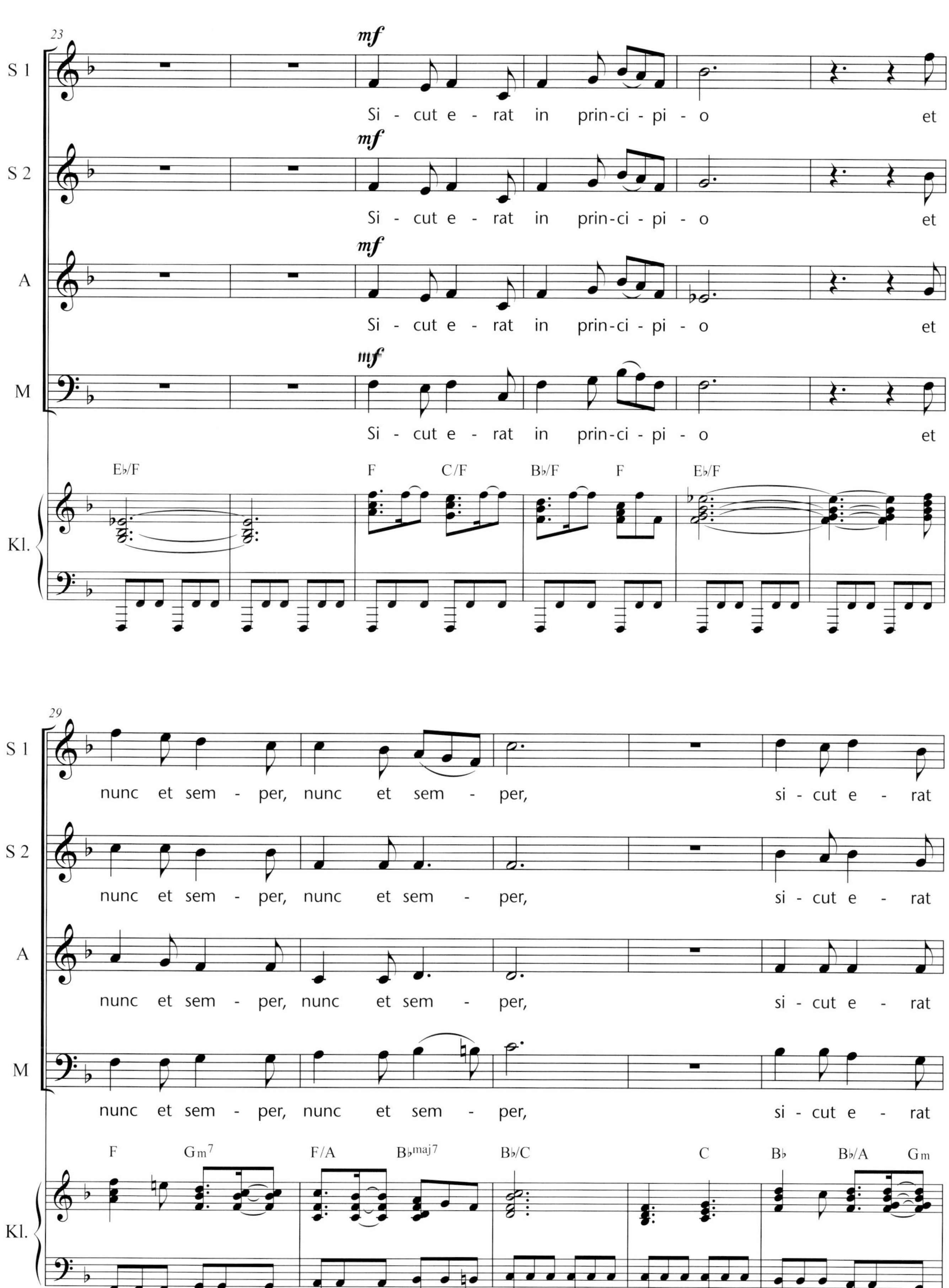
23
S 1
S 2
A
M
Kl.
mf
Si - cut e - rat in prin-ci-pi - o et
E♭/F
F
C/F
B♭/F
E♭/F
29
nunc et sem - per, nunc et sem - per,
si - cut e - rat
G m7
F/A
B♭maj7
B♭/C
C
B♭
B♭/A
G m

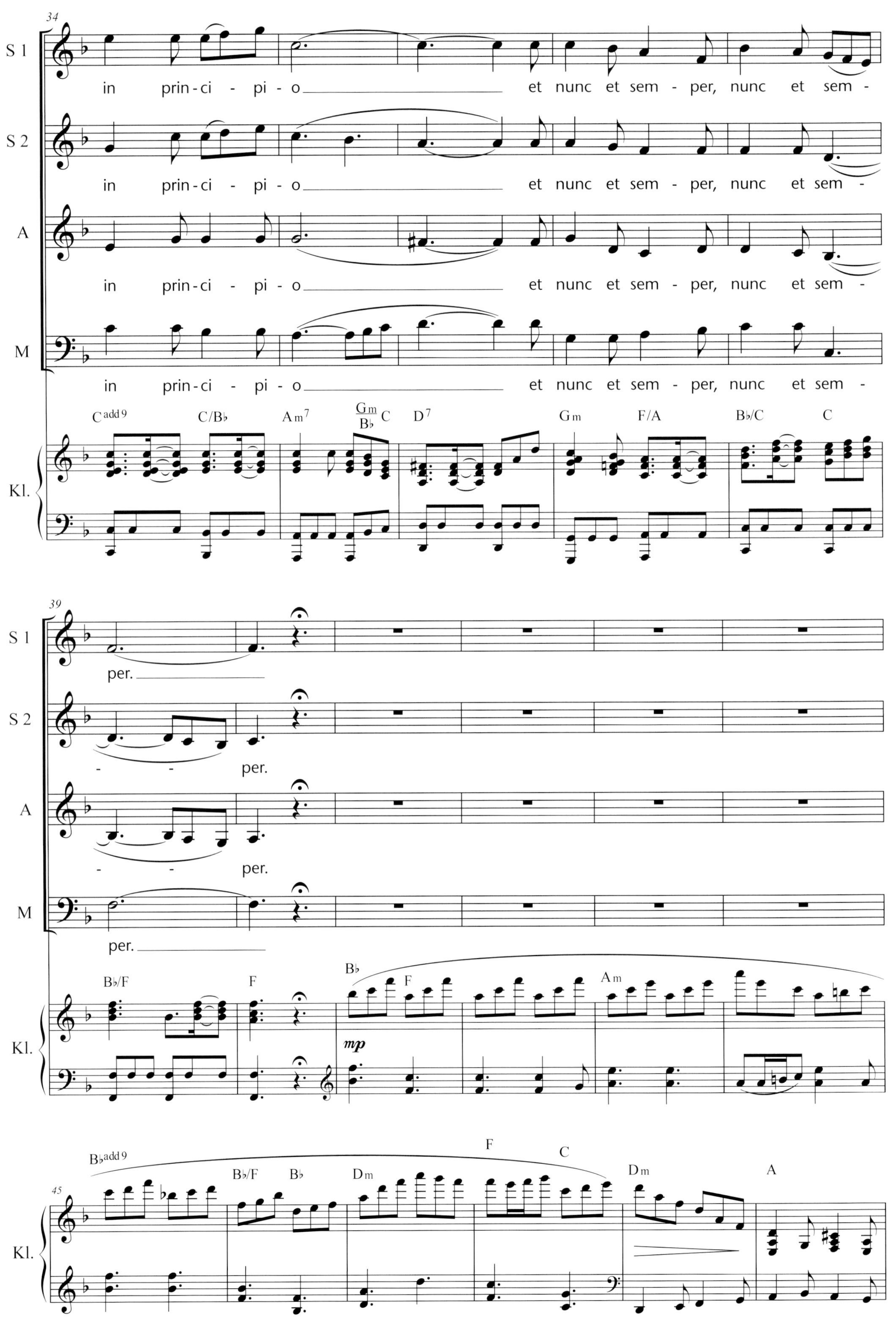
34
S 1
in prin-ci - pi - o et nunc et sem - per, nunc et sem -
S 2
in prin-ci - pi - o et nunc et sem - per, nunc et sem -
A
in prin-ci - pi - o et nunc et sem - per, nunc et sem -
M
in prin-ci - pi - o et nunc et sem - per, nunc et sem -
C add 9
C/B♭
A m7
G m / B♭ C
D7
G m
F/A
B♭/C
C
Kl.
39
S 1
per.
S 2
- - per.
A
- - per.
M
per.
B♭/F
F
B♭
F
A m
mp
Kl.
B♭add 9
B♭/F
B♭
D m
F
C
D m
A
45
Kl.

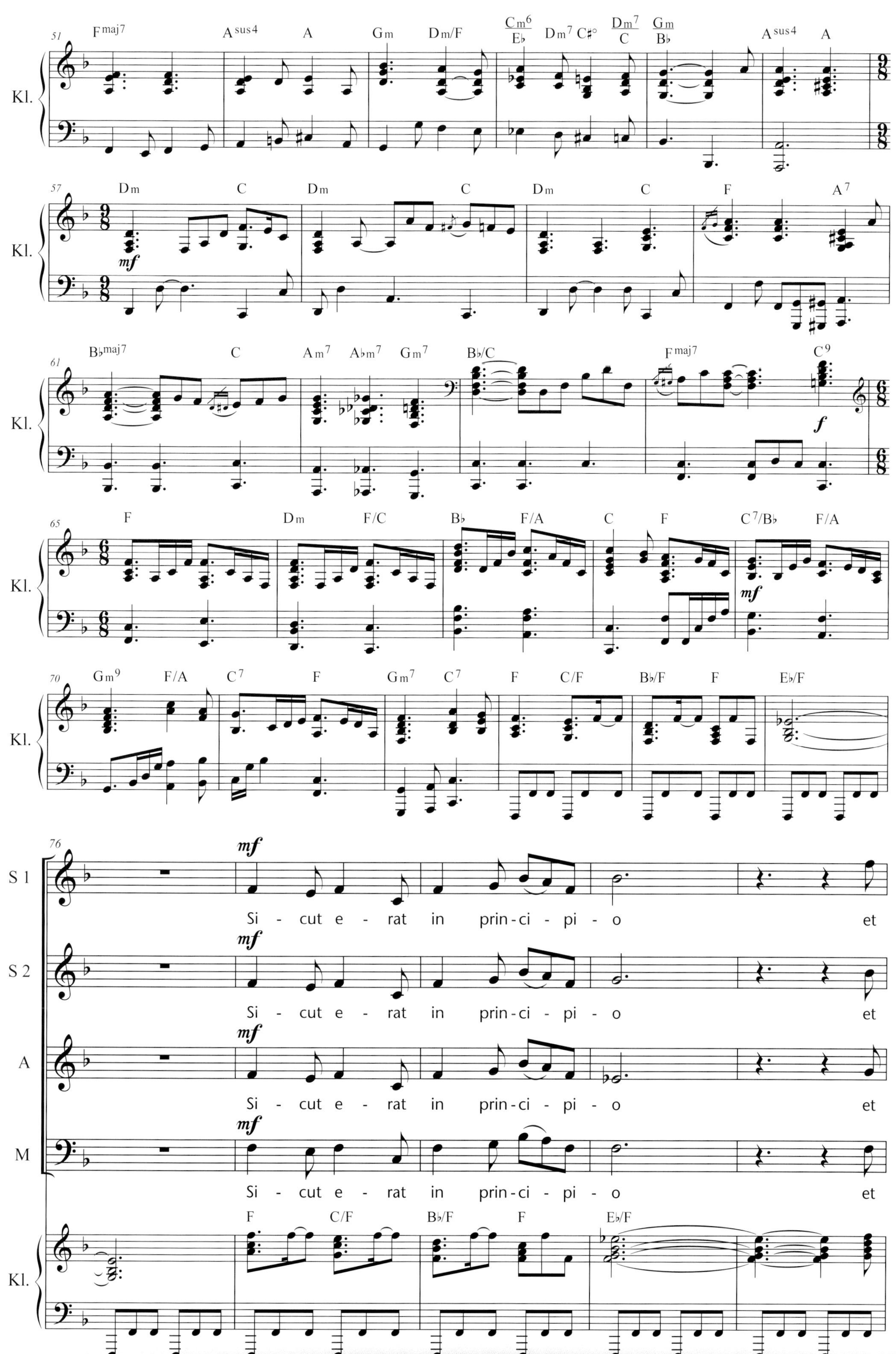

Kl.
51 Fmaj7 Asus4 A Gm Dm/F Cm6/E♭ Dm7 C♯° Dm7/C Gm/B♭ Asus4 A
57 Dm C Dm C Dm C F A7
mf
61 B♭maj7 C Am7 A♭m7 Gm7 B♭/C Fmaj7 C9
f
65 F Dm F/C B♭ F/A C F C7/B♭ F/A
mf
70 Gm9 F/A C7 F Gm7 C7 F C/F B♭/F F E♭/F
76
S 1
S 2
A
M
mf
Si - cut e - rat in prin-ci - pi - o et
F C/F B♭/F F E♭/F

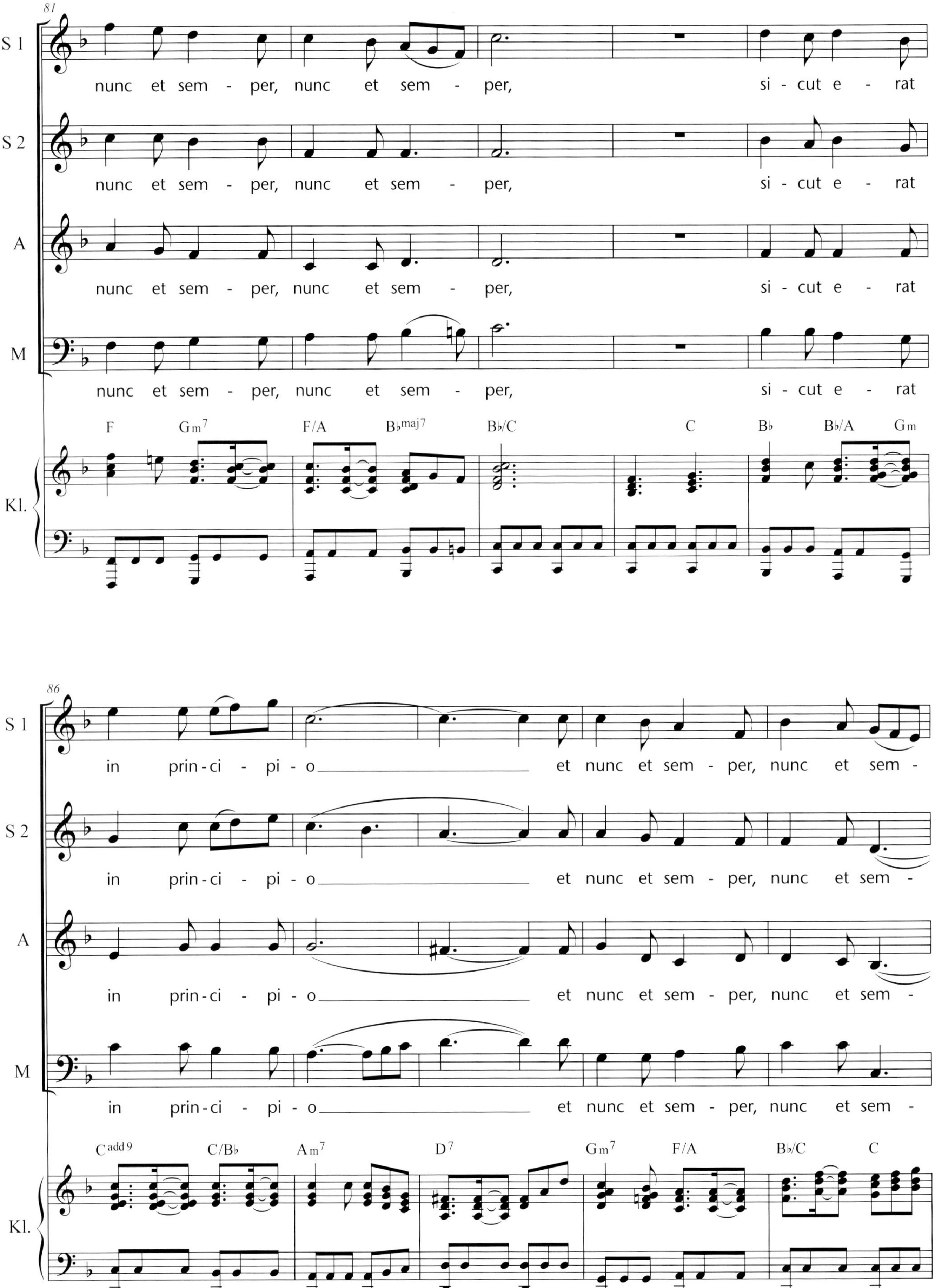

81

S 1: nunc et sem - per, nunc et sem - per, si - cut e - rat

S 2: nunc et sem - per, nunc et sem - per, si - cut e - rat

A: nunc et sem - per, nunc et sem - per, si - cut e - rat

M: nunc et sem - per, nunc et sem - per, si - cut e - rat

Kl.: F Gm7 F/A B♭maj7 B♭/C C B♭ B♭/A Gm

86

S 1: in prin - ci - pi - o ______ et nunc et sem - per, nunc et sem -

S 2: in prin - ci - pi - o ______ et nunc et sem - per, nunc et sem -

A: in prin - ci - pi - o ______ et nunc et sem - per, nunc et sem -

M: in prin - ci - pi - o ______ et nunc et sem - per, nunc et sem -

Kl.: Cadd9 C/B♭ Am7 D7 Gm7 F/A B♭/C C

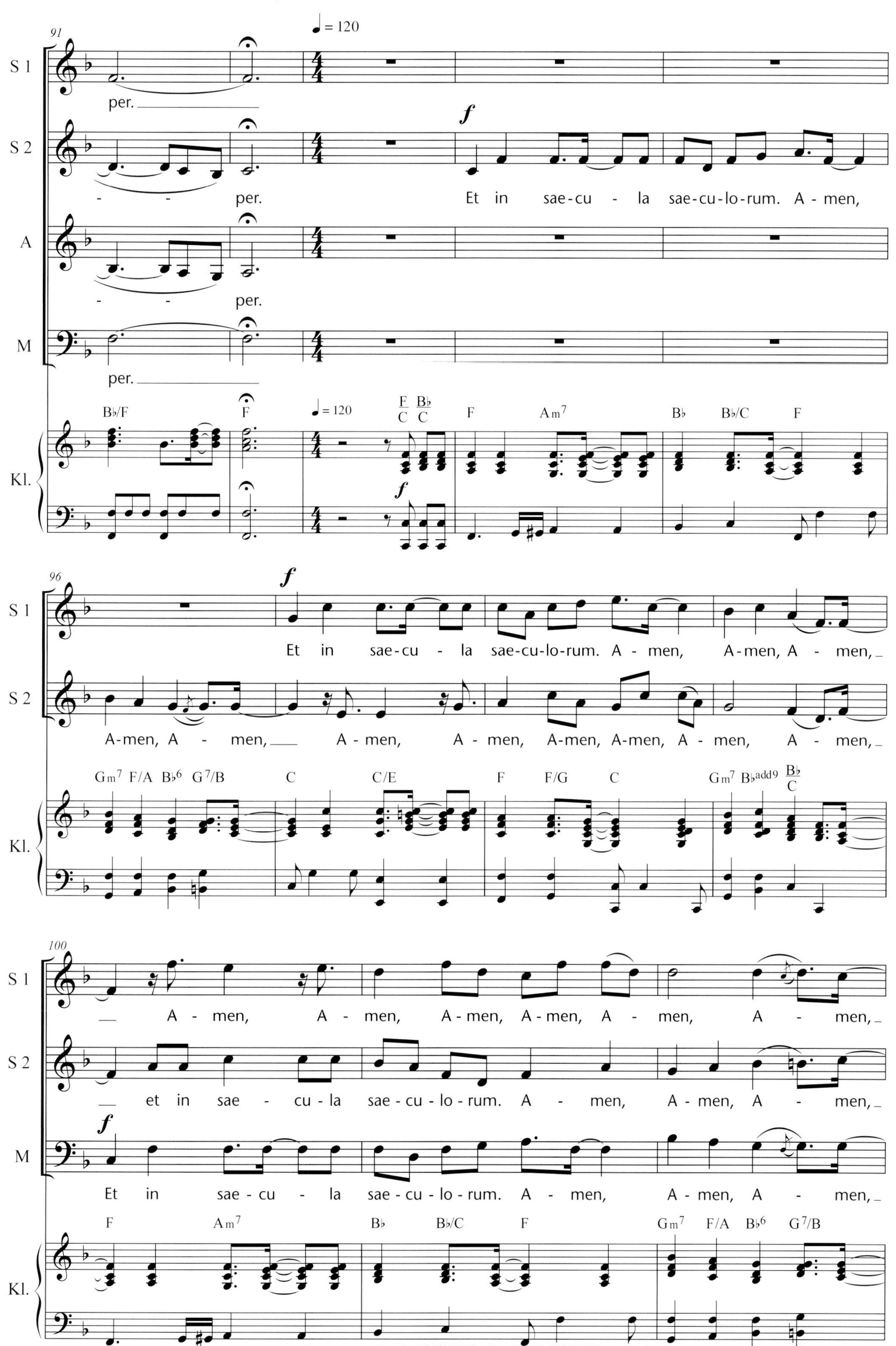
91
♩= 120
S 1
S 2
A
M
per.
per.
per.
per.
f
Et in sae-cu - la sae-cu-lo-rum. A - men,
B♭/F
F
F/C B♭/C
Am7
B♭
B♭/C
Kl.
96
Et in sae-cu - la sae-cu-lo-rum. A - men, A-men, A - men,
A-men, A - men, A - men, A - men, A-men, A-men, A - men, A - men,
Gm7 F/A B♭6 G7/B
C
C/E
F/G
Gm7 B♭add9 B♭/C
100
A - men, A - men, A-men, A-men, A - men, A - men,
et in sae - cu-la sae-cu-lo-rum. A - men, A-men, A - men,
Et in sae-cu - la sae-cu-lo-rum. A - men, A-men, A - men,
F
Am7
B♭
B♭/C
Gm7 F/A B♭6 G7/B

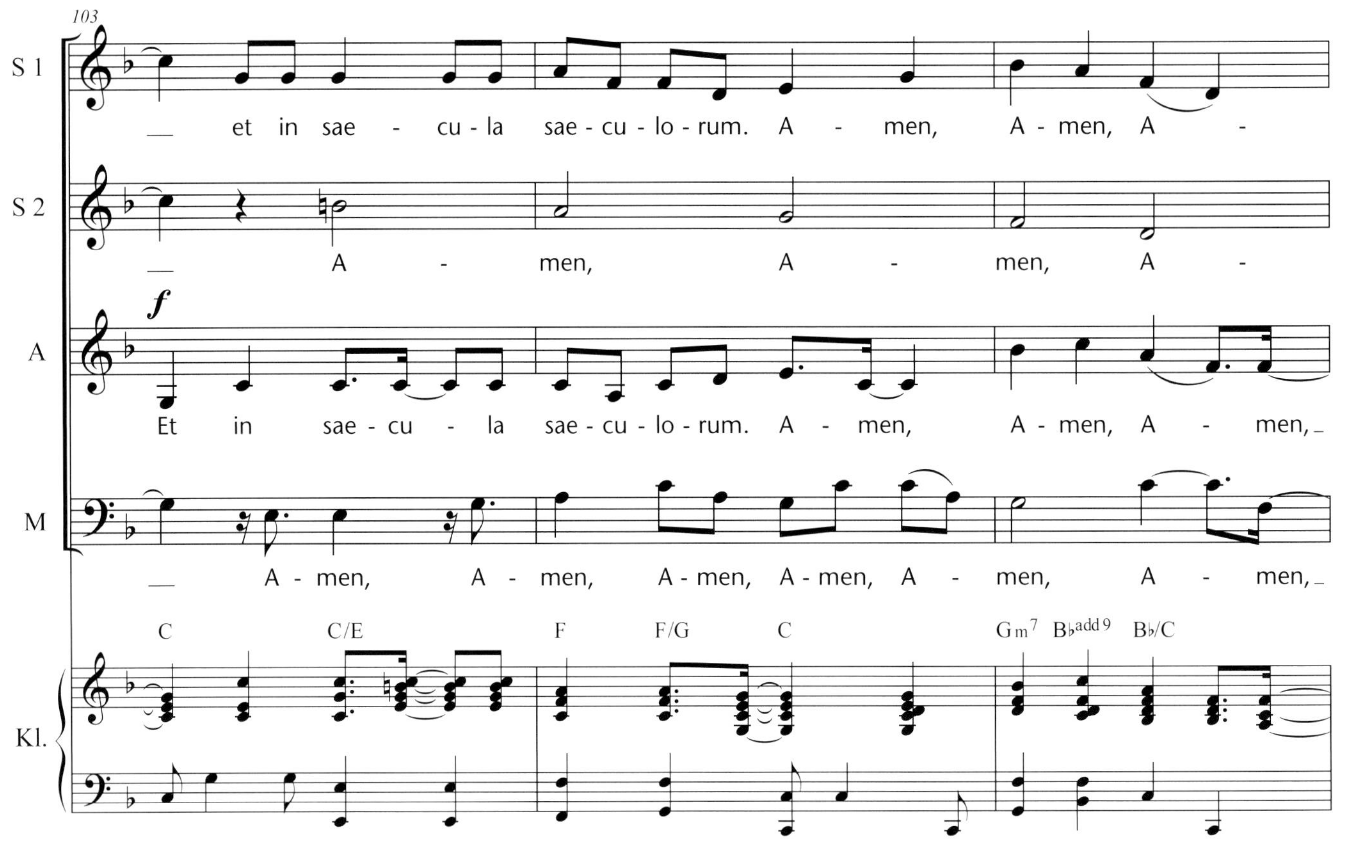
103
S 1
S 2
A
M
Kl.
et in sae - cu - la sae - cu - lo - rum. A - men, A - men, A -
A - men, A - men, A -
Et in sae - cu - la sae - cu - lo - rum. A - men, A - men, A - men,
A - men, A - men, A - men, A - men, A - men, A - men,
C C/E F F/G C Gm7 B♭add 9 B♭/C

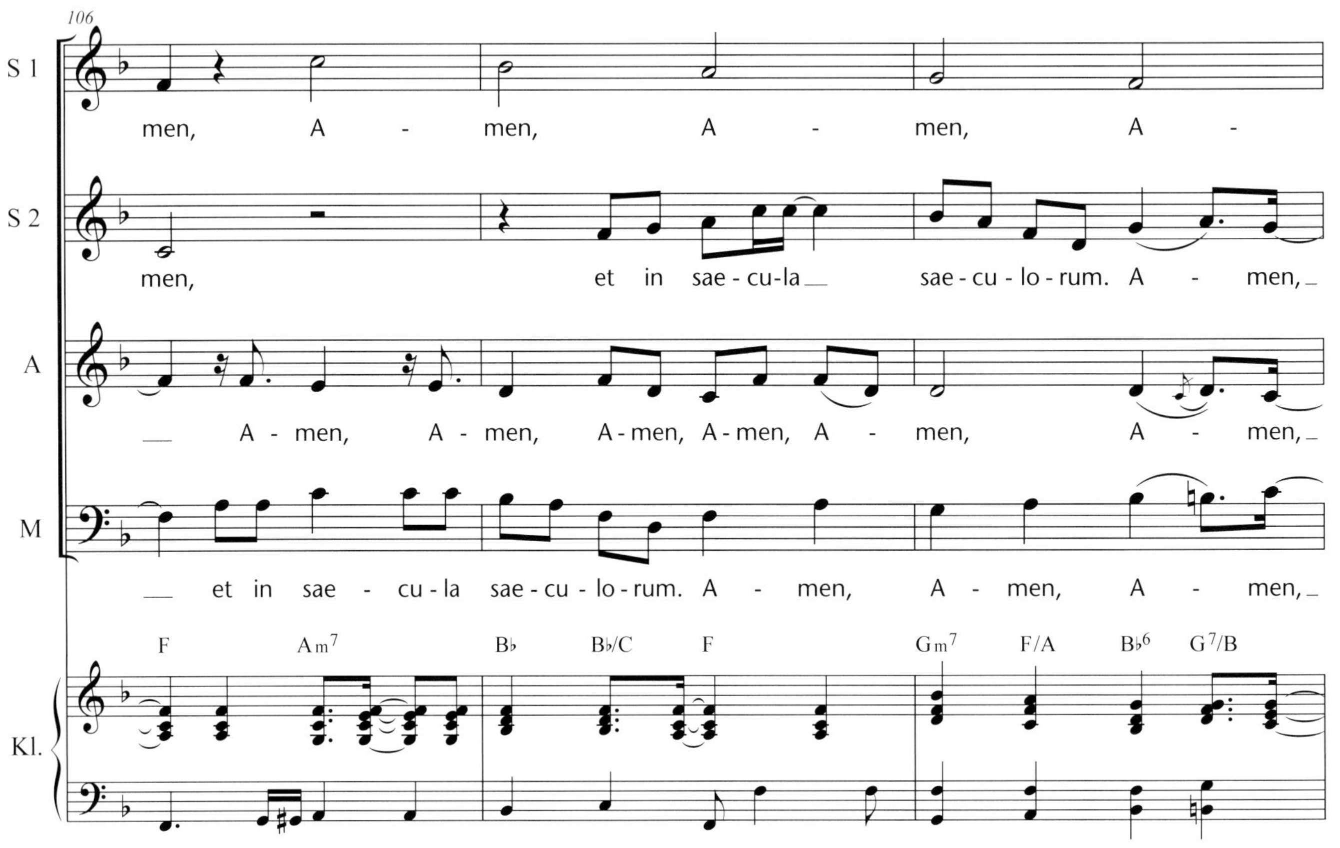
106
S 1
S 2
A
M
Kl.
men, A - men, A - men, A -
men, et in sae - cu - la sae - cu - lo - rum. A - men,
A - men, A - men, A - men, A - men, A - men, A - men,
et in sae - cu - la sae - cu - lo - rum. A - men, A - men, A - men,
F Am7 B♭ B♭/C F Gm7 F/A B♭6 G7/B

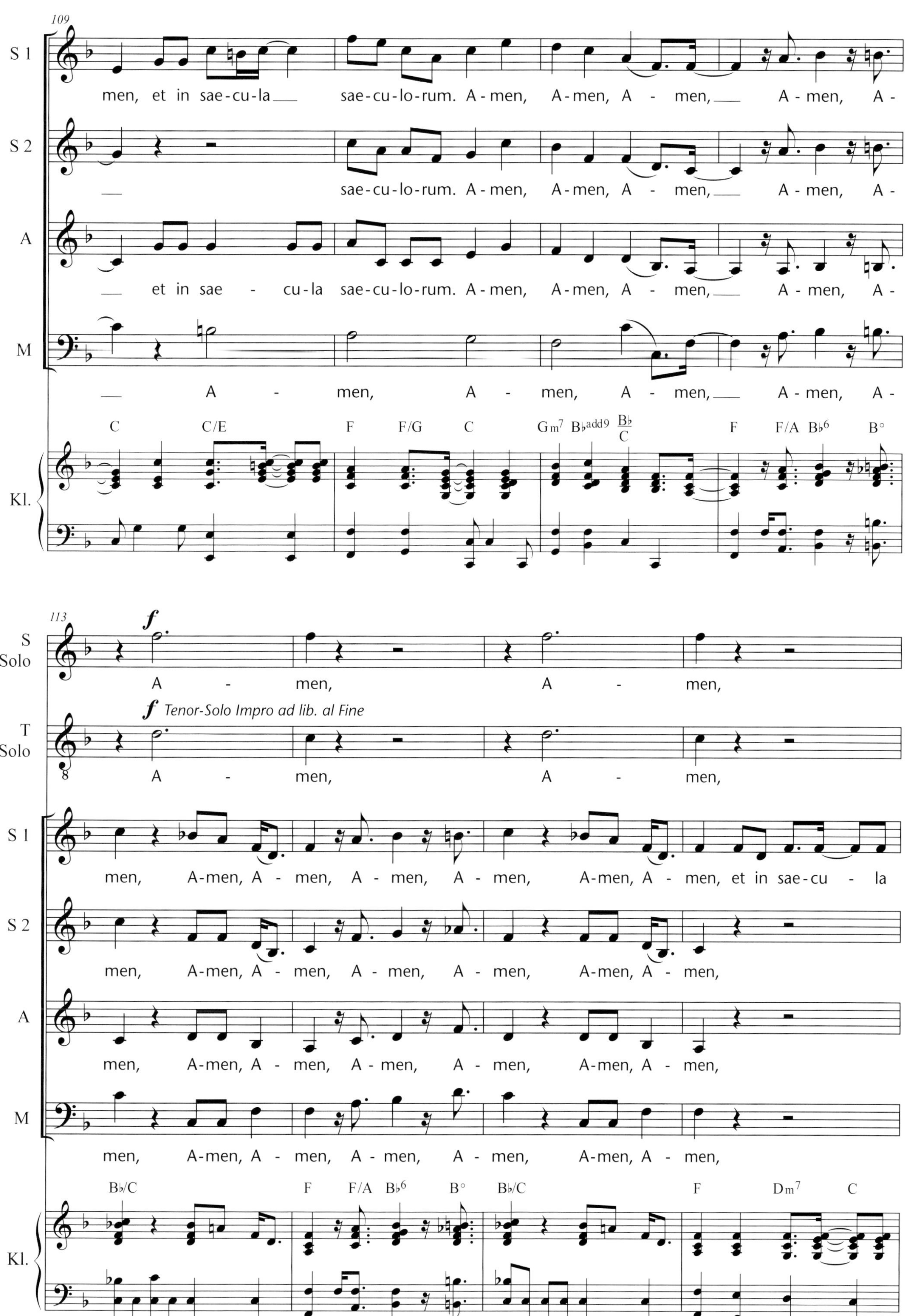
109
S 1
men, et in sae-cu-la sae-cu-lo-rum. A-men, A-men, A - men, A-men, A-
S 2
sae-cu-lo-rum. A-men, A-men, A - men, A-men, A-
A
et in sae - cu-la sae-cu-lo-rum. A-men, A-men, A - men, A-men, A-
M
A - men, A - men, A - men, A-men, A-
C C/E F F/G C Gm7 B♭add9 B♭/C F F/A B♭6 B°
Kl.
113
S Solo
f
A - men, A - men,
T Solo
f Tenor-Solo Impro ad lib. al Fine
A - men, A - men,
S 1
men, A-men, A - men, A - men, A - men, A-men, A - men, et in sae-cu - la
S 2
men, A-men, A - men, A - men, A - men, A-men, A - men,
A
men, A-men, A - men, A - men, A - men, A-men, A - men,
M
men, A-men, A - men, A - men, A - men, A-men, A - men,
B♭/C F F/A B♭6 B° B♭/C F Dm7 C
Kl.

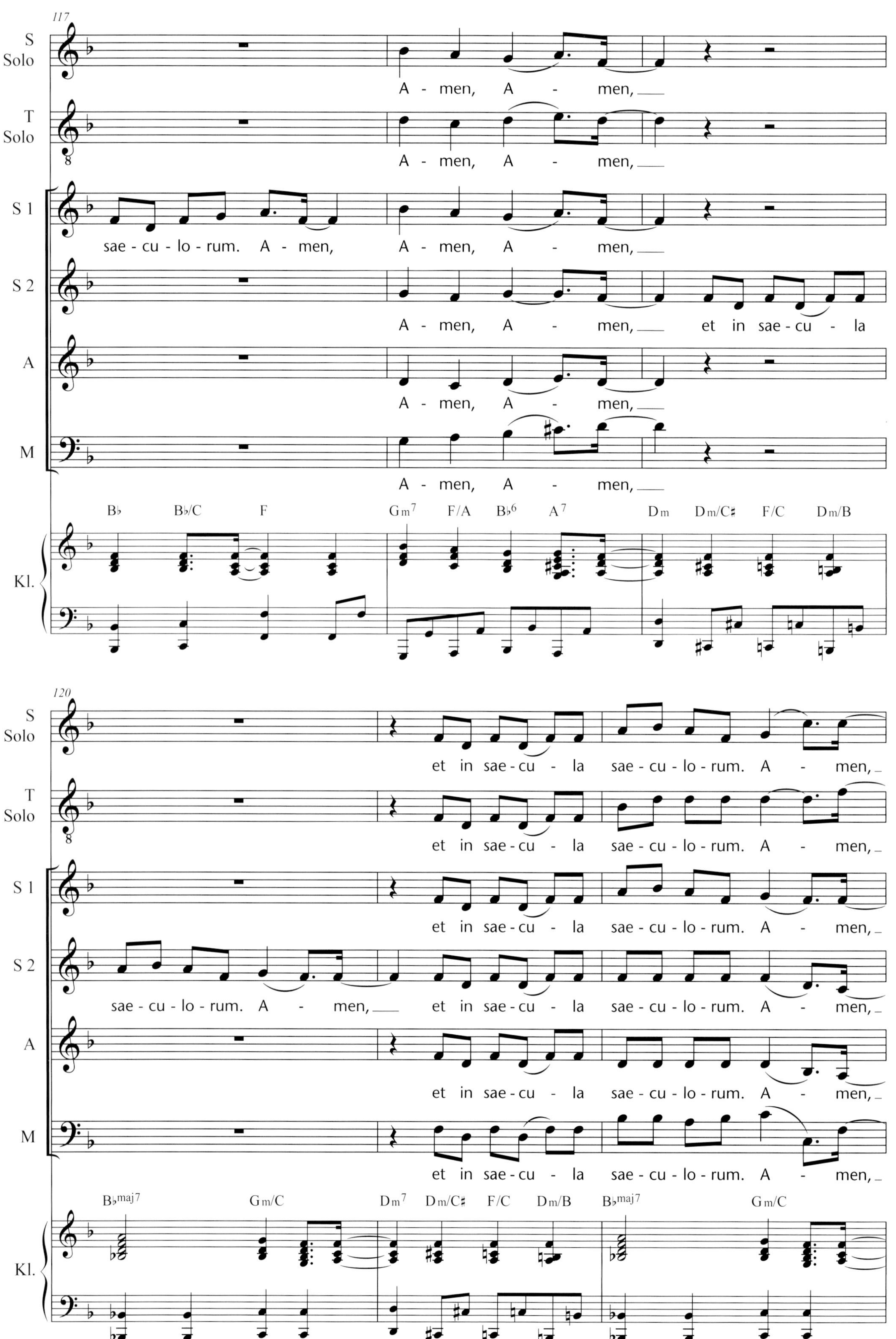
117
S Solo
A - men, A - men,
T Solo
A - men, A - men,
S 1
sae - cu - lo - rum. A - men, A - men, A - men,
S 2
A - men, A - men, et in sae - cu - la
A
A - men, A - men,
M
A - men, A - men,
B♭ B♭/C F Gm7 F/A B♭6 A7 Dm Dm/C♯ F/C Dm/B
Kl.
120
S Solo
et in sae - cu - la sae - cu - lo - rum. A - men,
T Solo
et in sae - cu - la sae - cu - lo - rum. A - men,
S 1
et in sae - cu - la sae - cu - lo - rum. A - men,
S 2
sae - cu - lo - rum. A - men, et in sae - cu - la sae - cu - lo - rum. A - men,
A
et in sae - cu - la sae - cu - lo - rum. A - men,
M
et in sae - cu - la sae - cu - lo - rum. A - men,
B♭maj7 Gm/C Dm7 Dm/C♯ F/C Dm/B B♭maj7 Gm/C
Kl.

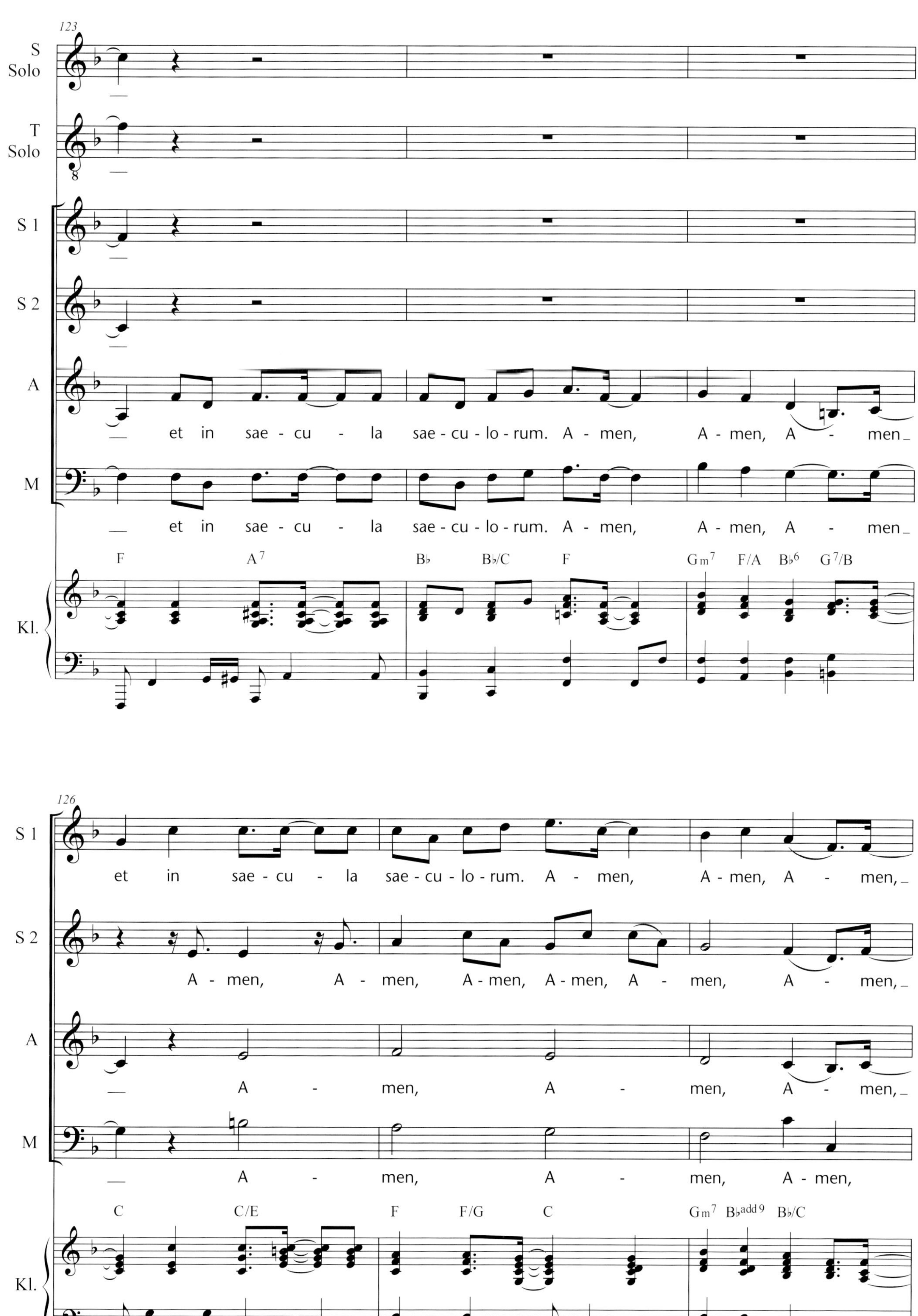
123
S Solo
T Solo
S 1
S 2
A
et in sae - cu - la sae - cu - lo - rum. A - men, A - men, A - men
M
et in sae - cu - la sae - cu - lo - rum. A - men, A - men, A - men
F A7 B♭ B♭/C F Gm7 F/A B♭6 G7/B
Kl.
126
S 1
et in sae - cu - la sae - cu - lo - rum. A - men, A - men, A - men,
S 2
A - men, A - men, A - men, A - men, A - men, A - men,
A
A - men, A - men, A - men,
M
A - men, A - men, A - men,
C C/E F F/G C Gm7 B♭add 9 B♭/C
Kl.

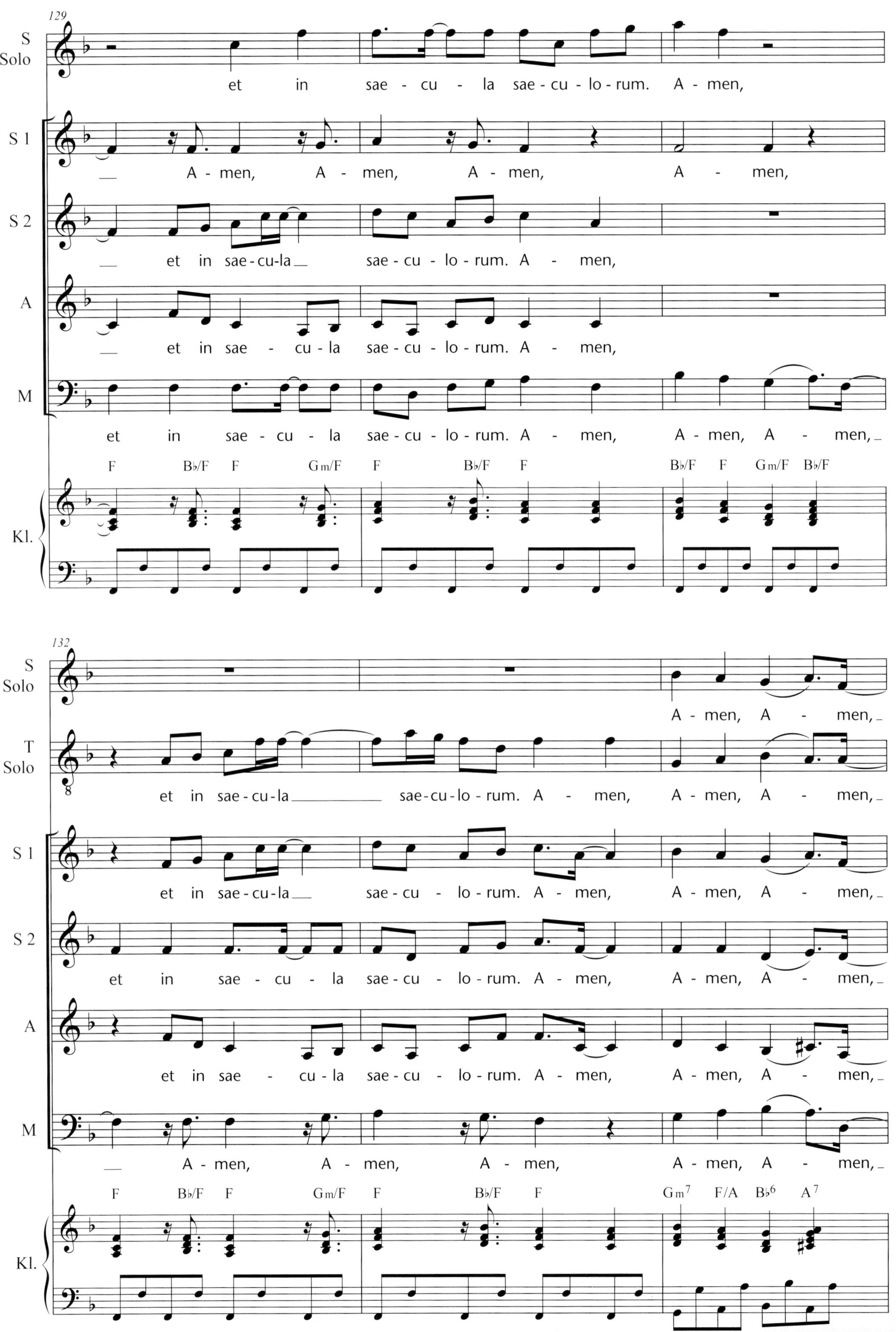
129
S Solo
et in sae - cu - la sae - cu - lo - rum. A - men,
S 1
A - men, A - men, A - men, A - men,
S 2
et in sae - cu-la sae - cu - lo - rum. A - men,
A
et in sae - cu - la sae - cu - lo - rum. A - men,
M
et in sae - cu - la sae - cu - lo - rum. A - men, A - men, A - men,
F Bb/F F Gm/F F Bb/F F Bb/F F Gm/F Bb/F
Kl.
132
S Solo
A - men, A - men,
T Solo
et in sae - cu-la sae-cu-lo - rum. A - men, A - men, A - men,
S 1
et in sae - cu-la sae - cu - lo - rum. A - men, A - men, A - men,
S 2
et in sae - cu - la sae - cu - lo - rum. A - men, A - men, A - men,
A
et in sae - cu - la sae - cu - lo - rum. A - men, A - men, A - men,
M
A - men, A - men, A - men, A - men, A - men,
F Bb/F F Gm/F F Bb/F F Gm7 F/A Bb6 A7
Kl.

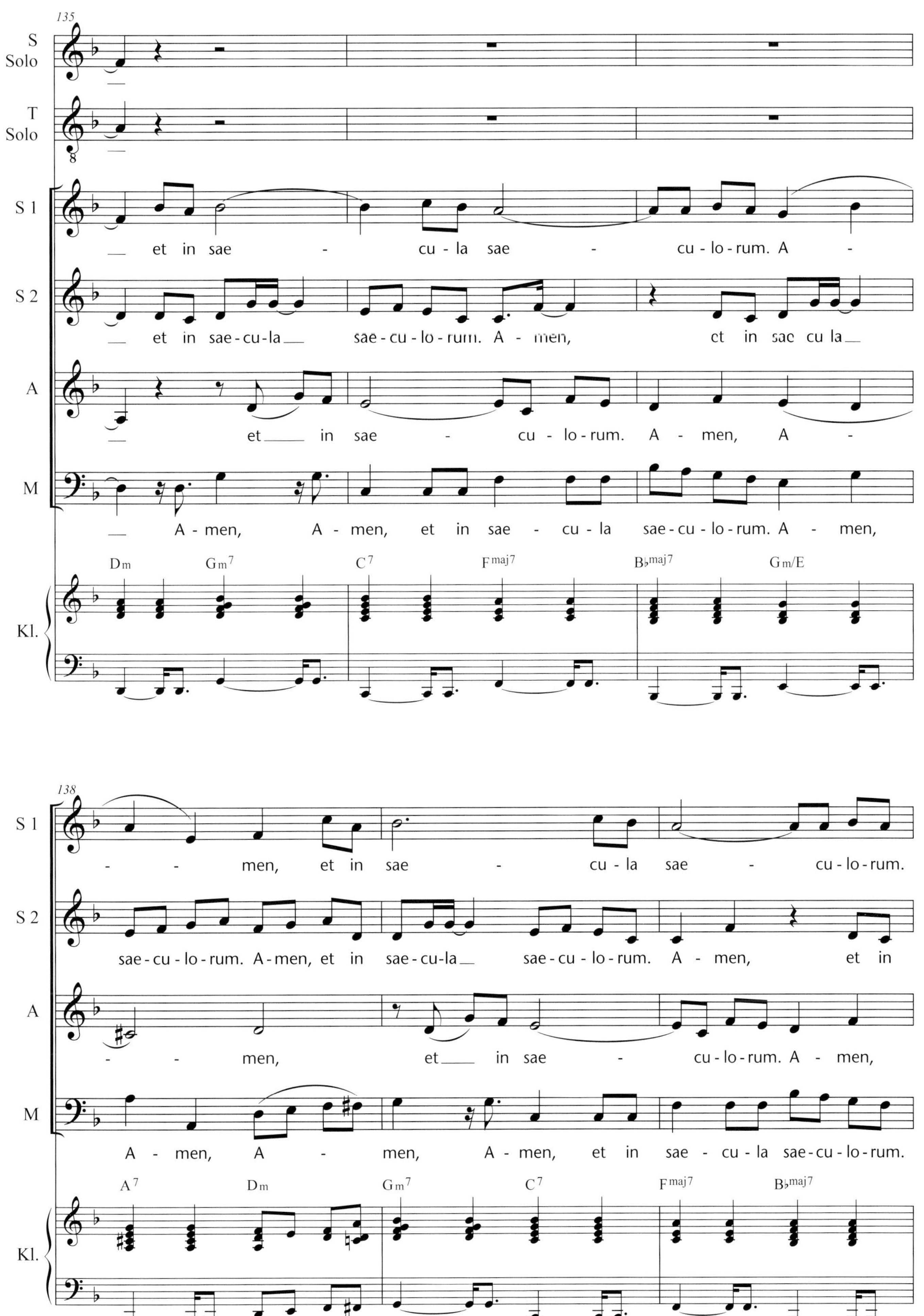
135
S Solo
T Solo
S 1
S 2
A
M
Kl.
et in sae - cu - la sae - cu - lo - rum. A -
et in sae-cu-la sae-cu-lo-rum. A-men, et in sae-cu-la
et in sae - cu - lo-rum. A - men, A -
A-men, A-men, et in sae - cu-la sae-cu-lo-rum. A - men,
Dm Gm7 C7 Fmaj7 B♭maj7 Gm/E
138
S 1
S 2
A
M
Kl.
- - men, et in sae - cu-la sae - cu-lo-rum.
sae-cu-lo-rum. A-men, et in sae-cu-la sae-cu-lo-rum. A - men, et in
- - men, et in sae - cu-lo-rum. A - men,
A - men, A - men, A-men, et in sae - cu-la sae-cu-lo-rum.
A7 Dm Gm7 C7 Fmaj7 B♭maj7

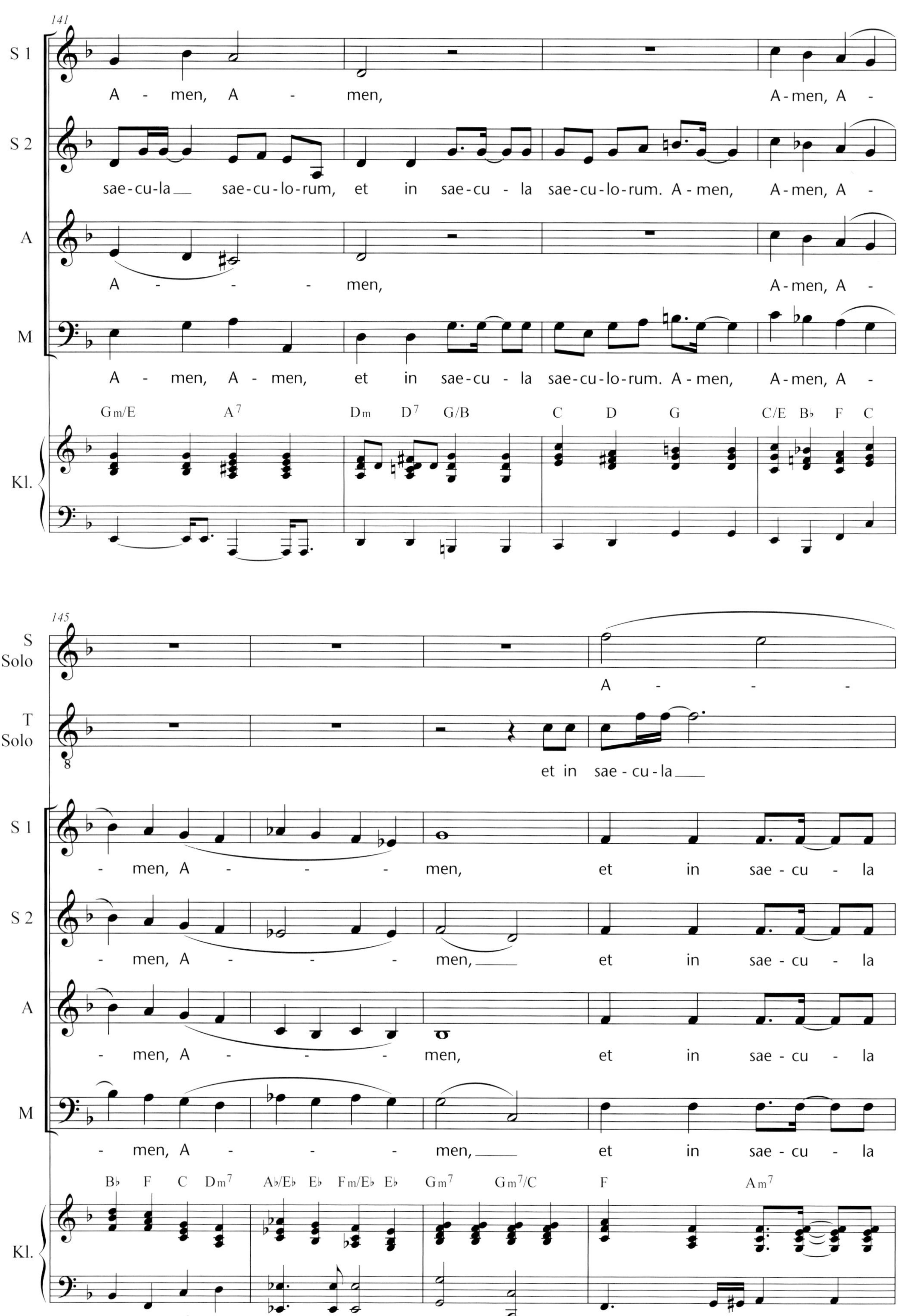
141
S 1
S 2
A
M
Kl.
A - men, A - men,
A - men, A -
sae - cu - la sae - cu - lo - rum, et in sae - cu - la sae - cu - lo - rum. A - men, A - men, A -
A - - - men,
A - men, A -
A - men, A - men, et in sae - cu - la sae - cu - lo - rum. A - men, A - men, A -
Gm/E A7 Dm D7 G/B C D G C/E B♭ F C
145
S Solo
T Solo
A - - -
et in sae - cu - la
- men, A - - - men, et in sae - cu - la
- men, A - - - men, et in sae - cu - la
- men, A - - - men, et in sae - cu - la
- men, A - - - men, et in sae - cu - la
B♭ F C Dm7 A♭/E♭ E♭ Fm/E♭ E♭ Gm7 Gm7/C F Am7

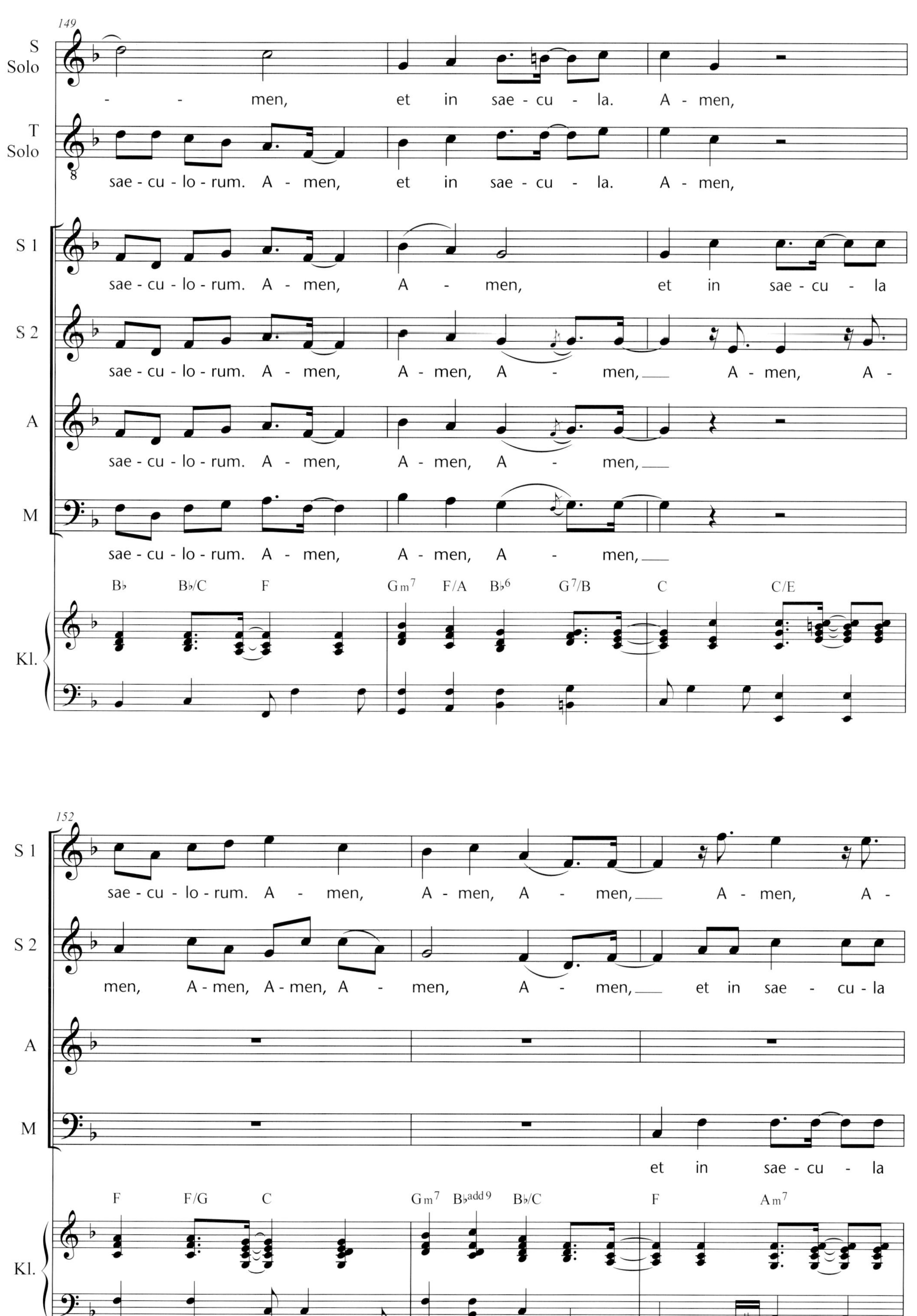
149
S Solo
- - men, et in sae - cu - la. A - men,
T Solo
sae - cu - lo - rum. A - men, et in sae - cu - la. A - men,
S 1
sae - cu - lo - rum. A - men, A - men, et in sae - cu - la
S 2
sae - cu - lo - rum. A - men, A - men, A - men, A - men, A -
A
sae - cu - lo - rum. A - men, A - men, A - men,
M
sae - cu - lo - rum. A - men, A - men, A - men,
B♭ B♭/C F Gm7 F/A B♭6 G7/B C C/E
Kl.
152
S 1
sae - cu - lo - rum. A - men, A - men, A - men, A - men, A -
S 2
men, A - men, A - men, A - men, A - men, et in sae - cu - la
A
M
et in sae - cu - la
F F/G C Gm7 B♭add 9 B♭/C F Am7
Kl.

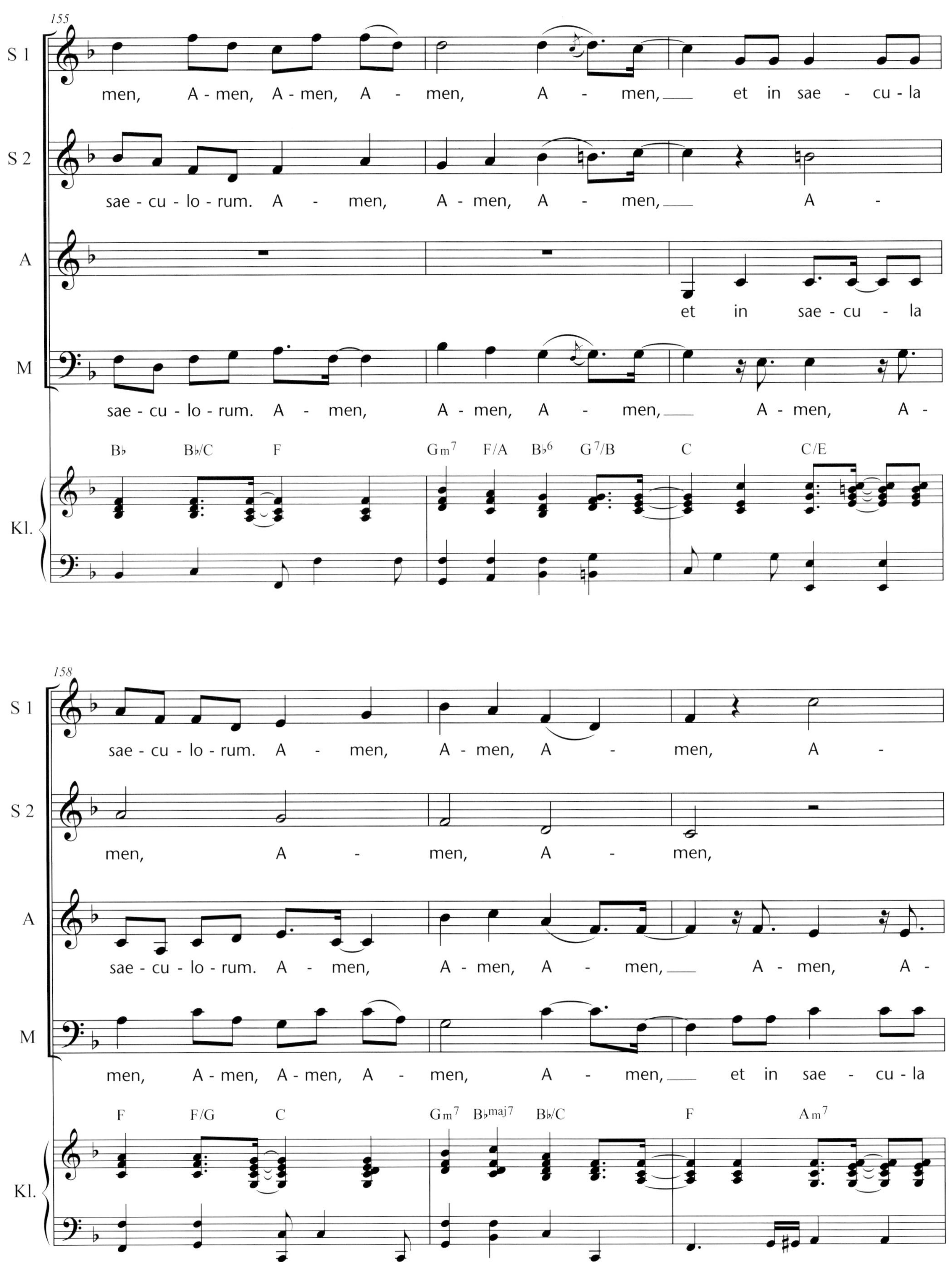
155
S 1
men, A - men, A - men, A - men, A - men, et in sae - cu - la
S 2
sae - cu - lo - rum. A - men, A - men, A - men, A -
A
et in sae - cu - la
M
sae - cu - lo - rum. A - men, A - men, A - men, A - men, A -
B♭ B♭/C F Gm7 F/A B♭6 G7/B C C/E
Kl.
158
S 1
sae - cu - lo - rum. A - men, A - men, A - men, A -
S 2
men, A - men, A - men,
A
sae - cu - lo - rum. A - men, A - men, A - men, A - men, A -
M
men, A - men, A - men, A - men, A - men, et in sae - cu - la
F F/G C Gm7 B♭maj7 B♭/C F Am7
Kl.

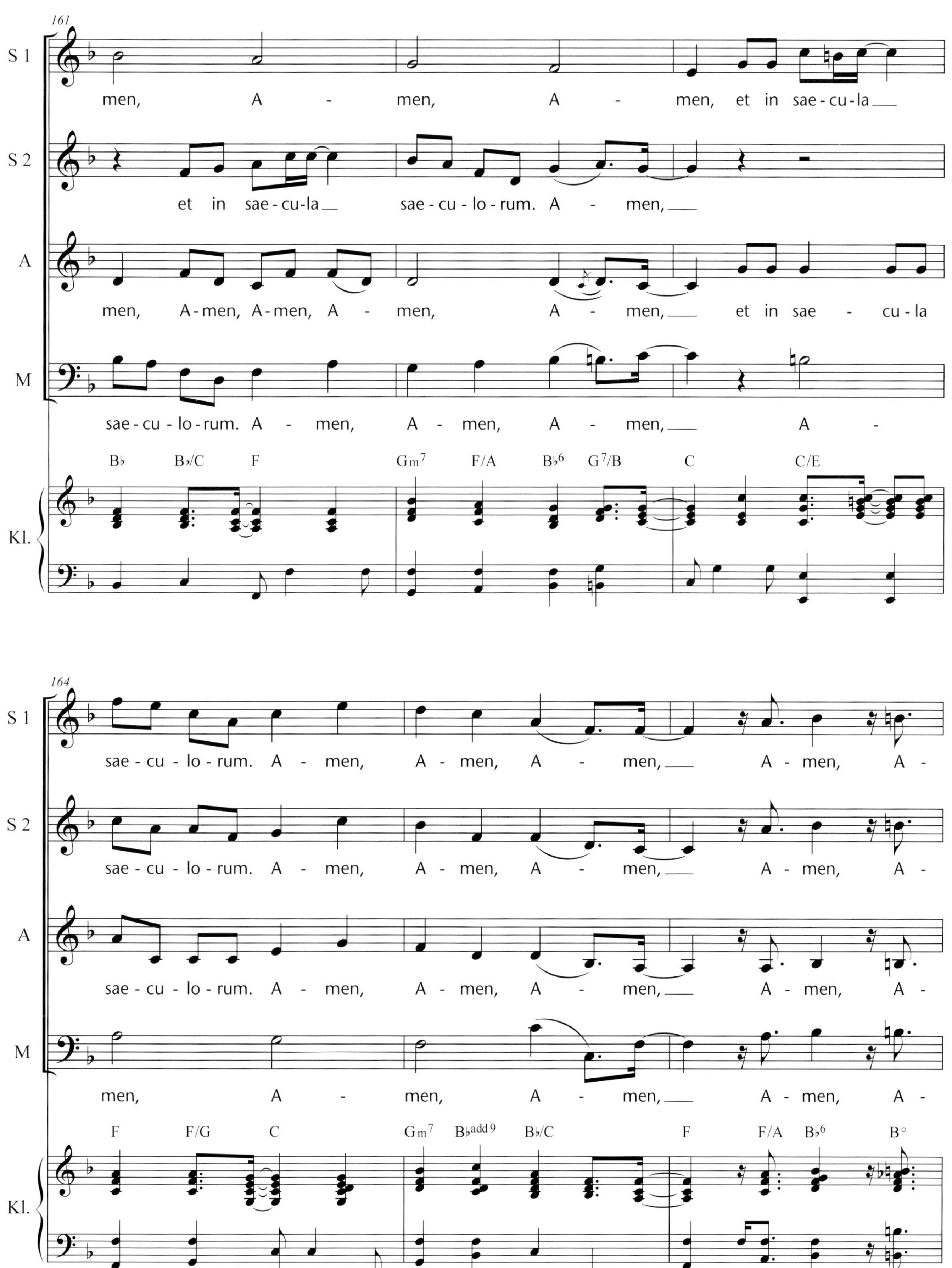
161
S 1
men, A - men, A - men, et in sae-cu-la
S 2
et in sae-cu-la sae-cu-lo-rum. A - men,
A
men, A-men, A-men, A - men, A - men, et in sae - cu-la
M
sae-cu-lo-rum. A - men, A - men, A - men, A -
B♭ B♭/C F Gm7 F/A B♭6 G7/B C C/E
Kl.
164
S 1
sae-cu-lo-rum. A - men, A - men, A - men, A-men, A -
S 2
sae-cu-lo-rum. A - men, A - men, A - men, A-men, A -
A
sae-cu-lo-rum. A - men, A - men, A - men, A-men, A -
M
men, A - men, A - men, A-men, A -
F F/G C Gm7 B♭add9 B♭/C F F/A B♭6 B°
Kl.

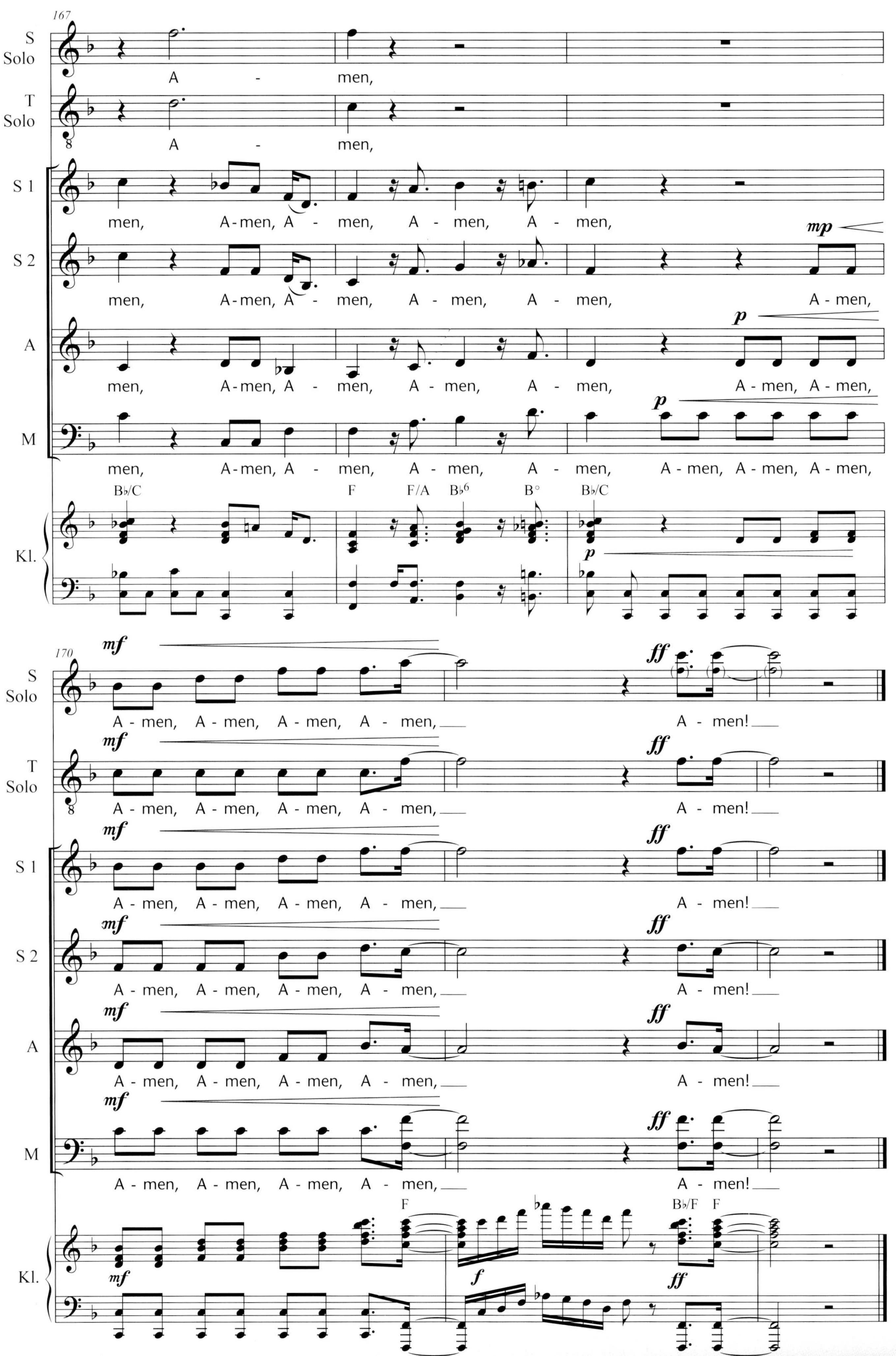
167
S Solo
A - men,
T Solo
A - men,
S 1
men, A-men, A - men, A - men, A - men,
S 2
mp
men, A-men, A - men, A - men, A - men, A - men,
A
p
men, A-men, A - men, A - men, A - men, A - men, A - men,
M
p
men, A-men, A - men, A - men, A - men, A - men, A - men, A - men,
B♭/C F F/A B♭6 B° B♭/C
Kl.
p
170
S Solo
mf ff
A - men, A - men, A - men, A - men, A - men!
T Solo
mf ff
A - men, A - men, A - men, A - men, A - men!
S 1
mf ff
A - men, A - men, A - men, A - men, A - men!
S 2
mf ff
A - men, A - men, A - men, A - men, A - men!
A
mf ff
A - men, A - men, A - men, A - men, A - men!
M
mf ff
A - men, A - men, A - men, A - men, A - men!
F B♭/F F
Kl.
mf f ff